# 体育管理信息系统原理与应用

陈 静　　主　编
齐 芳　　副主编

南开大学出版社

天　津

**图书在版编目(CIP)数据**

体育管理信息系统原理与应用 / 陈静主编. —天津：
南开大学出版社，2020.12
ISBN 978-7-310-05996-6

Ⅰ.①体… Ⅱ.①陈… Ⅲ.①体育－管理信息系统－
高等学校－教材 Ⅳ.①G80－39

中国版本图书馆 CIP 数据核字(2020)第 243665 号

体育管理信息系统原理与应用
TIYU GUANLI XINXI XITONG YUANLI YU YINGYONG

南开大学出版社出版发行
出版人：陈　敬
地址：天津市南开区卫津路 94 号　　邮政编码：300071
营销部电话：(022)23508339　营销部传真：(022)23508542
http://www.nkup.com.cn

北京虎彩文化传播有限公司印刷　全国各地新华书店经销
2020 年 12 月第 1 版　　2020 年 12 月第 1 次印刷
230×170 毫米　16 开本　17.5 印张　310 千字
定价：58.00 元

如遇图书印装质量问题,请与本社营销部联系调换,电话:(022)23508339

# 丛书编委会

（排名不分先后）

主　编　陈　静

副主编　齐　芳

编　委　赵从英　阎　峰　肖　翔

　　　　丁汴婷　肖　榕　胡丽娜

　　　　段咏琪

# 前　言

　　本书的内容分为 3 个层次。第 1 个层次为体育管理信息系统基础知识篇，按照"信息→系统→信息系统→管理信息系统→体育管理信息系统"逐步深入、层层递进的思路，对有关 MIS 的基础知识进行概要阐释；并介绍了体育管理信息系统领域的体育赛事管理、体育场馆管理等典型领域。第 2 层次为管理信息系统开发篇，按照 MIS 开发生命周期理论，分别对 MIS 规划、分析、设计与实施工作等内容做了深入分析与详细说明。第 3 层次为管理信息系统应用篇，内容包括 ERP 的介绍和体育管理信息系统的应用。

　　本书知识体系完整，教材内容安排得当，逻辑清晰。教材从管理、信息的概念引申出体育管理信息系统的概念，并单独介绍了体育管理领域的相关知识，然后从技术方面、系统分析方面、系统设计、系统实施等方面阐述了分析与设计体育管理信息系统的具体方法与步骤。知识的介绍循序渐进、由浅入深，能够很好地帮助学生掌握管理信息系统的相关知识。

　　本书特色明显，实用性强，教材内容安排得当，逻辑清晰，知识涵盖全面，教材内容的设计也做到了以培养学生的逻辑思维为导向，以传播知识、启迪智慧、培养能力为主要教学目标的目的。本书非常适合体育院校及非体育院校管理信息系统的学生作为教材使用。

编　者

2020 年 7 月

# 目　录

# 第一章 概述

## 1.1 管理信息系统

### 1.1.1 信息的概念

信息作为信息系统的核心，对其有一个正确的认识是信息系统的前提。

信息是一个高度概括的抽象概念，很难用统一的文字对其进行定义，这是由其具体表现形式的多样性造成的。信息是一个发展中的动态范畴，它随人类社会的演变而相应地扩大或收缩。总的来看，从过去到现在，信息所涵盖的范围是不断扩大的。可以断定，随着人类社会的发展，信息范畴将进一步扩大。

信息虽广泛存在于各个领域，无时无刻不处于人们身边，但人们越了解越接触它，就越难以归纳出一个精准完整的定义。信息论创始人香农定义其为："信息是人们对事物了解的不确定性的减少或消除"。控制论之父维纳则认为："信息是人与外界相互作用的过程中，互相交换的内容的名称"。目前可查阅到的信息的定义就有数百种，它们各不相同，却又均从不同的侧面、不同的层次揭示了信息的特征与性质。

在对各种说法进行分析之后，著名学者钟义信提出了自己的信息定义体系。他写道："由于信息概念的复杂性，在定义信息的时候必须十分注意定义的条件。为了得到清晰的认识，我们应当根据不同的条件区分不同的层次来给出信息的定义。最高的层次是普遍的层次，也是无条件约束的层次，我们把它叫作'本体论层次'。在这个层次上定义的信息是最广义的信息，它的适用最广。然后，如果引入一个条件来约束一下，则最高层次的定义就变为次高层次的定义，而次高层次的信息定义的适用范围就比最高层次定义的范围要窄；所引入的约束条件越多，定义的层次就越低，它所定义的信息的适用范围就越窄。这样，根据引入的条件的不同，就可以给出不同层次和不同适用范围的信息定义；这些不同的信息定义的系列，就构成了信息定义的体系。"

因此，在给信息下定义的时候，可以根据不同学科，不同的应用领域给其加上约束条件，以示学科特点和应用特点。在我们之后要讨论的管理信息系统领域，一种被普遍接受的观点认为："信息是经过加工的数据，它对接收者有用，对决策或行为有现实或潜在的价值。"参照这些定义，我们可以辨识出信息有 3 个方面的特征。

第一，信息是客观世界各种事物特征的反映。客观世界中任何事物都在不停地运动和变化，呈现出不同的特征。这些特征包括事物的有关属性状态，例如，时间、地点、程度、方式等。信息的范围极广，例如，气温变化属于自然信息，遗传密码属于生物信息，企业报表则属于管理信息等。

第二，信息可以通信。信息是构成事物联系的基础。由于人们通过感官直接获得周围的信息极为有限，因此，大量的信息需要通过各种仪器设备获得和传输。

第三，信息形成知识。人们掌握了一定的信息就可以消除不确定性，更好地认识事物、区别事物并改造世界。

但是，无论如何定义信息，信息本身都具有如下共同的特性：

## 1. 客观性

信息不是虚无缥缈的东西，也不是可以随意想象和创造的事物，它客观存在于现实世界之中，无处不在，无时不在。信息是现实世界中各种事物运动的状态与方式，它可以被人感知、处理、存储、传递和利用。信息本身是看不见摸不着的，它必须依附于一定的物质载体（如声波、电磁波、纸张、化学材料、磁性材料等）之上，却不可以单独存在。但信息本身也不会因为所依附的物质载体的改变而产生质的变化。

## 2. 传输性

信息可以通过多种渠道进行传输。我们把信息从时间或空间上某一点向其他点移动的过程称为信息的传输。信息传输需要借助一定的物质载体，可实现信息传输功能的物质载体称为信息媒介，如：声波、电磁波、纸张、化学材料、磁性材料等。信息的传输形式是多种多样的，如：数字、文字、图形和图像、声音等。信息的传输既快捷又便宜，我们应当尽可能地用信息的传输代替物质的传输，利用信息流减少物流。

## 3. 可加工性

人们可以对同一信息进行多次分析、加工和整理，而不丧失其基本应用价值。所谓信息的加工，是指把信息从一种形式变换为另一种形式，同时在这个过程中去掉干扰因素，保留对加工者有用的信息和信息量。

4. 价值性

信息对其使用者必须具有使用价值，即有益和实用的信息，能够帮助使用者处理各种各样的问题。因此，信息能够被利用才是信息的最终目的，这也是信息的效用。在讲求信息的效用时，必须注意信息的时效问题。信息的时效是指信息从信息源发送，经过接收、加工、传递、利用的时间间隔及其效率。一般来说，时间间隔越短，时效性越强，信息的效用就越高。

5. 层次性

信息是和相应的主体相关的，即由于主体的不同会有不同的信息偏好和需求。根据管理学的基本理论，组织的管理一般分为战略级、战术级和执行级 3 层。处在不同层的管理者有不同的职责，需要的信息也不同。

6. 共享性

共享性是信息的主要特征之一。信息不同于其他物质类资源，不具备独占性，不会因为信息被某一方掌握而损失。信息可以复制，可以共享。事实上，这也成为信息的另一个不可避免却又难以解决的问题。因为信息的共享性导致信息的扩散难以控制，盗版物的泛滥和知识产权的保护成为信息经济时代迫切需要解决的问题。

7. 滞后性

信息的滞后性是说信息需要进行加工处理或传播，因此信息总是落后于事务的发生时间。

8. 不完全性

从人类认识规律看，关于客观事实的信息是不可能全部得到的。从效益观念看，也没有必要全部得到（因信息处理成本太高而得不偿失）。而且，不同的人由于感受能力、理解能力和目的性不同，从同一事物中获得的信息也不相同，即实得信息量是因人而异的。因此，人们面对的信息肯定是不完全的。面对浩如烟海的信息，必须坚持经济的原则，以够用为标准，合理地舍弃和选择信息。

9. 扩散性

信息的扩散性是其本性，它力图冲破保密的非自然约束，通过多种渠道和手段向四面八方传播。信息的浓度越大，信息源和接收者之间的梯度越大，信息的扩散能力就越强。越离奇的消息，越耸人听闻的新闻，传播得越快，扩散面越大。俗话说："没有不透风的墙"，正是说明信息扩散性的威力。信息扩散存在两面性：一方面它有利于知识的传播，加快信息的扩散；另一方面扩散可能造成信息的贬值，不利于保密，可能危害国家和企业利益，不利于保护信息所有者的积极性。因此，有必要区分不同信息其扩散的不同作用，然后采取相关措施。

当对信息有了一个较为全面的认识之后,也就不难理解体育信息的含义了。体育信息是客观存在的,它具有一般信息的特性,能够反映体育自身现象、特征和本质,是减少人们对体育现象和规律认识的不确定性的数据或资料。

### 1.1.2 管理的概念

管理是在特定的环境下,对组织所拥有的资源进行有效的计划、组织、领导和控制,以便达成既定的组织目标的过程。

认识管理应该从管理的源头开始,人类文明程度及其社会性发展到一定阶段便出现了管理。"管理"一词出现很早,最初是指掌管事务。"管"和"理"都有表示管理、经营的意思,如《水浒》中"如今叫我管天王堂,未知久后如何",《柳敬亭传》中"贫困如故时,始复上街头理其故业"。在外国,英语里面管理是 manage(动词)、management(名词),management 既可表示管理,也可以表示管理人员。

"科学管理之父"弗雷德里克·泰罗(Frederick Winslow Taylor)认为:"管理就是确切地知道你要别人干什么,并使他用最好的方法去干"(《科学管理原理》)。在泰罗看来,管理就是指挥他人能用最好的办法去工作。

诺贝尔奖获得者赫伯特·西蒙(Herbert A. Simon)对管理的定义是:"管理就是制定决策"(《管理决策新科学》)。

彼得·德鲁克(Peter F. Drucker)认为:"管理是一种工作,它有自己的技巧、工具和方法;管理是一种器官,是赋予组织以生命的、能动的、动态的器官;管理是一门科学,一种系统化的并到处适用的知识;同时管理也是一种文化。"(《管理——任务、责任、实践》)。

亨利·法约尔(Henri Fayol)在其名著《工业管理与一般管理》中给出管理概念之后,它就产生了整整一个世纪的影响,对西方管理理论的发展具有重大的影响力。法约尔认为:"管理是所有的人类组织都有的一种活动,这种活动由五项要素组成的:计划、组织、指挥、协调和控制。法约尔对管理的看法颇受后人的推崇与肯定,形成了管理过程学派。"孔茨(Koontz)是二战后这一学派的继承与发扬人,使该学派风靡全球。

斯蒂芬·罗宾斯给管理的定义是:"所谓管理,是指同别人一起,或通过别人使活动完成得更有效的过程。"

我们目前认为,广义的管理是指应用科学的手段安排组织社会活动,使其有序进行。其对应的英文是 Administration 或 Regulation。狭义的管理是指为保证一个单位全部业务活动而实施的一系列计划、组织、协调、控制和决策的活动，对应的英文是 Manage 或 Run。

管理不仅仅指工商管理，虽然在现代市场经济中工商企业的管理最为常见。除了工商管理，还有很多种类的管理，比如行政管理、经济管理、社会管理、城市管理、卫生管理等。每一种组织都需要对其事务、资源、人员进行管理。

管理的任务是设计和维持一种环境，使在这一环境中工作的人们能够用尽可能少的支出实现既定的目标，或者以现有的资源实现最大的目标。管理基本的原则是"用力少，见功多"，以越少的资源投入、耗费，取得越大的功业、效果。

管理的意义，在于更有效地开展活动，改善工作，更好地满足客户需要，提高效果、效率、效益。

### 1.1.3 系统的概念

尽管系统一词频繁出现在社会生活和学术领域中，但不同的人在不同的场合往往赋予它不同的含义。长期以来，系统概念的定义和其特征的描述尚无统一规范的定论。一般我们采用如下的定义：系统是由一些相互联系、相互制约的若干组成部分结合而成的、具有特定功能的一个有机整体（集合）。

我们可以从三个方面理解系统的概念：

（1）系统是由若干要素（部分）组成的。这些要素可能是一些个体、元件、零件，也可能其本身就是一个系统（或称之为子系统）。如运算器、控制器、存储器、输入/输出设备组成了计算机的硬件系统，而硬件系统又是计算机系统的一个子系统。

（2）系统有一定的结构。一个系统是其构成要素的集合，这些要素相互联系、相互制约。系统内部各要素之间相对稳定的联系方式、组织秩序及时空关系的内在表现形式，就是系统的结构。例如钟表是由齿轮、发条、指针等零部件按一定的方式装配而成的，但一堆齿轮、发条、指针随意放在一起却不能构成钟表；人体由各个器官组成，但各器官简单拼凑在一起不能成为一个有行为能力的人。

（3）系统有一定的功能，或者说系统要有一定的目的性。系统的功能是指系统与外部环境相互联系和相互作用中表现出来的性质、能力、和功能。例如信息系统的功能是进行信息的收集、传递、储存、加工、维护和使用，辅助决策者进行决策，帮助企业实现目标。

与此同时，我们还要从以下几个方面对系统进行理解：系统由部件组成，部件处于运动之中；部件间存在着联系；系统各主量和的贡献大于各主量贡献的和，即常说的 1+1>2；系统的状态是可以转换、可以控制的。

系统在实际应用中总是以特定系统出现的，如消化系统、生物系统、教育系统等，其前面的修饰词描述了研究对象的物质特点，即"物性"，而"系统"一词则表征所述对象的整体性。对某一具体对象的研究，既离不开对其物性的描述，也离不开对其系统性的描述。系统科学研究将所有实体作为整体对象的特征，如整体与部分、结构与功能、稳定与演化等。

对于开放系统而言，系统一般由以下几部分组成：

（1）系统环境：是提供输入或接收输出的场所，既与系统发生作用，但又不包括在系统之内的其他事物的总和。环境和系统相互影响。

（2）边界：系统与环境分开的假想线，在此实现物质、能量、信息交换。

（3）输入/输出：与环境发生联系。系统接收的物质和信息称为系统的输入。系统经变换、处理后产生的另一种形态的物质能量和信息称为系统的输出。

（4）组成要素：完成特定功能而必不可少的工作单元。

（5）系统结构：系统的组成要素和要素之间的关系。

（6）子系统：存在于系统之中的系统。

（7）接口：子系统之间的信息交换。

系统一般具有以下几方面的特征：

1. 整体性

一个系统由多个要素组成，所有要素的集合构成一个有机整体，每个要素都要服从整体，追求整体最优，而不是局部最优，这就是所谓的全局观点。一个系统中即使每个部分并非最完善，但通过综合、协调，仍然可使整个系统具有较好的功能；反之，如果每个要素都追求最好的结果，而不考虑整体利益也会使整个系统成为最差的系统。

2. 目的性

系统的发生和发展有着强烈的目的性，是系统的主导，决定着系统要素的组成和结构。在建设系统的过程中首先要明确系统的目标，然后再考虑运用什么功能来达到这个目标。

3. 关联性

系统各要素之间存在着密切的联系，这种联系决定了整个系统的机制，它在一定时期内相对稳定。它们按照一定的分工各自完成其特定的功能，但彼此是相互关联和相互制约的。

4. 层次性

一个复杂系统可以分解为若干个组成要素，其要素本身也可能是一个子系统。子系统也可以进一步划分为更小的部分，依次类推，可以将一个系统逐层分解，体现出系统的层次性。利用系统的层次性，可以将系统分解为若干个功能相对独立的子系统，然后给予分别实施。

5. 适应性

每一个系统都不可能孤立存在于社会环境中，总会与社会环境产生一定的相互作用。系统与环境相互作用、相互影响，进行物质、能量、信息交换，不随着环境变化并发展的系统是不会长久存在的。

## 1.1.4 信息系统和管理信息系统

信息系统（Information Systems），从技术上说就是为了支持组织决策和控制而收集（或获取）、处理、存储、分配信息的一组相互关系的组件。除了支持决策、协作和控制，信息系统也可用来帮助用户分析解决问题，使复杂性可视化。通常用"信息系统"这个词时，特指依赖于计算机技术的信息系统。

信息系统是由计算机硬件、网络和通信设备、计算机软件、信息资源、信息用户和规章制度组成的以处理信息流为目的的人机一体化系统。

一个基于计算机的信息系统是以计算机软件、硬件、存储和通信等技术为核心的人机系统。

信息系统是由一系列相互关系的组件构成，是通过信息的收集、处理、存储及发布为组织决策和组织控制提供支持的系统。信息系统包括组织内部及其周边环境中所有重要人员，地理位置和事物的相关信息。

管理信息系统（Management Information System，简称 MIS），是一个由人、计算机及其他外围设备等组成的能进行信息的收集、传递、存贮、加工、维护和使用的系统。它是一门新兴的科学。在 20 世纪 70 年代初，随着数据库技术、网络技术和科学管理方法的发展，以及计算机在管理上的应用日益广泛而逐渐成熟起来。

管理信息系统的创始人——明尼苏达大学卡尔森管理学院的著名教授Gordon B. Davis 在 1985 年给出了 MIS 一个较完整的定义："管理信息系统是一个利用计算机硬件和软件，手工作业，分析、计划、控制和决策模型，以及数据库的用户机器系统。它能提供信息支持企业或组织的运行、管理和决策功能。"

这个定义全面地说明了 MIS 的目标、功能和组成，反映了 MIS 当时已达到的水平，说明了 MIS 在高、中、低 3 个层次上支持管理活动。在我国，MIS

一词出现于 20 世纪 70 年代末 80 年代初，在《中国企业管理百科全书》中管理信息系统的定义是："MIS 是一个由人、计算机等组成的，能进行信息的收集、传递、储存、加工、维护和使用的系统。"。

管理信息系统最大的特点是高度集中，它将组织中的数据集中起来，进行快速处理、统一使用。管理信息系统的重要标志是有一个中心数据库和计算机网络系统。管理信息系统的处理方式是在数据库和网络基础上的分布式处理。随着计算机网络和通信技术的发展，不仅能把组织内部的各级管理联结起来，而且能够克服地理界限，把分散在不同地区的计算机网络互联，形成跨地区的各种业务信息系统和管理信息系统。

完善的 MIS 具有以下四个标准：确定的信息需求、信息的可采集与可加工、可以通过程序为管理人员提供信息、可以对信息进行管理。具有统一规划的数据库是 MIS 成熟的重要标志，它象征着 MIS 是软件工程的产物。通过 MIS 实现信息增值，用数学模型统计分析数据，实现辅助决策。MIS 是发展变化的，有生命周期的。MIS 的开发必须具有一定的科学管理工作基础。只有在合理的管理体制、完善的规章制度、稳定的生产秩序、科学的管理方法和准确的原始数据的基础上，才能进行 MIS 的开发。

管理信息系统是一门新兴的综合性、系统性、边缘性学科，它面向管理，利用系统的观点、数学的方法和计算机应用 3 大要素，形成自己独特的内涵，是这些学科思想、方法和技术的综合应用。

管理信息系统的对象是管理。管理是为了达到组织的目标，应用一切先进的思想、理论和方法合理地计划、组织、指挥、协调和控制组织的各种资源。因此，可以借助管理信息系统来实现组织管理的目标和管理的基本职能。所以管理信息系统具有以下特征：

（1）主题性。管理信息系统的主题性可以理解为管理信息系统是面向管理决策的，是为解决某一领域的问题而存在的，是面向具体管理决策的人工系统。例如，进行设备管理的设备管理系统、用于无纸化网络办公的办公自动化系统、用于财务管理的财务会计系统等。

（2）系统性。管理信息系统的开发具有系统性，包含多个层次的含义。首先，信息系统开发涉及人、财、物等多方面的资源，需要进行各个方面的协调；其次，系统开发要综合考虑各个方面的因素，如系统的应用环境、投资的大小、预期的期望值、员工的素质等；再次，信息系统的开发需要软、硬件的协作以完成特定的系统功能，相互配合、相互补充；最后，信息系统是人机的系统，需要管理和技术的双重支持。

（3）人机系统。计算机在信息系统中扮演着重要的角色，计算机的存储能力与运算能力是人所不及的。但是，人的因素是决定性的因素，因为系统需求的提出、系统分析、系统设计、系统实施、系统维护和评价、系统的使用均是由人进行的。因此，系统应用成功与否主要取决于人。

（4）现代管理方法与手段相结合的系统。信息系统的建设应该从管理的角度进行分析，引进先进的管理思想，改造传统的不合理的业务流程，例如，引进敏捷制造、客户关系管理等理念。因此，现代信息系统是与现代管理方法与手段结合的系统。

### 1.1.5　管理信息系统的应用

管理信息系统的应用大致有如下几类：

#### 1. MRP 系统

物资需求计划（Material Requirement Planning，MRP）是指根据产品结构各层次物品的从属和数量关系，以每个物品为计划对象，以完工时期为时间基准倒排计划，按提前期长短区别各个物品下达计划时间的先后顺序，是一种工业制造企业内物资计划管理模式。MRP 是根据市场需求预测和顾客订单制定产品的生产计划，然后基于产品生成进度计划，组成产品的材料结构表和库存状况，通过计算机计算所需物资的需求量和需求时间，从而确定材料的加工进度和订货日程的一种实用技术。其主要内容包括客户需求管理、产品生产计划、原材料计划以及库存记录。其中客户需求管理包括客户订单管理及销售预测，将实际的客户订单数与科学的客户需求预测相结合即能得出客户需要什么以及需求多少。

物料需求计划（Material Requirements Planning）是一种企业管理软件，实现对企业的库存和生产的有效管理。

#### 2. MRP-II 系统

制造资源计划（Manufacture Resource Plan，MRP-II）是在物料需求计划上发展出的一种规划方法和辅助软件。MRP-II 是对制造业企业资源进行有效计划的一整套方法。它是一个围绕企业的基本经营目标，以生产计划为主线，对企业制造的各种资源进行统一的计划和控制，使企业的物流、信息流、资金流流动畅通的动态反馈系统。

#### 3. ERP 系统

ERP 的概念是由产业科技研究企业 Gartner Group 于 1990 年代初期依据信息技术发展及供应链管理所提出，以推论制造业管理信息系统的发展趋势。ERP

并不是一个全新的系统，它是 1970 年代的物料需求计划（MRP），1980 年代的制造资源规划（MRP-II）逐渐演进而成。

ERP 系统是企业资源计划（Enterprise Resource Planning）的简称，是指建立在信息技术基础上，集信息技术与先进管理思想于一身，以系统化的管理思想，为企业员工及决策层提供决策手段的管理平台。它是从 MRP（物料需求计划）发展而来的新一代集成化管理信息系统，它扩展了 MRP 的功能，其核心思想是供应链管理。它跳出了传统企业边界，从供应链范围去优化企业的资源，优化了现代企业的运行模式，反映了市场对企业合理调配资源的要求。它对于改善企业业务流程、提高企业核心竞争力具有显著作用。ERP 行业人才稀缺成为 SAP 发展的制约因素之一，鉴于此，国内的 ERP 培训行业逐渐开始发展。

**4. CRM 系统**

客户关系管理系统（CRM 系统，或简称 CRM）为企业从各种不同的角度来了解及区别顾客，以发展出适合顾客个别需要之产品/服务（P/S）的一种企业程序与信息技术的组合模式，其目的在于管理企业与顾客的关系，以使他们达到最高的满意度、忠诚度、维系率及利润贡献度，并同时有效率、选择性地找出与吸引好的新顾客。

## 1.1.6 管理信息系统的发展趋势

现代管理信息系统由于环境的变化和技术的不断进步，日益体现出网络化、分布式、敏捷化等特点。

（1）网络化。管理信息系统的结构经过了主机/终端（Host/Terminal）、单机、客户机/服务器（Client/Server，C/S）、浏览器/服务器（Browser/Server，B/S）等多个发展阶段，从基于单机的事务处理系统到基于网络的分布式信息系统，其规模和复杂度均有较大的提高。当前基于 Internet/Intranet/Extranet 的信息系统成为主流的信息系统架构。

（2）创新化。创新化就是要求管理信息系统能够按照系统环境的变化以及自身的特性而重新组合或设计。

（3）敏捷化。系统除了具有创新性之外，很多情况下还需要具有敏捷性。即系统要根据环境的变化进行快速调整与重组。

（4）个性化。个性化需求是很典型的。现在市场上有许多通用的软件产品，这些产品去除了个性的东西。但是不可否认的是，软件系统必须要和具体的应用环境相适应，包括企业或组织的结构、文化、员工的素质等方面。即使是最成熟的软件也是如此。例如，SAP 公司在为联想公司设计 ERP 系统时，根据中国的国情和联想公司的具体情况做了很多修改。台湾中钢在为武汉钢铁公司实施 ERP 时也做了大量的修改。因此，信息系统必须要考虑用户的个性化需求。通用软件的二次开发因此成为必不可少的环节。

（5）发展性。发展性就是要求信息系统能够适应企业未来的规模，能够适应未来的技术，能够适应未来的管理。

（6）先进性。管理信息系统要不断融入先进的管理思想。例如，将精益生产（JIT）、供应链管理、企业业务流程重组、客户关系管理等思想引入信息系统，使信息系统充分融入和体现现代的管理思想。

（7）集成性。集成性就是要求系统能够和其他系统或模块进行无缝对接。这就要求系统有良好的设计规范和标准接口。设计规范包括数据规范、文档规范、代码规范、编码规范等。

（8）学习性。学习性是系统的较高要求。管理信息系统不同于事务处理系统的显著特点就是系统能够对组织决策进行必要的支持。尤其是系统发展的高级阶段，如知识管理系统等，要求系统具有知识性和学习性。系统可以对某些决策问题进行不断地学习，丰富知识库，具有人才具有的学习属性。

（9）智能化。人工智能等技术的发展，为信息系统的发展提供了智能化的条件。如决策支持系统、经理信息系统、智能代理系统等，可以引入人的一些特质，提供智能化的决策方法。

# 1.2 体育管理信息系统

自 1946 年，人类第一台电子计算机在美国宾西法尼亚大学问世以来，以计算机技术为基础的管理信息系统，为人们大规模地收集、加工整理和有效地利用信息提供了可能。如今，管理信息系统已从最初的数据处理发展成为集管理方法、知识处理、职能处理、决策支持和组织战略发展规划于一体的综合系统。管理信息系统之间的互联所形成的管理信息系统网络，正日益渗透到人类社会生活的各个领域，对人类社会和人类本身产生了巨大的影响。同时它也为规模日益扩大、信息量呈几何级数增长的体育系统的控制提供了一个有力的工具。建立有效的体育管理信息系统，是提高体育管理效率的重要手段。

## 1.2.1 体育管理信息系统的概念

计算机技术和信息技术的飞速发展促使了管理信息系统在不同领域的应

用。当人们越来越清楚地认识到，体育信息资源是一种财富，并正在社会生产和人类生活中发挥日益重要作用的时候，体育管理信息系统也就自然诞生了。这里我们将所有关于体育领域的管理信息系统综合称之为体育管理信息系统。那么什么是体育管理信息系统呢？

体育管理信息系统是管理信息系统在体育领域中的应用；是以人为主导，以系统方法、体育管理学等相关理论为基础，以计算机技术为实现手段，以现代通信设备为基本的传输工具的人机系统。其目的是实现对体育信息的收集、传输、加工、储存、更新和维护等系统化管理，同时为体育管理决策提供信息服务。

体育管理信息系统不仅具有管理信息系统特点，同时也具有体育领域自身的特点。它是集体育管理学、自然科学、系统学、运筹学等多学科知识为一身的综合应用，也是信息技术的不断发展和体育越来越深入社会生活所带来的必然产物。体育管理信息系统以全新的视角构建了对体育及体育相关信息的系统管理，并通过体育信息的系统化管理，实现体育信息资源的充分开发、合理配置和有效利用。体育管理信息系统是体育管理学思想的充分体现，也是体育管理学思想的有效实践。

## 1.2.2 体育管理信息系统的分类和特征

一、体育管理信息系统的分类

1. 按照体育管理信息系统与外部环境的关系来分

体育管理信息系统可分为体育内部管理信息系统与体育外部管理信息系统。体育内部管理信息系统是指对体育系统内部的有关体育系统自身运行状况的信息的管理。体育外部管理信息系统是指对体育系统以外的对体育系统的运行有影响的那部分信息的管理。

2. 从体育管理信息系统的管理部门来分

体育信息可分为学校体育管理信息系统、群众体育管理信息系统、训练与竞赛管理信息系统、体育产业管理信息系统、体育科技管理信息系统等。

3. 以体育信息系统的管理对象划分

可将体育信息分为体育音像管理信息系统、体育文字管理信息系统、体育数据管理信息系统等。

二、体育管理信息系统的特点

1. 面向管理与决策

体育管理信息系统是在体育管理学的思想方法、管理与决策的行为理论之上的一个应用领域的拓展，它可以为体育的信息管理提供便捷服务，也可以为体育管理提供决策。它必须能够根据管理的需要，及时提供所需要的信息，帮助决策者做出决策。

**2. 综合性**

从广义上说，体育管理信息系统是一个对组织进行全面管理的综合系统。一个组织在建设体育管理信息系统时，可根据需要逐步应用个别方向的子系统，然后进行综合，最终达到应用管理信息系统进行综合管理的目标。体育管理信息系统综合的意义在于产生更高层次的管理信息，为管理决策服务。

**3. 人机系统**

体育管理信息系统建设的目的在于辅助决策，而决策只能由人来做，因而体育管理信息系统必然是一个人机结合的系统。在管理系统中，各级管理人员既是系统的使用者，又是系统的组成部分。在体育管理信息系统开发过程中，要根据这一特点，正确界定人和计算机在系统中的地位和作用，充分发挥人和计算机各自的长处，使系统整体性能达到最优。

**4. 与现代管理方法和手段相结合的系统**

只简单地采用计算机技术提高处理速度，而不采用先进的管理方法，体育管理信息系统的应用仅仅是用计算机系统仿真原手工管理系统，充其量只是减轻了管理人员的劳动，其作用的发挥十分有限。体育管理信息系统要发挥其在管理中的作用，就必须与先进的管理手段和方法结合起来，在开发体育管理信息系统时，融进现代的体育管理思想和方法。

**5. 复杂性**

从体育信息的应用分类上看，包括了学校体育信息、群众体育信息、训练与竞赛信息、体育产业信息、体育科技信息等。面对类别和涉及面众多的体育信息来讲，构建有效的体育管理信息系统是一个复杂的工程。

**6. 实时性**

体育管理信息系统对实时准确的信息处理要求很高。如：竞赛管理信息系统中的运动成绩的处理、成绩公告等都需要实时、快捷、准确的信息处理结果。

**7. 多学科交叉的边缘科学**

体育管理信息系统还未被作为一个学科，而体育管理信息系统的提法也是从本教程才提出的，其理论体系尚不完善。我们从计算机科学与技术、应用数学、管理理论、体育管理学、决策理论、运筹学等相关学科中抽取相应的理论，构成体育管理信息系统的理论基础，意在使其成为一个形成自己鲜明特色的边缘科学。

# 本章小结

本章首先讲述了信息的概念，然后讲述了管理和系统的概念，之后引出管理信息系统的概念以及目前的应用领域和未来的发展趋势，最后讲述了体育管理信息系统的分类和特点。

# 思考题

1. 什么是信息？什么是管理？什么是系统？
2. 管理信息系统的概念？
3. 目前，管理信息系统的应用领域有哪些？
4. 管理信息系统的发展趋势？
5. 体育管理信息系统的概念？
6. 体育管理信息系统的分类？
7. 体育管理信息系统的特点？

# 第二章 体育管理的典型领域

所谓体育管理是指体育管理行为的实施者，通过采取管理和体育的方法，以实现体育管理的计划、组织、协调、控制和创新等职能，创造和谐环境，充分发挥各种资源的作用，实现既定目标的过程。其管理内容涉及人力资源、财务会计、市场营销、场地设施、赛事运作、运动训练、职业俱乐部等诸多方面，其中很多方面涉及其他相关专业领域，在此我们不做过多介绍。本章重点介绍体育赛事运作管理、体育场馆及设施管理、运动训练管理和职业俱乐部管理等方面的内容。

## 2.1 体育赛事运作管理

### 2.1.1 现代体育赛事特征及分类

**（一）现代体育赛事特征**

现代体育赛事与历史各时期的体育竞赛和体育活动相比，具有鲜明的特征。杰·科克利对现代主流运动形式所具有的 7 个相互联系的特征进行了阐述。了解这些特征将有助于我们更好地理解现代体育赛事的特征。

1. 世俗化

今天主流的运动形式不与宗教信仰和仪式直接相关。它是娱乐的方式，而不是崇拜的方式。它们为个人所得而开展，表现了物质世界的直接性而非超自然世界的神秘主义。

2. 平等

今天主流的运动形式基于这样的思想：参与不能由出身和社会背景来管束，运动项目中的比赛者应给予相同的竞赛条件，无论他们是谁和来自哪里。

3. 专业化

今天主流的运动形式由专家和观看运动的观众参与所支配。运动员经常只参加一项比赛或在一个项目中占有一个位置。地位通常根据技能和责任而决定和区分。设备，如鞋和衣服，专门符合某类运动员的需要。

### 4. 理性化

今天主流的运动形式由复杂的规则和策略组成。规则规定目标和运动员如何实现目标，规则也规定设备、运动技术、参加的条件；策略鼓励理性控制的训练方法，而这影响着运动参与经验和对运动员的评价。

### 5. 科层制

今天主流的运动形式为国际的、国内的、地方层次的复杂机构所控制。这些组织中的人监督和批准运动员、运动队和运动项目，他们制定和执行规则、组织比赛、确认记录。

### 6. 量化

今天主流的运动形式的特征充满了测量和统计数字。所有东西都能被化成时间、距离或分数而加以测量和记录。成绩的标准以清晰可测的规则加以讨论，统计数字被用作成绩的证据。

### 7. 纪录

今天主流的运动形式强调创造和打破纪录。运动表现在项目之间进行比较，个人、团队、联盟、竞赛、社区、城市、省以及国家的纪录都公开发表。最重要的当然是世界纪录。

以一个或几个特征就可以概括以前历史时期的运动形式。但是直到 19 世纪，所有 7 个特征才一起出现，但并不是今天所有的运动都具有这 7 个特征，只是今天主流的运动形式以这 7 个特征为标志。

### （二）现代体育赛事分类

现在全世界每年都要举办大量的体育赛事，种类繁多、形式多样、内容丰富。人们通过参加、参与各种类别的体育赛事而获得独特的感受与体验。根据不同的标准，我们可以将体育赛事划分为不同类别。

1. 以赛事规格为标准，体育赛事可以划分为国际性赛事、洲际赛事、地区赛事、国家级赛事、国内赛事等。

2. 以赛事规模为标准，体育赛事可以划分为综合性大型体育赛事、大型单项体育赛事、一般体育赛事和小型体育赛事等。

3. 以赛事区域为标准，体育赛事可以划分为世界性体育赛事、地区性体育赛事等。

4. 以赛事项目设置来划分，体育赛事可以划分为综合性体育赛事和单项体育赛事。

5. 以赛事功能为标准，体育赛事可以划分为竞技性体育赛事和群众性体育赛事。

6. 以赛事性质为标准，体育赛事可以划分为营利性的商业比赛和非营利性的公益比赛以及教学与交流性质的比赛等。

7. 以运动员身份来划分，体育赛事可以划分为职业选手赛事和业余选手赛事。

8. 以运动员年龄来划分，体育赛事可以分为儿童赛事、青少年赛事、成年人赛事及老年人赛事。

体育赛事的分类标准不一而足，无论采用怎样的标准，都是从某一角度对体育赛事进行认知，对不同的体育赛事进行比较，了解它们之间的异同。因此，在体育赛事运作实践中，运用何种标准对体育赛事进行分类应因时、因地、因情况而异。

### 2.1.2　体育赛事运作管理的含义

所谓体育赛事运作管理是指一定的组织运用财力、物力、人力、信息等资源，通过计划、组织和控制，向社会提供体育赛事的全过程，其实质也是由输入到输出的转换过程。

将体育赛事运作管理视为由输入到输出的转换过程，实质上反映了社会主义市场经济条件下，对效率和效果的追求。尽管体育赛事尤其是我国国内赛事并非都属于商业性赛事，有许多是公益性赛事，但同样需要提高赛事运作的效率，更好地发挥赛事的经济或者社会效益。这既符合市场经济对资源合理高效配置的要求，也适应了当今世界珍惜资源、创造节约型社会的趋势。

体育赛事运作管理的效率是指赛事资源输入和输出的关系。对于给定的资源投入，如果赛事运作管理者能获得更多的输出，就意味着提高了效率。同样，如果以较少的资源投入，赛事运作管理者能够获得同样的输出，也是提高了效率。能够投入体育赛事运作的资源（资金、场馆、设备、人力、技术等）总是有限的，所以赛事运作管理者必须时刻关心这些资源能否得到有效利用。因此，体育赛事运作强调效率。

体育赛事运作强调的另一方面是效果，即运作必须达到赛事的预定目标。当赛事运作管理者实现了赛事的目标时，我们称他们的运作是有效果的。而赛事的目标又与我们前面谈到的客户的需求是紧密相关的，无论是怎样的赛事，都是为了满足某种客户的需求而存在和发展的。

### 2.1.3 体育赛事管理机构的组织结构

#### （一）体育赛事运作管理机构组织结构类型

1. 单一型组织结构

所有的决策权都掌握在管理全体人员活动的运作管理者手中。在小型赛事运作管理中，这是最常用的结构，它灵活度大，以适应情况的变化，容易理解，而且权责明确，通常由赛事最高管理者对所有与赛事有关的工作负责。

这种结构的灵活性一般来说是指员工掌握多种技能，能够胜任多种工作。这意味着个体工作将更令人满意，并且能使员工士气受到鼓舞。然而，这种结构也有其潜在的局限性。因为员工没有机会去掌握专门技术，于是很难提高在某一领域的专业水平。此外，一旦赛事管理组织发展壮大到一定规模，决策速度就会大打折扣，甚至无法做出决策。因为执行者必须做出所有的决策，执行所有的运作管理职能。而且，如果经理作风专制，员工会因为他们的专长得不到充分运用而士气消沉。把所有赛事运作管理有关的信息全都集中在一个人身上，本身也有风险——很明显，有些人在某个不恰当的时候得病，后果是非常严重的。

2. 职能型组织结构

职能型的组织结构是将组织分成各个部分，即按相关分类，这种方式鼓励劳动者（雇佣的或者志愿的）的专业化。结构的好处是个人或团体可被安排到具体的工作领域，从而避免了任何责任的重复。此外，采用这种结构可以在活动需要时增添其他功能。我们将从第九届全国运动会的运作组织中找到这样一个结构。这种结构的潜在局限包括协调困难，此问题部分由于对其他工作缺乏理解，以及各个工作领域由于工作人员保护他们各自利益而产生的矛盾。可以使用很多方法来防止出现问题。方法包括采用多种技能战略，要求员工在不同的职域中流动；所有职能领域经理、主席定期召开会议；举行全体员工大会，以及保持沟通以使赛事参与者了解与赛事当天有关的事项（即预算情况、经历的重大活动）。所有这些是赛事管理者领导职能必不可少的要素。

3. 矩阵型组织结构

另一个将委员会或团体纳入一个组织结构中的办法是赛事项目的各个方面作为多个分开的实体来对待。例如，一次多地点体育比赛，其组织者们会成立相互独立的委员会负责相关事宜。为了做到这一点，每个委员、领导人都需要管理一组具有广泛赛事相关技巧的人。如果采用这种结构，最好将安全保卫、传播和技术支持等工作贯穿所有的项目领域，从而避免重复工作，并加强协调。

一个基于项目的矩阵结构的内在优势有：允许团体或个人直接完成手头的任务，促进团体之间的交流与合作。采用这一结构必须对协调工作予以高度重视，从而使赛事成为一个一致的整体。

4. 多组织或网络型组织结构

赛事运作管理机构一般规模相对较小，然而承接的赛事相当复杂。在这种组织结构中，许多服务提供商被一个赛事运作管理机构征集，来构建一个适用于产生和交付活动的结构。应当注意的是，这种通过与外公司订立合同来迅速建立组织结构并行使具体职能的做法在很多赛事形式中是常见的，尤其是大型赛事。保留大量长期员工，让他们每年只在有限的时间内工作是不切实际的，在这种情况下采用此种结构就很有意义。这种结构因为核心管理层仅由很少的人或一个人组成，管理者能够快速做出赛事决策。

正如前面谈到的其他结构，这一种结构也可能有一些不利因素需要考虑。这些不利因素包括由于立约者还进行多项工作，它的质量控制问题、供给的可靠与否，以及协调来自其他组对该赛事细节情况缺乏了解的雇员。即使如此，这一网络结构符合小型化、专注于核心活动及外部采办的当代管理理念，对运作管理来说十分行之有效。

**（二）单项/小型体育赛事组织机构的设置**

单项或者小型体育赛事的运作管理相对于大型综合性体育赛事而言，规模小、参赛运动员或者运动队比较少，组织结构可根据赛事具体情况做相应的调整，可采用单一型组织结构。例如某市大学生羽毛球联赛的单一型组织结构，如图2-1所示。

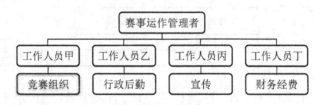

（注：实线表示负责此项目工作）

**图2-1 某市大学生羽毛球联赛单一型组织结构**

单一型的组织结构组织简单，容易理解和控制，但对工作人员的技能和能力要求高。但由于单项或小型体育赛事的工作人员有时并非专业从事赛事运作的人员，并不具备相关的专业技能，也缺乏相关的经验。针对这一问题，赛事可以采取外包服务的方式，或者聘请专业的赛事运作顾问，构成灵活的网络组织结构。图 2-2 为某市大学生羽毛球联赛的网络型组织结构。

**图 2-2    某市大学生羽毛球联赛网络型组织机构**

周期性举行的单项或者运作成熟的小型赛事,也可以采取职能型组织结构,其设置方法类似于大型综合性体育赛事的组织结构,只是在职能部门数量和复杂程度上有所不同。

**（三）大型综合体育赛事组织机构设置（以第九届全国运动会组织结构为例）**

第九届全国运动会于 2001 年 11 月在广东省举行,其主办单位为国家体育总局,承办单位为广东省人民政府。由主办单位及承办单位共同成立第九届全国运动会组织委员会,同时成立纪律检查委员会,其中第九届全国运动会组织委员会为运动会的实际运作管理机构。第九届全国运动会组织委员会以及内设部门的领导由国家体育总局领导、广东省人民政府党政领导及相关政府部门领导共同担任。第九届全国运动会组织机构设置如图 2-3 所示。

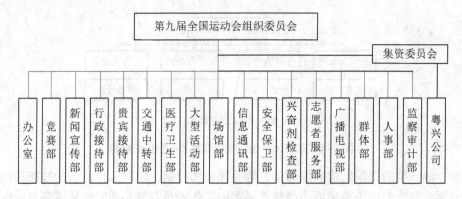

**图 2-3    第九届全国运动会组织委员会组织结构图**

1. 集资委员会

集资委员会属于第九届全国运动会组织委员会单列机构，负责制定运动会集资工作的方针和策划及综合协调运动会的集资业务工作。

2. 粤兴公司（全称：第九届全国运动会粤兴有限公司）

粤兴公司为广东省人民政府批准成立的，经第九届全国运动会组织委员会授权，直接受集资委员会管理，具体负责运动会集资业务工作的机构。其负责开发运动会无形资产；组织办各种专利、广告、电视转播权；招标购置比赛器材；出售主观礼厅和运动会开、闭幕式门票；开展集资性的大型工作；办理运动会的各项赞助和捐赠事宜。

3. 办公室

负责组委会会务工作，编写会议纪要，检查落实会议布置工作；负责组委会各类文件、简报和信息的审核草拟、公文的收发、处理、保管及归档、上送；拟办组委会工作计划、总结及大事记；协调各部室工作；负责协调联络有关领导的工作；负责运动会的票务管理工作；负责做好开、闭幕式程序的组织和协调其他重要活动的组织实施；负责组委会总值班室和文印工作。

4. 竞赛部

负责运动会竞赛工作的组织与实施，印发竞赛规程总则及单项编印竞赛情况简报及竞赛有关资料；安排各项目竞赛地点、赛程；制定比赛总日程表、安排表；编印竞赛秩序册、成绩册；负责提出各项竞赛承办地点及各项目竞赛场地规格要求，协同行政部门编制计划和落实，并进行检查制定各比赛项目竞委会有关竞赛工作职责，会同人事部审核各比赛项目竞委会人员配置方案，指导各比赛项目竞赛计划和实施方案；负责做好技术官员、仲裁委员、裁判员和竞赛工作人员的聘请，对裁判员、竞赛工作人员进行培训；会同主办单位国家体育总局对参赛运动员进行资格审查和报名注册工作；汇总、核定各项比赛成绩，发布每次成绩公报、编印总成绩册，审理创、超纪录成绩并办理审核事宜；负责开、闭幕式及比赛期间的气象资料的提供和预报工作；配合主办单位对各比赛项目进行调研。

5. 新闻宣传部

负责运动会新闻宣传报道工作的部署和开、闭幕式等重大活动报道方案的制定及组织落实；负责运动会会徽、吉祥物、会歌、会旗、宣传画的征集、评选等工作；负责国内外文字、摄影记者的报名、接待和管理；负责运动会的新闻发布会工作；负责主新闻中心的策划、筹建、管理，分新闻中心工作的指导；负责记者手册、记者乘车手册等资料的编印、发放；组织比赛期间优秀新闻、摄影作品、运动员的评选活动；负责运动会会刊、会报的组织工作，编写和下发运动会的宣传提纲、宣传口号、组织社会宣传教育活动；指导比赛场馆和重点地区宣传和窗口单位的文明礼貌职业道德教育；负责筹办体育美术、体育摄影展等活动；根据主办单位制定的方案，会同竞赛部制定实施细则。

6. 行政接待部

拟定运动会有关财务管理制度、核拨和监督经费开支；负责运动会代表团团部、内宾和组委会人员的食宿安排；负责运动会各代表团联络员的管理安排；协助有关部门做好运动会其他人员接待安排工作。负责后勤物资的采购、发放、管理；负责运动会结束后有关器材、物资的清理、赛后处理工作；落实大会膳食的供应；协助其他部门了解运动会相关大型活动的行政后勤工作。

7. 贵宾接待部

负责党和国家领导人、中央和地方副省（部）级以上领导、国家体育总局领导及其随行人员的接待工作，安排出席开幕式及其他重要活动；负责起草领导出席各项重大活动的重要讲话，制定领导的活动日程方案，经上报审批后组织落实；负责组委会邀请的国际奥委会贵宾、外国体育代表团、境外来宾及港澳人士接待工作，制定接待计划和出席各项重大活动的接待方案、礼宾规格并组织实施；协助办理相关人员出入境事宜及涉外事项。

8. 交通中转部

负责组委会车辆及驾驶员的征集、调配与管理；负责与有关部门商洽运动会交通相关事宜，包括减免路桥费、停车、制作运动会专用车牌等问题；负责内宾及与会人员离会、返程的交通票务工作。

9. 医疗卫生部

制定运动会医疗救护、卫生监督和性别检查的工作方案；指导、检查、督促全省有关市做好本市赛区及驻地的医疗救护、食品卫生、饮用水卫生、旅业卫生、环境卫生、疾病预防控制和除害防病等工作；负责组委会组织的大型活动的现场医疗救护、卫生监督与控制传染病等工作；负责对参加女子项目决赛的有关运动员进行女性性别取样及送检等工作。

10. 大型活动部

制定开、闭幕式总体计划和实施方案；组织开幕式大型文体表演的创编、训练、彩排和演出；组织闭幕式文体表演的策划、排练及演出；协同办公室做好开、闭幕式仪式程序的安排落实；协同竞赛部做好闭幕式颁奖工作。

11. 场馆部

负责按标准、规范对运动会比赛场馆进行检查、监督；负责对新建、改建比赛场馆的验收、接管工作的检查和督促；负责对运动会省级场馆特殊设备的增补、采购；负责解决各部门等有关方面的协调工作。

12. 安全保卫部

制定运动会安全保卫总体方案，开、闭幕式和场馆、住地安全保卫、交通、警卫、消防、处置突发事件等具体工作方案，并组织实施；负责运动会期间和筹备期间各项重大活动的安全保卫工作；加强运动会期间和筹备期间的治安管理；负责各赛区安全保卫工作的检查、督促和指导；比赛场馆建馆期间，按照治安、消防、交通等方面的安全要求，负责对各场馆、设施进行检查、验收；负责所有证件的设计、制作、审核、发放和管理工作；对运动会使用的车辆进行安全检查，并负责对安全保卫人员和驾驶员进行技能培训和安全教育。

13. 信息通信部

拟定运动会电子信息服务系统的总体方案；制定运动会信息通信部的总经费预算；组织运动会电子信息服务系统的网络建设、软件开发、系统集成、联合调试等工作；负责电子信息服务系统与场馆建设之间的技术协调；负责电子计时计分系统的监控；负责竞赛电子计算机系统的建设服务；负责组织电子信息服务系统各子系统的设计、招标和监理工作；按照电子信息服务系统的方案，做好指挥监控、注册登记、官方网站运作、综合成绩处理、多媒体查询、电子商务、新闻信息发表，各竞赛项目的成绩处理及电子计算机设备的购买、租借赞助集资等工作；负责运动会期间的电子信息服务系统的指挥、调度和操作运作；负责运动会常规通信指挥系统的设计和实施；选定、配置和管理电子信息服务系统的设备；培训、组织、管理信息通信技术人员。

14. 兴奋剂检查部

制定兴奋剂检查条例；编写禁用药物手册；负责与主办单位及竞赛部商定受检人数及抽查范围；负责配置检测器材、试剂、标准药样；负责检测人员的技术培训。

15. 志愿者服务部

负责运动会志愿者的招募、培训等组织工作；根据组委部门、各竞委会的需要派遣志愿人员；配合新闻宣传部等组织的社会宣传工作；负责比赛场馆的文明观众、文明啦啦队的组织工作；组织志愿者机动队伍，配合各部门完成应急性任务。

16. 广播电视部

负责运动会电视广播的宣传策划、转播、节目的编制；协助集资委员会和粤兴公司进行电视转播权拍卖的组织协调和开发工作；负责运动会电视公益广告的宣传策划；负责运动会前期和后期的电影、电视、音像制品的摄制和发行等工作；组织好开、闭幕式的直播工作；负责筹划广播电视新闻中心，接待管理好广播电视记者；保障电视转播信号的畅通；为新闻中心提供各赛区的电视信号；协调电视台、电台等单位进口有关设备；协助做好运动会的通信工作。

17. 群体部

协助全国群众体育先进集体、个人的评选工作；组织开幕式前群体精品展示表演；组织召开全国群众体育先进表彰大会；组织火炬传递活动；承担全国群众体育先进分子与会的接待工作；负责安排全国群众体育先进代表与会期间的参观活动；组织迎接全运会的全民健身展示活动。

18. 人事部

制定组委会的机构设置及人员配置方案；负责制定运动会所需工作人员的计划；根据组委会决定，承办全运会工作人员职务任免和调配工作；协助竞赛部做好各比赛项目竞委会机构设置、组织落实；负责组委会工作人员资格审核；拟定并实施工作人员的薪金酬劳政策。

19. 监察审计部

依照国家对审计工作的有关条例，对运动会的财务支出和有关经济活动进行内部审计、监督；独自行使内部审计职权；根据廉政法规条例和规章要求，对组委会成员及各部门工作人员进行党风廉政建设教育和遵纪守法情况的检查监督；受理个人和单位对上述人员的举报，并进行核查，提出处理意见。

### 2.1.4 体育赛事的竞赛管理

#### （一）竞赛管理的定义

体育赛事竞赛是赛事中各项比赛的集合，运动员、教练员、裁判员是竞赛的直接提供者，其中运动员是竞赛的核心。

体育赛事竞赛管理是在赛事全过程中为组织比赛而进行的日期筹备、现场运行和赛后收尾等工作的集合。

#### （二）竞赛管理的地位

体育赛事运作管理是一个由许多分系统、子系统及项目组合而成的网络系统，各分系统、子系统、项目之间互为前提，紧密联系，交叉作用。

竞赛管理是体育赛事运作管理这个网络系统的基础与核心，这是因为：

1. 它是赛事其他系统和项目存在与运作的基础。在整个赛事系统当中，竞赛是赛事运作的出发点和归宿；没有竞赛，就没有赛事的存在，没有竞赛管理，也就没有赛事其他系统与项目管理的存在。

2. 它是赛事其他系统与项目提供支持与服务的对象。赛事运作中的场馆、新闻宣传、广播电视、天气服务、住宿接待、安全保卫、信息技术等，都是围绕竞赛管理开展工作，为竞赛的安全、有序进行提供保障服务。

3. 它是衡量赛事运作是否成功的基准。赛事最核心的目的是为运动员提供公平竞技的平台，竞赛管理的好与坏必然是赛事运作成功与否的最根本标准。同时，竞赛管理的工作成果也是能否发挥赛事综合效应与影响的基础，是赛事取得整体成功的前提。

### （三）竞赛管理的目标

竞赛管理的最根本目标是建立公开、公平、公正的竞争机制，为运动员提供展示与竞争运动技术水平的平台，促进体育等技术水平的发展。为达到这个根本目标，竞赛管理至少要保证以下目标的实现：

1. 以公开、公平、公正的原则制定、执行竞赛规程、规则，确保竞赛的严肃性和公正性，从根本上保障竞赛的直接提供者，特别是运动员的权益。

2. 提供安全、完备、性能良好的竞赛环境，包括符合规程、规则要求的场馆、器材、设备及其他条件，为竞赛的顺利进行和运动员安全提供保障，同时为创造更好竞技成绩提供良好的物质环境。

3. 进行科学合理的竞赛编排，为赛事各利益主体提供良好的竞赛服务，既要保证竞赛质量，又要提高竞赛的观赏性。

4. 建立严谨、周密、及时的竞赛成绩统计、公布体系，确保竞赛成绩统计的准确性和成绩公布的时效性。

### （四）主办、承办单位竞赛管理职责划分

1. 主办、承办单位的确定

由于我国实行由体育行政部门主管竞赛的管理制度，除各单位、各系统、各行业举办的内部体育竞赛外，几乎所有的体育竞赛主办单位都必须是体育行政部门或者其他政府机关，即通常是"谁审批谁主办"。

体育竞赛的承办单位可能是体育行政部门、其他政府机关、企事业单位、社会团体及个人。根据《全国体育竞赛管理办法（试行）》，申请举办体育竞赛的组织和个人必须具备以下条件：

（1）能够独立承担民事责任；

（2）拥有与竞赛规模相当的组织机构和管理人员；

（3）已经制定具体的竞赛规程和比赛组织实施方案；

（4）拥有与竞赛规模相适应的经费；

（5）已经确定体育竞赛所需的场地、设施和器材。

当组织和个人向体育行政部门递交的竞赛申请书得到审批，获得了所申请竞赛的承办权后，申请人即成为竞赛的承办单位。

主办单位与承办单位是竞赛管理工作的共同运作者，应签订竞赛承办合同或者有关文件，以明确双方在竞赛管理中的职责划分，以保证各尽其责，协同配合，使竞赛能高效、有序、协调进行。

2. 主办单位竞赛管理职责

主办单位负责领导、协调和监督竞赛管理工作。一般而言，主办单位的竞赛管理职责包括但不限于以下内容：

（1）制定和解释竞赛规程总则（如有单项竞赛，则包括制定和解释单项竞赛规程）；

（2）确定竞赛的起止时间和开、闭幕式时间；

（3）审定竞赛日程和竞赛编排方案、抽签办法、训练日程；

（4）审定竞赛总秩序册（如有单项竞赛，则包括单项秩序册）；

（5）审定与竞赛相关的重要活动的方案及日程安排；

（6）提供竞赛场馆及设备、器材的规格、标准和数量要求；

（7）审定竞赛场地、器材、计时和计分系统和设备；

（8）检查和验收场馆建设与改造情况；

（9）组织运动员报名、注册，审定运动员资格；

（10）审定竞赛重要技术官员人选，包括裁判长、副裁判长等；

（11）审定竞赛创、超记录审批、公布办法；

（12）审定竞赛成绩公报方案；

（13）审定颁奖工作方案；

（14）建立仲裁委员会，处理竞赛争议问题；

（15）检查竞赛的试运转、测试赛；

（16）检查竞赛各项筹备工作进度，向承办单位提供竞赛有关的指导与支持；

（17）组织竞技发展有关调研活动。

3. 承办单位竞赛管理职责

承办单位在主办单位的领导下负责竞赛管理工作的计划、筹备和实施。一般而言，承办单位的竞赛管理职责包括但不限于以下内容：

（1）按照主办单位提供竞赛工作进度安排开展工作；

（2）制定和竞赛相关的总体方案，报主办单位审批；

（3）制定竞赛、训练编排方案，报主办单位审批；

（4）制定竞赛秩序册、成绩册清样，报主办单位审批；

（5）制定成绩公报方案，报主办单位审批；

（6）制定颁奖工作方案，报主办单位审批；

（7）制定与竞赛相关的其他重大活动方案与日程安排，报主办单位审批；

（8）根据主办单位提出的规格、标准、数量和要求，提供竞赛训练场馆、设备及器材；

（9）收集、整理、编印场馆、竞赛指南及其他有关竞赛信息，给主办单位；

（10）协助主办单位做好运动员报名、注册及资格审定工作；

（11）选派和培训辅助裁判员；

（12）根据竞赛情况，建立竞委会，执行具体竞赛管理工作；

（13）对竞赛管理相关工作人员进行培训；

（14）组织竞赛的试运转、测试赛；

（15）建立竞赛现场指挥系统，负责竞赛现场组织；

（16）为主办单位的调研活动提供工作条件；

（17）为赛事运作的其他系统提供竞赛信息采集和传递服务；

（18）提供竞赛管理的工作报告及总结。

**（五）竞赛管理常见文件编纂**

1. 竞赛规程

竞赛规程是体育赛事竞赛管理的纲领性文件，是竞赛管理工作的最高权威和指导，是竞赛组织者与参与者都必须遵循的法规。综合性运动会的竞赛规程包括竞赛规程总则（即总规程）和竞赛规程。单项赛事则只需制定单项竞赛规程。竞赛规程由主办单位制定，并下发各参赛单位及承办单位征求意见，修订后由主办单位公布及下发。竞赛规程的主要内容一般包括但不限于以下内容：

（1）竞赛名称和简称；

（2）竞赛日期和地点；

（3）竞赛项目；

（4）参加单位；

（5）运动员的参赛资格；

（6）参加办法；

（7）竞赛办法；

（8）兴奋剂检查、血液检查和性别检查；

（9）录取名次和奖励办法；

（10）比赛成绩公布；

（11）报名和报到；

（12）技术官员和仲裁委员会；

（13）未尽事宜和规程解释权。

2. 竞赛秩序册

竞赛编排工作是保证竞赛秩序、实施竞赛计划的重要环节之一，而竞赛秩序册正是竞赛编排工作的文字体现。综合性运动会在各单位竞赛秩序册的编制基础上汇编总秩序册，单项赛事则只需编制单项竞赛秩序册。竞赛秩序册一般由竞赛承办单位负责编制，由主办单位进行审定。竞赛秩序册的主要内容一般包括但不限于以下内容：

（1）比赛名称；

（2）比赛日期和地点；

（3）主办单位；

（4）承办单位；

（5）竞赛组织结构图；

（6）竞赛规程和补充规定；

（7）组委会、各部、室人员名单；

（8）各场馆、竞委会和仲裁委员会主任和裁判长名单；

（9）参赛单位名单；

（10）竞赛总日程表；

（11）单项竞赛日程表；

（12）竞赛相关活动日程表；

（13）竞赛场馆分布示意图；

（14）世界、亚洲及全国纪录表。

3. 竞赛总结

竞赛总结是在竞赛结束后，对竞赛管理的整体情况进行实事的概括，总结经验与教训，提出改善建议的书面文件。

竞赛总结主要内容：

（1）竞赛基本情况：包括竞赛名称、日期、地点、举办项目，参赛人员的数量，竞赛成绩，超、破、平纪录的情况，外界的评价等。

（2）竞赛基本评价：以竞赛规程和主办单位对竞赛的有关要求为标准，衡量竞赛组织管理工作水平，竞赛管理人员的素质，技术官员的工作水平及业务能力，场馆设备器材等竞赛物质条件质量，竞赛管理的科技含量，竞赛管理与赛事其他方面工作的协调、配合情况等。

（3）竞赛经验与教训：竞赛管理中的优点与成绩，与过往竞赛管理相比突出的改善与进步，竞赛管理中出现的失误或事故，竞赛管理中出现的新问题、新课题等。

（4）可能的解决方案或建议：主要是针对竞赛中出现的问题，向主办单位提供竞赛承办单位的意见与建议。

**（六）竞赛相关人员管理**

体育赛事竞赛相关人员包括运动员、教练员、裁判员、领队、医生、兴奋剂检测人员、性别检测人员、技术统计人员及竞赛组织工作人员等。本节着重对运动员及裁判员的管理进行阐述。

1. 运动员管理

（1）运动员参赛资格

不同的赛事对运动员的参赛资格有不同的规定，这与赛事的目标与特征紧密相关。

与参赛资格有关的标准十分重要，关系到能否体现公开、公平、公正原则及实现赛事的目标，以至于赛事的主办单位通常将标准以书面形式准确记录下来，作为赛事的正式文件广泛宣传，力求使赛事所有相关人员彻底理解。

一般运动员参赛资格的标准包括以下几种：

第一，籍地限制。国际型的赛事对参加赛事的运动员的国籍都有明确而具体的规定，而国内举行的大型赛事则一般会对运动员的省籍进行规定。比如，参加奥运会的运动员必须是选派他参赛的国家奥委会所在国的国民；如果一个运动员同时是两个或两个以上国家的国民，他只能代表其中一个国家参加奥运会，这个国家由他自己选择；曾经在奥运会、洲或地区的运动会、被有关国家单项体育联合会承认的世界锦标赛或地区锦标赛中代表一个国家的运动员，如果他改变了自己的国籍或取得新国籍，必须在改变国籍或取得新国籍 3 年以后，才能代表新国家参加奥运会。

第二，身份限制。实质上是对运动员所属群体的要求。比如，2005-2006年中国大学男子篮球超级联赛规定，参加该联赛的所有运动员必须是按照教育部关于全国高等学校招生、录取的有关规定（以及相关的特殊招生政策），经考生所在地高校招生委员会（办公室）审核录取（已在教育部高校学生司注册备案）的在校在读全日制学生（含研究生和双学位学生）。

第三，年龄限制。即对运动员所处的年龄进行规定。比如，国家对参加全国城市运动会的运动员年龄有严格限制，明确规定一般在 18 岁以下，主要由地市级的城市为单独的参加单位。这是因为举办全国城市运动会的目的是为了发现和培养奥运会重点项目的后备人才，为参加以奥运会为最高层次的国际赛事锻炼队伍，促进我国参加奥运会运动员队伍的组建，同时推动城市体育事业，尤其是竞技体育的发展，为国家做贡献。

除以上标准，不同的体育赛事对运动员参赛资格还会有具体的要求，包括不使用禁用的药物和方法，公正比赛和非暴力精神等。运动员如果违反这些规定，将被取消比赛资格，所取得的成绩无效。在我国，参加国家体育总局主办的全国综合性运动会和全国单项竞赛的运动员除遵照赛事本身的资格标准外，还必须遵守《全国运动员注册与交流管理办法（试行）》（见本章相关链接二）。

体育赛事运作管理机构在拟定运动员参赛资格的标准时，需要着重从以下两方面考虑：

首先，要从赛事的目标和特征出发，而并不是"为标准而标准"。比如专业性的赛事着重于竞技水准，需要对运动员的专业水准进行更多的关注；如果是综合性运动会，运动员往往作为代表团成员参加，为了保证赛事的公平、公正，则对运动员的籍地审核更为严格；如果是群众性的赛事，目标在于吸引更多的人参与，促进运动项目的发展，那么对于年龄、专业性的要求则相对宽泛。

其次，要将赛事的传统与现实的发展相结合。连续性的赛事已有明确而具体的运动员资格标准，保持这些标准的稳定性有利于赛事的发展。但保持标准的稳定性并不意味着因循守旧、一成不变，也应根据现实的发展而有所变化。

（2）运动员安全

对于运动员安全的管理不仅仅是提供符合安全标准的场地与器材，还需要综合考虑诸多因素，比如对运动员遭受攻击的防范。具体的措施包括：

第一，对涉及运动员安全的因素进行重要性排序。这是做好安全管理工作的基础。涉及运动员安全的因素相当繁杂，包括运动员衣食住行各个方面，如果不对各种因素做整体了解，对资源进行统筹安排，常常会顾此失彼，或者因小失大。

第二，对运动员比赛场地及住宿宾馆进行全面检查，合理分布力量。一个值得推荐的行之有效的方法是设身处地，模拟运动员的身份、日程及常规途径，对比赛场地、住宿宾馆等区域进行"试用"，有利于发现运动员安全工作中的盲点。

第三，严格执行证件标准，加强证件检查工作。对于能进入比赛场地、运动员休息室、运动员更衣室等不同场所的人员与身份进行限定，必要时使用金属探测器等设备。

第四，提高运动员自身安全意识，增强对于竞赛及非竞赛风险的认识，并根据不同类型的运动员的特征制定安全意识培训措施。比如对于非专业性运动员要着重使其了解运动损伤的原因、预防的措施，以及一旦发生运动损伤的一些急救措施。此外，还要注意由于运动员意识形态不同、种族不同、民族不同等非竞赛因素可能导致的安全风险，及时发现和消除矛盾。

（3）反兴奋剂

兴奋剂主要是指在运动训练和运动竞赛中，因违反医学道德而被国际体育组织禁用的药物和方法。在当代体育赛事管理中，兴奋剂问题已经成为国际体坛面临的严重挑战之一。违禁药物滥用是现实问题，必须承认，并应该采取预防性手段加以处理和遏制。运动员在赛事中使用兴奋剂意味着企图以不正当的手段获得不正当的荣誉和利益。这种行为不仅危害了运动员本身的身体健康和生命安全，也违背了体育赛事追求公平竞争的根本原则。

我国政府对于体育赛事中的兴奋剂问题颁布了有关法规文献，《反兴奋剂条例》《全国性体育竞赛检查禁用药物的暂行规定》《关于在体能类项目中实行赛前血液检查的试行办法》《兴奋剂检查场地设施要求》等。在体育赛事尤其是大中型体育赛事中，需要依照上述规定与办法进行兴奋剂检查工作，为运动员提供公平竞争的环境。

兴奋剂检查工作包括制定兴奋剂检查分布计划、样品收集、样品传送、样品检测、结果管理与监督等工作。兴奋剂检查工作应以重点检查高危险项目为重点，兼顾中、低危险项目的原则，充分考虑整体方案的科学性、合理性、有效性，根据赛事特点、参赛运动员数量等相关因素，对赛前检查、比赛检查、尿检、血检等工作制定出详细计划和实施方案。兴奋剂检查工作人员进行检查时，必须按照兴奋剂检查规则，应当有 2 名以上检查人员参加，并出示兴奋剂检查证件；向运动员采集受检样本时，还应当出示按照兴奋剂检查规则签发的一次性兴奋剂检查授权书；受检样本交由国务院体育主管部门确定的符合兴奋剂检测条件的检测机构检测。除加强对兴奋剂检查的管理外，体育赛事运作管理机构应该不断加强对运动员反兴奋剂的宣传教育工作。

2. 技术人员管理

技术官员一般包括仲裁委员、裁判员、辅助裁判员，是竞赛活动中的执法队伍和监督队伍，是保证竞赛公正、公平进行的重要力量。这里主要介绍裁判员的管理。

裁判员在任何体育赛事中都是必不可少的角色。他们需要有良好的技术及业务水平，必须熟知规则并能够精确地讲解规则，认识到自己对参赛者的职责，具有良好的运动道德，并且谦恭、诚实、友善、合作、公正，能够自始至终地控制比赛。

在我国，由国家体育总局及地方各级体育行政部门对裁判员进行管理，根据裁判员的技术等级和业务水平，对裁判员实行分级审批，分级注册，分级管理。国家体育总局授权全国性单项体育协会对本项目的国家级以上裁判员进行考核和注册，地方各级行政部门对本地区、本部门审批的裁判员进行考核和注册。体育赛事的裁判员管理主要包括以下几方面工作：

（1）裁判员的选派。包括确定赛事所需裁判员的数量、选派标准、选派办法。裁判员的选派要从赛事规格及竞赛实际出发，综合考虑裁判员级别（分为国际级、国家级、一级、二级、三级）、裁判员经验及其他方面的素质要求。一般情况下，赛事的主要裁判员由主办单位选派，其他裁判员由承办单位、主办单位或全国性单项体育协会批准。

（2）裁判员的培训。主要裁判一般由主办单位负责培训，其他裁判由承办单位进行培训。培训的内容、方式应根据训练的具体情况而有所区别与侧重。比如，对二、三级裁判员的培训重在基础，对一级以上裁判员的培训重在提高。

# 2.2 体育场馆设施的管理

## 2.2.1 体育场馆管理的基本概念

管理是指在社会组织中通过计划、组织、指挥、协调、控制、创新等手段，有效地配置人、财、物、信息等资源，以期高效地实现组织目标的活动过程。管理活动的主要对象包含人、财、物、信息和时间等要素。体育场馆设施管理是指为了实现体育场馆的特定目标，通过计划、组织、协调、控制和决策活动，实现体育场馆综合效益最大化的过程。

## 2.2.2 体育场馆的基本功能

基本功能是指与对象的主要目的直接有关的功能。体育场馆的基本功能首先应是提供与体育运动有着直接关联的相关服务，满足全民健身、运动训练和运动竞赛等基本需求。作为现代城市文明发展的载体，体育场馆在承担传统体育服务功能的同时，也进一步开拓了城市文化、经济等诸多领域发展的新平台。在我国经济相对较发达地区，体育、文化和经济等领域的服务已成为体育场馆尤其是大型体育场馆的基本功能。配套功能是指体育场馆为实现基本功能而提供的配套服务。配套功能包括运动装备、运动康复、住宿、餐饮、商务服务等。

以体育场馆基本功能形成的多功能服务体系构成了体育场馆服务业的主要内容，这也是城市服务业的新兴增长点。

**（一）体育本体服务功能**

体育场馆的首要功能是提供与体育运动有着直接关联的相关服务，这些服务大致包括以下几个方面：

1. 承办各种类型的体育竞赛和表演活动

体育竞赛表演是我国体育事业的重要组成部分，更是体育产业的核心。竞技体育的发展尤其是职业体育的兴起，推动了体育竞赛表演市场的兴旺。改革开放 40 多年来，我国已成功举办了奥运会、亚运会、世界大学生运动会等综合性运动会以及世界一级方程式赛车锦标赛、职业网球协会（ATP）总决赛、世界游泳锦标赛等其他单项体育赛事。这足以证明，我国具备举办各种不同级别和规模体育赛事的能力，拥有举办赛事的优质体育场馆设施。

承办各类不同的体育竞赛和表演活动是体育场馆的基本功能。体育场馆应当依据自身的规模和设计功能，将承办相应级别的体育赛事和表演活动作为其自身的主要业务和服务项目；尤其是大型体育场馆，其主要设计功能是用于承办大型的体育竞赛表演活动。随着我国体育事业的发展，体育竞赛和表演的社会需求加大，体育竞赛和表演活动的种类越来越多，每年除国家计划举办的各类各级体育竞赛和表演活动外，还有越来越多的商业性体育竞赛和表演活动，形成了种类繁多、项目丰富的体育竞赛表演市场。因此，体育场馆必须通过承接国内外大型综合性或单项体育赛事，来有效实现其最基本的功能。

2. 提供大众健身休闲服务

随着人民生活水平的提高和生活方式的转变，群众性体育健身休闲活动呈现生活化的趋势，健身休闲娱乐已成为人们生活中的一个重要组成部分。居民体育消费水平逐年攀高，喜爱体育运动的人数不断增加，体育人口不断壮大。体育场馆尤其是城市基层社区的体育场馆设施，应以满足区域内居民的健身休闲活动需求为主。

体育场馆必须根据全民健身活动的特点和要求，以增进大众健康休闲服务为导向，建立和完善体育场馆的公共服务体系，设立适合大众参与的多种多样的体育活动场地设施，满足社区居民尤其是老年人、青少年儿童、残疾人等特殊人群的体育需求。近年来，体育场馆根据全民健身活动的发展趋势，在满足大众参与喜闻乐见的体育运动项目的同时，还充分利用体育场馆的空间，设立全民健身广场、青少年体育俱乐部等。体育场馆除按照国家和地方政府的规定，重大节假日免费对社会开放外，还根据场馆自身的特点提供免费时段和为特殊人群开展优惠的服务，进一步扩大了体育公共服务的范围，丰富了体育公共服务的内容。

3. 提供高水平运动员训练服务

体育场馆设施是竞技体育发展的重要基础，是高水平运动队和运动员创造优异运动成绩，攀登世界竞技体育高峰的基础条件。新中国成立以来，在我国竞技体育体制的影响下，竞技体育形成了完善的内部训练体系，并建设了与之相适应的训练场馆体系。改革开放以来，特别是近年来，在"奥运争光计划"等工程的推动下，我国体育系统的训练场馆设施有了巨大的改善。目前，从国家队到各地方专业运动队，均已形成了功能完善、能满足不同运动项目训练的各类高质量的体育场馆设施。这些内部训练场馆的硬件设施先进，设备精良，为我国竞技体育发展和高水平竞技体育人才培养提供了重要保障。

我国体育系统内部的训练场馆长期以来主要作为高水平运动员的培养基地，基本不对外开放，处于封闭的管理状态。近年来，随着社会体育需求的增长和全民健身发展的需要，越来越多的体育系统内部训练场馆在保障高水平运动训练的前提下，逐渐面向社会，打开了对外服务之门。

4. 提供青少年业余运动训练的服务

开展青少年业余运动训练，不仅对增强广大青少年体育健康具有长远意义，并且对我国竞技体育后备人才的培养和保持高水平竞争优势具有直接影响。长期以来，体育场馆尤其是体育系统的体育场馆承担了我国各种不同类型青少年业余运动训练的重要任务，是我国青少年运动训练和高水平竞技后备人才成长的主要基地，为我国竞技体育建立起相对完善的后备人才培养体系，为我国竞技体育实现可持续发展做出了巨大的贡献。

随着我国经济发展，青少年业余训练的环境发生了较大的变化，传统青少年业余运动训练体制正在进行相应的改革，体育场馆在承担体育系统传统青少年业余训练任务的同时，也逐步开始面向社会，创新青少年业余训练的模式，积极引进社会资源，通过市场化的手段，充分利用自身资源优势，开展多种形式的青少年业余运动训练，促进了青少年业余运动训练和各类体育培训市场的不断扩大，推动了我国青少年业余运动的创新发展。

**（二）城市经济活动服务功能**

由于我国体育事业长期以来属于社会公益和福利事业，使体育的经济价值被忽略，体育场馆的经济功能得不到有效的发挥。经过改革开放 40 多年的发展，体育场馆逐步面向社会，实现了由行政管理型向经营管理型的转化。通过发展多种经营，广开财路，在提供体育本体服务、文化演艺娱乐和节庆活动业务的同时，利用体育场馆的有利环境，富裕空间和硬件设施优势，积极渗入城市经济活动，与大型会展、会议、酒店和商业超市等新型产业链接成为城市现代服务业的重要组成部分。

越来越多的体育场馆，尤其是大型体育场馆兴建时在不影响体育功能的前提下，普遍重视规划设计和赛后利用的各个环节，突出体育场馆的复合功能，积极与城市社会经济活动紧密衔接，充分利用其体育馆室内外空间和大型看台，开发成为会展中心、会议中心、商业超市、购物中心和接待酒店。有的还利用体育场馆的特殊地理优势，通过引进大型体育赛事，发展城市体育旅游，形成城市复合型新型产业，越来越多的体育场馆演变成为城市的经济活动中心。这些举措既有效满足了体育场馆自身多功能的开发，扩大了体育场馆的服务领域，又积极地融入了城市经济活动，实现了在社会主义市场经济发展环境下，体育场馆服务社会经济发展的目标。

**（三）城市生态和应急服务功能**

公共体育场馆尤其是大型体育场馆通常被规划为一个城市的标志性建筑，由此造成大型体育场馆过于注重外形设计、结构复杂、建设成本高、赛后空间利用有限等诸多弊端。体育场馆整体生态景观是城市公共景观系统中的一个重要组成部分，对增加城市文化内涵、彰显城市活力、提高环境质量具有重要的作用。公共体育场馆的规划和设计在反映外形创新性和功能复合性的同时，应注重与城市整体风格的协调性、建筑成本的经济性和节能环保的可持续性，避免华而不实、劳民伤财，既要简朴实用、节约能源、保护环境，又能够突出城市生态涵养的鲜明特色，反映城市的自然生态和历史文化等背景。透过公共体育场馆形成的绿色空间和生态景观，能体现体育运动的魅力和城市文化的内涵，彰显城市体育运动的独特个性。

现代体育场馆尤其是大型体育场馆还是城市灾害应急处理的重要设施。由于公共体育场馆具有面积大、空间广阔、交通便利等特点，一般还具有自然灾害、突发事件发生时的紧急疏散和集中救治功能。体育场馆的建设和使用不仅是城市体育发展的重要标志，也是居民生活质量和城市发展的重要标志。

综上所述，体育场馆在多功能开发利用过程中需要结合体育场馆本身的空间结构、地理位置以及区域条件，形成以"体"为主的多种功能组合的复合型模式。在场馆外形和功能设计方面，不应一味追求规模和形式，应该更加注重场馆赛后基本功能的利用和开发，注重实用性与效率性，创新与地域体育、文化、经济协调发展的新型开发利用模式。

### 2.2.3 体育场馆的基本类型

体育场馆的类型和体育场馆的管理有着直接的关系，不同规模和性质的体育场馆存在着服务对象、运营模式和管理体制的差异。随着我国体育事业的发展以及体育社会化、产业化和市场化程度的加快，体育场馆建设规模日益扩大，功能逐步扩展，投资结构和投资方式发生了较大的变化，体育场馆的经营与管理主体以及运营管理模式也呈现多样化的发展格局。目前我国体育场馆种类较多，功能不一，按照不同的划分标准，可以有不同的分类。一般来说，体育场馆大致可以有以下几种分类。

**（一）按体育场馆建设规模划分**

国内外对体育场馆的大小划定没有严格的统一标准。依据我国现有体育场馆基本建设项目规定，通常将体育场馆座位数量作为划分标准：体育场以 7 万座位以上、体育馆以 8000 座位以上者为大型体育场馆。体育场以 3 万～7 万座位、体育馆以 4000～8000 座位为中型体育场馆。体育馆以 4000 座位以下的为小型体育场馆。

我国大型体育场馆的建设形式除了单体形态，更多的还是属于综合性的体育中心。一般体育中心包括体育场、体育馆、游泳馆（池）等，并且根据中心的占地面积分为小型、中型、大型和特大型四种。小型体育中心的占地面积在 20 公顷以下，如英国伦敦水晶宫体育中心占地 14.6 公顷，包括一个 3.8 万座位的体育场、一个 2000 座位的体育馆和几个网球场。加拿大蒙特中型体育中心占地面积为 20～60 公顷。举办 1976 年奥运会的奥运会体育中心占地 50 公顷，建有 5.5 万座位的主体运动场、9000 座位的游泳跳水馆、7000 座位的自行车赛车馆，还分别有一个小体育馆、田径场、网球场。占地 50 公顷的南宁体育中心，除了拥有多种体育项目场地外，还有运动员公寓和招待所等建筑。

大型体育中心占地面积在 60～200 公顷，如国家奥林匹克体育中心、上海东亚体育中心、广州天河体育中心、南京奥林匹克体育中心等，都是目前国内功能全、标准高的综合性大型体育建筑群。特大型体育中心占地面积在 200 公顷以上。占地面积 405 公顷的北京奥林匹克森林公园是目前国内特大型体育中心的代表，除了包括 14 个奥运会比赛场馆，还包括了为奥运会服务的绝大多数建筑。世界上最大的体育中心当属伊朗德黑兰的阿里亚梅尔体育中心，占地 500 公顷，可称为"体育城"。

**（二）按照场馆的使用性质划分**

我国体育场馆按照其使用性质可以分为训练型场馆、教学型场馆和经营型场馆。

### 1. 训练型场馆

训练型场馆主要用于国家级和省、市级高水平运动员的系统训练，为全面提高运动员的技术和战术、体能和心理素质，攀登世界竞技体育高峰而提供的各类训练场馆设施。由于主要用于保障高水平运动员的日常训练，训练型场馆通常采取封闭式的管理，一般不对外开放，建设和养护由政府提供财政全额补贴。

### 2. 教学型场馆

教学型场馆主要是各级各类学校用于学校体育课教学、课外体育活动和学校运动队训练的体育场馆设施。据 2003 年第五次全国体育场地设施调查数据显示，体育教学型场馆设施超过我国现有体育场馆设施总量的一半以上。这类场馆设施主要是承担学校体育教育任务，用于增强学生的身体素质和培养体育技能，服务对象为各级各类学校的在校学生。教学型场馆一般由各级教育行政管理部门投资建设，学校负责日常管理，通常不对外开放。

### 3. 经营型场馆

经营型场馆主要是政府投资或政府引导社会投资新建，面向社会成员提供体育公共服务的各类体育场馆设施。这类场馆大多通过提供各类体育健身项目、开展体育培训和举办体育赛事，满足社区居民的健康、娱乐和休闲需求，推广和促进全民健身活动的普及。经营型场馆依据不同的经营环境和条件，一般通过由政府财政全额补贴、差额补贴或场馆自收自支的方式维持其日常运营。

由于我国人均体育场地设施面积不足，而大部分学校体育场馆设施课余时间闲置率较高，近年来，中央和地方政府多次颁布政策，要求学校体育场馆设施在课余时间逐步开放，提供社区居民健身休闲服务，满足社会日益增长的健身休闲需求。

### （三）按财政扶持程度划分

目前，我国体育场馆尤其是大中型体育场馆主要是由国家或地方政府投资建设的，占体育场馆总量的绝大部分；而由私人投资建设的大多属于小型场馆设施，并且场馆数量所占的比例也较小。在政府投资兴建的公共体育场馆中，依据体育场馆的不同经营状况，政府实施三种不同的财政扶持政策，即财政全额补贴、财政差额补贴和场馆自收自支。

### 1. 财政全额补贴

财政全额补贴产生于计划经济时代，由各级政府投资建设的公共体育场馆基本实行财政包干，采取全额预算补贴。政府内部的体育行政部门进行管理，场馆的一切运营和维护费用由政府财政经费全额支出。

**2. 财政差额补贴**

改革开放初期，体育场馆在"以体为主、多种经营"的指导思想下，积极开发体育场馆资源的功能，盘活和利用体育场馆设施资产，在体育场馆经营开发上取得了明显的效果。政府为减轻财政负担，开始对部分经营效益较好的体育场馆实施差额预算管理，即政府对场馆设备维修费、重大设备购置费和人员经费等定项补贴，场馆经营单位的日常运营经费则由场馆通过创收等方式以收抵支。

**3. 场馆自收自支**

随着社会服务业的兴起，尤其是体育产业的兴旺发展，体育场馆的服务功能呈现多元化的发展趋势，除传统体育服务外，场馆物业出租、承接文化演艺等业务活动的收入增加。体育场馆特别是大型体育场馆的收入结构发生了较大的变化，相当一部分场馆改变了长期亏损的状况。政府针对这一状况进一步实施自收自支的财政政策，即政府除承担场馆重大维修费用外，取消财政补贴，场馆逐步实行企业化管理，采取独立核算、自主经营和自负盈亏的经营模式。目前，我国除部分边远地区和贫困地区的体育场馆仍保留全额补贴外，其他地区均实行差额补贴和自收自支的财政政策。

**（四）按管理单位性质划分**

我国体育场馆长期实行事业单位管理体制，实行体育系统内部封闭式管理。随着事业单位改革的逐步推进，我国传统体育场馆管理体制和经营单位结构产生了较大的变化。目前，我国体育场馆大致可以分为完全事业单位运营型、事业单位企业化运营型、事业和企业双轨制运营型、企业运营型。

**1. 完全事业单位运营型**

完全事业单位运营型是指体育场馆仍然属于各级别体育行政部门管理下的事业单位，实行集中统一的行政领导和事业管理，完全由政府提供全额财政补贴，主要承担体育系统的相关职能，运营上基本采取封闭式管理方法。这部分场馆大多属于培养高水平竞技体育人才的训练性场馆。

**2. 事业单位企业化运营型**

事业单位企业化运营型是指体育场馆仍然属于各级体育行政部门领导和管理下的事业单位，主要管理干部由行政管理部门任命，但场馆在业务运营机制和内部人员管理机制上引进企业化的管理方式，对外服务和市场开发具有较大的自主性，对内采取目标责任制、岗位责任制、人员聘任制、质量奖惩制，依据企业规范建立和完善各种场馆经营与管理制度。

3. 事业企业双轨制运营型

事业企业双轨制运营型是指在一个场馆内部实行事业单位与企业并轨运行，即在保持公共体育场馆事业单位性质的基础上，另行成立公司，负责承担具体业务的运营。由于体育场馆对外业务的增加，而场馆又受到事业单位人员指标的限制，不少场馆开始向工商管理部门申请注册和组建公司，即原有的事业单位承担场馆行政管理职能，而场馆业务活动只能分割由公司承担。

4. 企业运营型

企业运营型是指场馆所有权、管理权和经营权分离，政府将场馆经营权以委托方式授权给专业化经营公司运营管理。受委托企业作为独立法人实体，按政府委托合同要求和市场机制全方位承担场馆的运营管理。由于传统事业单位体制正在实施改革，人员编制逐步减少；体育场馆的产业化和市场化发展趋势，对场馆经营与管理单位专业化的要求越来越高，使得越来越多的场馆尤其是新建场馆大多采用委托制企业管理方式。实行专业化的企业运营管理将是我国体育场馆的发展方向。

## 2.2.4 体育场馆设施管理

### （一）体育场馆设施的细分

体育场馆设施是指一切用于体育活动并能够满足体育活动要求的相关设施的总称，主要包括体育建筑设施、机电信控设施和体育器材设施三类。

1. 体育建筑设施

体育建筑设施主要包括体育场地、看台座椅、辅助用房、空调、给排水等系统。

（1）体育场地

按照体育场地规划设计标准，体育场地可以分为标准体育场地和非标准体育场地。

第一，标准体育场地：是指符合相关体育项目竞赛规则要求、可承办国内外相应体育赛事并按照规划设计的要求建造的标准体育场地。

第二，非标准体育场地：是指受体育场地周边环境与条件的限制，建造的体育场地不符合相关体育项目竞赛规则的要求，未能达到相应标准的体育场地，如200m、300m非标准田径场地等。这类体育场地可供体育教育、开展群众性体育活动使用，是集教学、训练、健身、娱乐，以及基层开展群众性体育比赛与锻炼等多种功能于一体的体育场地。

第三，综合型体育场地：一是指多种体育运动项目的场地集中兴建，附属设施配套齐全；二是指一个独立的体育场馆可有多种功能和用途，也就是同一种体育运动场地设施稍加调整便可供其他体育运动项目综合使用等。前者如奥林匹克水上公园、北京奥体中心等，后者如北京体育馆、清华大学体育馆等。

（2）看台座椅系统

看台按照功能可分为主席台、包厢、记者席、评论员席、运动员席、一般观众席、残障观众席。座椅按照舒适程度可分为移动扶手软椅、移动软椅、有背软椅、有背硬椅、无背方凳。体育场馆看台坐席一般由固定坐席和活动看台两部分组成。活动看台负责调节场地以变换功能布局。活动看台有推拉式、整体移动式、翻转式等。

（3）辅助用房

体育场馆辅助用房包括观众用房、运动员用房、竞赛管理用房、媒体用房、场地运营用房、技术设备用房和安保用房等，其功能布局应满足比赛要求，具有通用性和灵活性，便于使用和管理，易于解决好平时与赛时各类用房的利用问题。

（4）空调系统

体育场空调系统分为集中式空调和分散式空调两大类。集中式空调系统具有集中管理、大型设备能效高、可减少装机容量、可以互为备用等优点，但如果不进行比赛时，仅附属房使用时，则系统运行极为不节能或空调系统根本开不起来。分散式空调具有运行灵活、无机房的优点，但也有设备能效低，系统装机容量大、系统投资大的缺点。

（5）给排水系统

给水系统主要包括洒浇水、消防给水、生活给水、直饮水等；排水系统主要包括生活污水排放、径流雨水排放和雨水积蓄利用等。其中最重要的是场地浇洒给水系统和径流雨水排放系统。给排水设施主要包括给水泵房（包括机房、水池、水箱）、供水管路、供水管上闸阀以及场地喷头、排水灌渠、盲沟、检查井等附属构筑物。洒浇的布局需要根据运动要求、体育场地的建筑特点、草坪种类和需水要求综合考虑。

2. 机电信控设施

机电信控设施主要包括体育场馆的照明系统、广播系统、竞赛信息处理系统、电视转播系统、网络视频直播系统等。

（1）照明系统

照明是提供光的系统，是体育场馆光环境的重要组成部分。按功能需求可分为场地照明、一般照明、观众席照明、应急照明、建筑立面照明及道路照明系统等，其中最重要的是场地照明（比赛照明）。按比赛项目和级别标准可分为比赛时照明、训练时照明、电视直播照明、平时照明等。体育场馆照明常见的形式有天然采光、人工照明以及天然采光兼人工照明三种类型。

（2）广播系统

在常规情况下，体育场馆广播信号通过布设在广播服务区内的广播线路传输，是一种单向的（下传的）有线广播。体育场馆广播系统主要由信号源、功放设施、监听设施、控制设施、火灾事故广播控制设施、扬声器及广播传输线路组成。平时，系统在可编程定时器的管理下自动运行，并根据预先编制的程序定时启闭有关设备的电源、自动播放背景音乐、按预定播放时间播放相应节目。当消防中心向系统发出警报时，通过联动接口强行启动有关设备，可强行插入紧急广播。

（3）竞赛信息处理系统

竞赛信息处理系统是一个集计算机硬件设施、网络通信设施、软件系统及数据处理功能为一体的，可以和各种比赛数据自动采集系统有机连接的，能够实现信息资源共享的现代化综合服务系统。如在田径运动会信息处理系统中，将径赛终点计时系统和信息处理系统连接，利用摄像和计算机图像辨析技术，实现比赛终点计时数据的自动判读，并送入信息处理系统。而一些无法采用自动化设施进行比赛数据采集的项目，需经裁判人员通过计算机终端输入信息处理系统。信息处理系统对数据进行加工、处理，形成最终表示形式。一方面，信息系统将原始数据和加工好的数据保存在相应的数据库系统中以备后用，另一方面，加工好的数据传入场地的大屏幕系统和场地广播系统，对比赛信息进行公告。

（4）网络视频直播系统

网络视频直播系统是利用视频压缩、网络传输、媒体播放等技术，在装有视频采集设施的计算机上，把采集到的音、视频信号进行实时编码，并通过服务器处理，在网络中实时发布出去，起到现场直播的效果。新型的网络视频直播系统采用 P2P 的应用架构，具有分发效率高、设施投入成本低的特点，被越来越多地应用到体育场馆网络视频直播系统中。基于 P2P 应用架构的场馆网络视频直播系统主要包括流媒体服务系统、应用系统和管理系统。各个系统既可以安装在同一台计算机上，也可以安装在多台计算机上，以实现效率更高的分布式应用。

3. 体育器材设施

体育器材设施是指在体育竞赛、体育教育、体育训练、群众体育等活动中，各类体育人口与非体育人口使用的各种体育活动器具器材和相关运动材料。体育器材设施是体育活动中不可缺少的物质基础条件。体育器材设施主要分为三大类：

（1）用于竞技运动中的各类体育器材设施，如赛车、赛艇、射击、举重、球类等比赛专用器材。

（2）用于各项体育比赛裁判工作的各类体育器材设施，如球类比赛中裁判所用的各种用具，田径比赛裁判员用的发令枪等用具。

（3）用于大众健身与休闲运动中的各类体育器材设施，如呼啦圈、跳绳、空竹、毽子等。

随着体育科学技术的进步与发展，体育器材设施在简便实用、安全可靠、美观舒适等方面不断创新，向着更加智能化、多功能化、美观舒适化方向迈进。

**（二）体育场馆设施管理的目的和任务**

1. 体育场馆设施管理的目的

体育场馆设施管理的目的是为设施正常运行提供可靠的条件和保证，具体目的包括以下四个方面：

（1）正确地选择体育场馆设施，避免体育场馆设施的落伍和闲置

设施的闲置会严重影响体育场馆的经济效益。体育场馆应根据服务的需要，选择技术先进的体育场馆设施。同时，体育场馆要根据实际需要及时解决体育场馆设施落伍和闲置的问题，以减少资金占用，提高体育场馆经济效益。

（2）保证体育场馆设施处于良好的技术状态

体育场馆应正确地使用场馆设施。管理者应经常组织有关人员学习、研究场地的设施，灵活采用各种方式维护它们，实现体育场馆设施的综合利用效率，以保持良好的体育场馆设施状况，确保体育场馆服务的正常运行。

（3）提高体育场馆设施管理的经济效益

体育场馆要在保证设施良好的同时，加强对设施的经济管理，降低设施使用各个环节的费用，达到体育场馆设施寿命周期费用最经济的目的，从而促使整个体育场馆运行效益的提高。

（4）保证体育场馆设施的技术进步

体育场馆建筑设施管理工作，应针对体育场馆拓展新业务，改进现有服务水平，提高质量以及安全、节能等要求，有计划地进行体育场馆设施改造和更新，保证体育场馆建筑设施的完好率。

2. 体育场馆设施管理的任务

体育场馆设施是现代体育场馆的经营工具，是体育场馆服务要素之一。所

以，对体育场馆设施进行全面、认真的管理是体育场馆优质、低耗地进行服务的基本条件。体育场馆设施管理的任务包括以下四个方面：

（1）追求体育场馆设施寿命周期费用最优化

体育场馆设施寿命周期费用是体育场馆设施使用期内的总费用。在体育场馆设施规划决策的方案论证中，应追求体育场馆设施寿命周期费用最经济，而不是只考虑购买或使用某一阶段的经济性。当然，还要考虑体育场馆设施的综合效率。

（2）构建先进的体育场馆设施管理模式

随着社会主义市场经济的发展，人们审美水平和欣赏品位越来越高，体育活动的种类极大丰富，质量越来越高，市场竞争进一步加剧，这就要求及时构建能够满足场馆设施运行服务及发展所需要的先进、适用的体育场馆设施管理模式。

（3）加强体育场馆设施的维护工作以保证服务经营活动的连续性

体育场馆设施管理的日常工作主要是体育场馆设施维护工作，它是体育场馆设施管理的重要环节。

（4）加强体育场馆设施的经济管理和组织管理工作

这是实现体育场馆设施的规范化与系统化管理的重要保障。

**（三）体育场馆设施管理的要求**

1. 体育场地管理的要求

根据体育场地建造材料的不同，体育场地管理的基本要求主要包括土渣类体育场地、混凝土类体育场地、塑胶类体育场地、草坪类体育场地和木质地板类体育场地五个方面。

（1）土渣类体育场地管理要求主要包括以下几个方面：

第一，进入体育场地的人需穿运动鞋，禁止穿皮鞋、高跟鞋，禁止在跑道上行驶各种车辆。

第二，跑道表面经常保持一定的湿度。跑道的湿度影响跑道的硬度，故跑道表面应经常保持30%左右的湿度。干旱季节最好每天傍晚洒水，以降低地面温度，也便于地下水气融合，节约用水。雨雪天时，场地过湿或过于松软时，应暂停使用。

第三，体育场地线要随时保持清晰，不清晰线段应及时补画好。

第四，保持第一道与外道跑道硬度近似。第一条跑道使用最多，硬度较大，外圈各道使用次数相对较少，硬度较小，而跑道硬度会影响运动员的比赛成绩。为防止第一条跑道快速硬化，可采取以下措施：

A. 新翻修的跑道，一般情况下可暂停使用第一条跑道。

B. 一般比赛时，短距离比赛第一条跑道尽量不安排运动员。

C. 如全部跑道每年翻修一次，则第一条跑道应翻修二至三次。

D. 经常铲除第一条跑道紧靠内沿的积土。在多风地区，第一条跑道内沿边容易积土，使跑道左边高于跑道表面，形成向右倾的斜坡，这对中长距离跑有影响，故应经常将堆积的尘土铲平。

此外，在体育场地内禁止吸烟、吐痰，禁止乱扔果皮、纸屑、玻璃瓶等。布置、整理体育训练和比赛器材时要轻拿轻放，不得在体育场地上拖拉。

（2）混凝土类体育场地管理相对比较简单，主要应做到以下几点：

第一，大型车辆不能进入混凝土类体育场地。

第二，重型机械不能停放在混凝土类体育场地。

第三，沥青混凝土体育场地不能长期被水浸泡。

第四，沥青混凝土体育场地地面温度超过40℃时应暂停使用。

（3）塑胶类体育场地：为了延长塑胶场地的使用年限，保持其稳定的性能和绚丽的色泽，在使用过程中，具体应做到以下几个方面：

第一，在使用上应按其适应范围科学合理地使用，一般只供体育场地所承担的专项训练和比赛使用。

第二，禁止各种机动车辆在上面行驶，以防滴油腐蚀胶面；禁止携带易爆、易燃和腐蚀性物品入内；不得穿刺、切割场地；要保持清洁，避免有害物质的污染。

第三，进入体育场地者必须穿运动鞋，跑鞋鞋钉不得超过9mm，跳鞋鞋钉不得超过12mm；杠铃、哑铃、铅球、铁饼、标枪等器材必须在特设的体育运动场地内使用，严禁在塑胶场地上进行训练。

第四，要避免长时间的重压，应防止剧烈的机械性冲击和摩擦，以免使塑胶场地弹性减弱和变形。紧靠内侧沿的第一、第二条跑道使用较多，平时应限制使用，必要时可摆放告示牌。

（4）草坪类体育场地：是目前使用非常广泛的体育场地类型，主要供足球、棒球、垒球、高尔夫球以及部分项目使用。其管理内容主要包括以下四个方面：

第一，使用时间要根据季节和草的生长情况来安排。北方地区每年12月至次年4月为草坪保养期，一般不安排使用。5月一般可两天使用一次，6月至8月一般可每天使用，9月至11月一般可两天使用一次。南方草坪场地一般可全年使用，具体使用时间应根据当地气候等方面的条件决定。

第二，禁止机动车辆进入草坪。田径运动的掷标枪、铁饼和推铅球等项目，只能在比赛时使用草坪场地，训练时尽量不使用或少使用。

第三，注意场地内的卫生。场地内不准吸烟，不准乱扔果皮、纸屑和砖头等杂物。不准随地吐痰。

第四，一切使用者都必须严格遵守体育草坪场地的使用规定，爱护草坪和场内设施。

（5）地板类体育场地：随着现代体育场馆的迅速发展，地板类体育场地已广泛应用于各种体育馆，如篮球场、网球场等。但是木质地板也存在一些缺点，比如易变形、易燃、易虫蛀等。因此，为了延长其使用寿命，就要加强管理。其管理主要内容包括以下三个方面：

A. 未经主管人员批准，任何单位和个人均不得入内训练或活动。

B. 进入体育馆场地的运动员、裁判员和工作人员等必须穿软底鞋，严禁穿皮鞋、高跟鞋和带钉鞋进入场地

C. 体育场地内严禁吸烟、吐痰和泼水，禁止在场地内投掷重器械。体育场内固定器材不得随意移动。比赛前后布置和整理器材用具时，要轻拿轻放，不得在体育场地内拖拉器械。

2. 体育器材设施管理的要求

体育器材设施种类繁多，由金属、木材、人造革、皮、橡胶、棕、布和化纤材料等各种材料制成。各种材料都有一个维护和保养的问题，而每一种材料制作的器材设施维护保养的方法又各不相同。所以要根据器材的特点，科学制订保养计划和时间，建立严格的定期检查制度，并落实到具体工作人员。为了用好和管好体育器材设施，首先要熟悉体育器材设施的使用方法，建立规章制度，及时做好检查和维护，减少不必要的消耗和损坏，以延长使用寿命；还要积极探索如何有效地开发旧体育器材设施，以提高体育器材设施的使用率和功效。对体育器材设施进行有效的管理，应做好以下几项工作：

（1）体育器材设施的购置：体育器材的质量关系到使用者的安全，直接影响体育活动、体育教学训练的效果和体育竞赛水平的发挥，同时也关系到体育器材设施的使用寿命和使用效益。因此，在购置体育器材设施时，要对生产厂家所选购器材进行深入的考察，严把质量关。对于体育竞赛使用的体育器材设施，更应该看其是否符合比赛规则的要求。

（2）制定体育器材设施的使用管理制度：为了更好地管理体育器材设施，必须制定出具体的管理规章制度，内容包括体育器材设施的使用范围、体育器材室的卫生规定、器材的使用方法及维修保养制度。应按日、周、月、季度、半年及一年进行周期性的维修和保养，形成制度后要严格执行。管理部门应按

时检查，使体育器材设施管理有据可依，有章可循。使用者要严格遵守管理制度，要有人人有责的意识。

（3）做好体育器材设施的科学化管理：管理者对进入器材室或器材库的器材应根据发货单进行验收，然后登记入库，建立电子档案。管理者应按体育项目的类别将体育器材设施分类保管。体育器材设施的保管方法必须保证体育器材设施的质量不受影响，应按照体育器材设施的特殊要求进行管理，要注意"三防二便"。三防即防潮、防蛀、防鼠，二便即存取方便、保护方便。管理者应在体育活动结束后，及时清点借出器材的归还情况。不能继续使用的体育器材设施，要及时维修或报废更新。

3. 其他体育场馆设施管理的要求

（1）日常使用和维护保养，实行主管负责、指定专人负责、定期清洁保养、定期检查达标、定点存放工具，非使用人员不得动用。

（2）每日运营前，由指定专人检查体育建筑设施状况，做好调试，确保安全有效。运营结束后，指定专人检查，按时关闭设施。

（3）高度重视安全管理。由于每项设施都有各自的功能和使用规则，应针对设施各自的特点，建立起一套严格的防护、检查、维护保养措施。

（4）体育场馆员工必须严格遵守体育场馆设施清洁和使用操作规程，做好机械设施、电器设施、输配电、上下水、空调、通风、计算机、消防、音响、通信等系统的日常维护与保养，防止损坏、失效，确保各种仪器设施正常使用。

（5）体育场馆设施发生故障，应及时修理，以满足服务对象的运动需求。

（6）服务对象未听劝阻，违反《体育场馆管理》的有关规定，造成体育场馆设施损坏的，应按照场馆规定由服务对象进行赔偿。

（7）各种体育场馆设施完好率应达到 98%以上，尽可能达到 100%。服务对象对体育场馆设施满意度应达到 95%以上，维护及时率应为 100%，故障率不应超过 2%，对体育建筑设施的投诉率应低于 2%。

**（四）体育场馆设施管理流程**

体育场馆设施的正确使用是保证体育场馆设施正常运行，避免体育场馆设施的不正常磨损，防止事故发生，延长设施使用寿命和大修周期，减少维护费用，确保体育场馆正常运行的关键。因此，体育场馆管理人员和体育场馆设施使用人员，必须严格按照体育场馆设施使用规程，正确使用体育场馆设施。体育场馆设施管理的流程，是从选购或自行设计制造到设施在服务经营领域内使用、维护、修理，直至报废退出服务经营领域为止的全过程。如图2-4为体育场馆设施的全过程管理示意图。

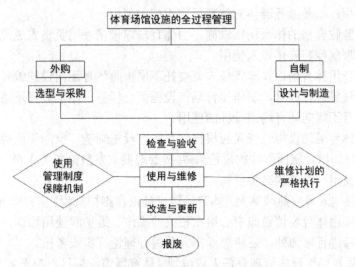

**图 2-4　体育场馆设施的全过程管理示意图**

　　无论是外购还是自制的体育场馆设施，都要进行检查与验收，验收合格后才能投入使用。在使用过程中，要建立使用管理制度保障机制。体育场馆设施如出现故障，要严格按照体育场馆设施维护计划及时进行维护，必要时还要进行改正与更新甚至报废。

　　1. 体育场馆设施的选购

　　体育场馆设施的选购，一般要根据体育场馆的经营所需，由部门负责人填写《体育场馆设施购置申请单》，说明购置理由、用途及要求，报送部门审核。然后根据体育场馆设施申购要求，查找体育场馆设施制造厂家，确定体育场馆设施的型号、参数、配置、备件、备品及市场价位，提出建设性意见，报送相关部门与负责人审批采购。

　　2. 体育场馆设施的检查与验收

　　体育场馆设施的检查与验收是体育场馆设施管理过程中的一个重要环节。在一般情况下，体育场馆设施购置后，应由体育场馆里设施负责人接收、安装，经确认后，填写《体育场馆设施验收、安装、移交单》，再移交使用部门试用。体育场馆设施使用部门应及时联合设施、工艺、计量等相关部门对体育场馆设施进行运行确认。若验收不合格，则责成采购设施责任人办理退换或维护事宜，直至验收合格。

　　3. 体育场馆设施的使用

　　体育场馆设施的使用主要包括两部分：一是体育场馆设施管理人员的岗位

操作与使用；二是服务群体对体育场馆设施的使用。

（1）验收合格的体育场馆设施，由体育场馆设施使用负责人遵照《体育场馆设施管理制度》安排投入使用。

（2）使用体育场馆设施责任人或委托下属按照体育场馆设施编号规则，对体育场馆设施进行编号，制作体育场馆设施信息标签，贴于体育场馆设施比较醒目处，且不影响体育场馆设施的使用。

（3）体育场馆设施责任人应根据体育场馆设施制造厂家的使用说明资料，编制《体育场馆设施操作维护规程》，并按管理要求发放给相关人员，作为体育器材设施使用与管理的必备资料。

（4）操作人员应熟练掌握《体育场馆设施操作维护规程》并严格遵照执行。重要设施应由体育场馆设施中心组织相关的操作、维护和使用培训，特殊体育场馆设施除进行培训外，还应对操作人员进行理论、实践考核。

（5）体育场馆设施管理责任人应编制《体育场馆设施日点简表》，由体育场馆设施管理人或操作人员检查体育场馆设施运行情况，以便准确、及时、真实地统计体育场馆设施的完好率。

（6）体育场馆设施的管理应编制《体育场馆设施养护、保养记录表》，明确体育设施保养项目、频次、要求，并由体育场馆设施管理人或操作人员执行，同时体育场馆设施管理中心应不定期地进行检查。

（7）如遇体育场馆设施故障，应由体育场馆设施责任人尽快安排组织维护。

4. 体育场馆设施的更新与报废

体育场馆设施的更新与报废是体育场馆设施管理过程中的最后一个环节。体育场馆设施的更新与报废，必须严格按照制度及规定的程序进行。

（1）因体育场馆设施在使用过程中损耗严重，影响正常使用性能，确需对其进行更换，由体育场馆设施使用部门先填写体育场馆设施报废申请书，经审批同意报废后，对报废资产进行清理。

（2）因体育场馆设施使用到规定年限，体育场馆设施缺陷已无修复价值，对安全、环境有重大隐患的体育场馆设施，由使用部门填写《体育场馆设施报废单》。填写报废单时应一式四联，注明报废物资名称、规格型号及资产原值，连同报废体育设施的固定资产卡片一起经设施责任人确认，呈体育场馆负责人审批后，报固定资产管理部门和财务审核，办理设施注销手续。从事经营性的体育场馆的资产设施报废还要报税务机关备案。

（3）原有体育设施报废后如需重新购置，应由相关部门按"体育场馆设施采购、验收"管理流程执行。图 2-5 为体育场馆设施报废管理流程图。图 2-6

为体育场馆设施采购、验收管理流程。

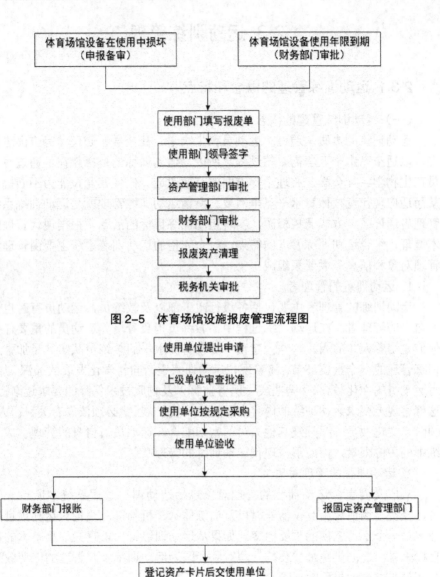

图 2-5 体育场馆设施报废管理流程图

图 2-6 体育场馆设施采购、验收管理流程

# 2.3 运动训练管理

## 2.3.1 运动训练管理的概念和特点

### （一）运动训练管理的概念

运动训练的本质是通过对运动员在生物学、社会学、心理学等方面进行改造，以适应高水平竞争需要的过程。所以，运动训练的目标就在于通过对运动员在生物学、社会学、心理学等方面的有效改造。促使其竞技能力不断提高，从而适应现代竞技体育水平竞争需要。所谓运动训练管理就是运动训练系统的管理者通过一定方式调控资源，实现运动训练目标的活动。根据现代管理的基本原理，结合运动训练管理的特点，一个完整的运动训练系统主要由管理者、管理对象和信息三大要素组成。

1. 运动训练的管理者

运动训练的管理者主要包括各级行政干部以及教练员，运动员有时也会成为自身的管理者。在运动训练过程中，教练员担负着培养运动员的重要任务，他们是培养人才的人才，努力建设一支具有高水平的教练员队伍，是加强运动训练管理的一个重要环节。随着现代运动训练逐渐向科学化发展的加深、加强，对运动员的文化教育、科学指导、医务监督以及物质技术保障的要求逐渐提高，这就客观上要求运动训练的内容向深度和广度扩展，就必须依靠有关科研人员、领队、文化教员、医师及其他人员的密切配合。运动员对自身的管理也成为训练中的关键因素，由此形成现代运动训练的管理队伍。

2. 运动训练的管理对象

从广义而言，运动训练的管理对象包括运动训练管理系统中所包含的人员、经费、场地设施、仪器器材以及训练体制、机制等。决策对运动项目的管理也是一个不可忽视的重要内容。如果从运动训练管理最直接、最基本的作用目标来看，运动员是最主要的管理对象，因为运动训练及其管理的一切效果最终都要通过运动员反映出来。

3. 信息

信息是运动训练管理系统中沟通内外环境的联系。它既是管理对象的内容之一，又是不可缺少的管理手段。从哲学角度看，事物（系统）的一切联系和相互作用都可概括为信息。运动训练管理系统的目标和发展受外信息作用的影响，运动训练管理的机制运行要取决于内信息的畅通。

### （二）运动训练管理的特点

#### 1. 全面性

当今国际体坛日趋激烈的竞争背后实际上是各国社会经济、科学技术的竞争，运动训练实践证明，科学训练是提高运动成绩的有效途径。科学训练的内容涉及生物学、社会学、心理学三大领域内的众多因素。运动员竞技能力的构成因素越来越复杂，竞技能力的高低已不再是仅由单一或几个因素的优劣来决定，而是众多因素的交互作用影响。为了改造运动员的这种能力，就必须拓宽运动训练的范围，就有必要对运动员的方方面面进行管理。这种全面的管理甚至要包括运动员的思想道德、心理、生活方式、家庭生活、婚姻爱情等，任何一方出现问题，都会影响运动员的积极性，继而影响竞技能力的提高。

#### 2. 全程性

现代运动训练的显著特点是推行全年程序化的系统训练，这种训练包括从启蒙训练开始，直至出现高水平的训练成绩的全过程。在每一个训练阶段内都需要有效地进行管理，也只有通过全程性的管理，才能保证训练目标的实现。无论是宏观的训练过程还是微观的训练过程，都应作为一项影响整体效益目标的子系统来看待。

#### 3. 系统性

运动训练本身就是一个复杂的系统，因而运动训练管理活动必然体现出系统性特征。根据系统原理，每一个运动训练管理的子系统都不是孤立存在、独立产生的，而是相互影响、相互制约、相辅相成。因此，在管理中应把整个管理过程如实作为一个系统，认真分析系统内各种因素的变化发展，综合分析，制定最优方案，要兼顾整体利益、避免出现以局部利益的最佳换取全局利益受损的结果。

#### 4. 周期性

管理过程总是按照计划、组织、检查、总结的程序，并运用各种有效的方法手段，围绕管理系统的目标来进行的，由此形成一个周期，而由总结到计划，又意味着第二个周期的开始。这样，周而复始，螺旋上升，循环前进。

## 2.3.2 运动训练管理体制

### （一）运动训练管理体制的类型

运动训练管理体制是运动训练管理的机构设置、权限划分及管理制度等的总称。运动训练体制的建立以及是否健全与科学化程度如何，对运动训练的效果有着直接的影响。世界各国根据各自的国情建立了具有不同特点的运动训练管理体制，按不同的分类标准，我们可以将其划分为以下几种类型：

1. 按层次结构划分

运动训练管理体制一般包含彼此密切联系的若干层次。如苏联运动训练管理体制就包括三个层次：少年儿童体育学校、奥林匹克后备力量专项少儿体校和运动寄宿学校。三种体育运动学校为初级形式，高级运动技术学校和奥林匹克专项训练中心为中级形式，国家代表队为高级形式。美国运动训练管理体制也可划分为中学生代表队、大学生代表队和国家集训队三个层次。此外，日本、德国的训练管理体制则划分为四级。

2. 按训练性质划分

（1）以专业训练为主的训练管理体制。实行这种训练体制的国家，其训练经费、训练场地、设施建设等均以国家拨款为主，教练员由国家统一安排，训练与科研一般结合较好，能有效、较快地培养出高水平运动员，后备人才输送率也较高。但这种体制需要国家比较多的投资，运动员的文化学习也不大好安排，从而不利于运动员的全面发展和优秀运动员退役后的工作安置。

（2）以业余训练为主的训练管理体制。实行这种体制的国家，其训练经费、训练场地设施等，主要来源于社会资助。教练员一般由运动俱乐部或体育学校聘请并提供相应经费，运动员则自付学费。在这种体制中，运动员的文化教育基本上能够得到保障，因而有利于运动员的全面成长，国家也无须更多地投资。但是，其科研与训练的结合较为困难，加之各方面竞争较激烈，难以完全满足高水平竞技体育训练的发展需要。如美国和西欧等市场经济较发达国家的运动训练体制。

（3）以职业训练为主的训练管理体制。这种体制是市场经济和社会分工不断完善的产物，其实质就是遵循市场经济和体育运动发展规律来经营体育，从而使体育运动所创造的价值得以充分实现。这种体制目前主要限于一些具有较广泛群众基础、观赏性较强、经济效益较好的体育项目，如足球、篮球等。

（4）综合型训练管理体制。综合型管理体制既不把运动训练管理权限过分集中在政府，也不完全放任于社会、体育组织，而是把管理体制建立在政府机构与社会组织相结合的基础上。其主要体现是政府机构主要进行宏观控制、规划目标、制定方针政策、发挥协调和监督的职能，而社会体育组织在政府的统一控制下，重点对训练过程进行管理。它相对集中了前面所述几种体制的优点，从发展趋势看，综合型体制相对具有更多的优点，更有利于运动技术水平的提高，它代表着世界运动训练管理体制改革发展的基本方向。

### （二）我国运动训练管理体制

1. 我国运动训练管理体制的基本结构

我国现行的运动训练管理体制是依据"思想一盘棋、组织一条龙"的指导思想所建立的三级训练体制，这种三级训练体制在纵向与横向上已经基本形成了一定的立体网络。

在纵向层次上，它可划分为三级：

（1）高级训练形式。指国家集训队和各省、市、自治区、解放军与各行业的优秀运动队。它们作为我国竞技体育的一线队伍，担负着培养优秀运动员、攀登世界体育运动技术水平高峰的任务。

（2）中级训练形式。指省（自治区、直辖市）体育运动学校、体育院校附属竞技体校和各类青少年业余体校等。它们是我国竞技体育的二线队伍，其主要任务是培养和输送优秀运动员后备力量，同时也为社会培养中等体育专业人才。

（3）初级训练形式。指遍布全国城乡的体育传统项目学校和中小学运动队。他们的主要任务是对在体育方面有培养前途的中小学生进行系统的课余训练，打好基础，并将有发展前途的优秀运动员后备人才推荐给业余体校或上一级训练单位。

在横向层次上，它又可划分为以下部分：

（1）专业训练体系。它包括国家集训队、省级（包括解放军、各行业优秀运动队两个方面）运动队。随着竞技体育的社会化，省级运动队已逐步在向行业体协和大型企业扩展，部分有条件的高校在试办这类运动队（如国家体育总局直属体育院校附属竞技体校中所设优秀运动队等），以拓宽我国培养高水平运动员的途径。

（2）业余训练体系。它包括我国三级训练网中的中级和初级两种训练形式。这是我国运动训练管理体制中极为重要的基础环节。在具体组织实施时，又可以根据需要将业余训练体系再进一步细化，将其划分为若干层次。

（3）职业训练体系。主要是指一些实行职业化运作的俱乐部等实体的训练形式。随着20世纪90年代以来我国部分运动项目的职业化改革，我国已有部分项目逐渐走上了职业化发展的道路，随之职业化运动训练体系逐步建立。

2. 现行运动训练管理体制的特征

我国现行的三级训练网是一个基础大、顶上尖、层层衔接，呈"塔型"的训练管理体制。它主要具有如下特征：

（1）便于体现国家意志。在现有的条件下，将有限的人力、物力和财力集中起来，保证重点投入，为部分肩负重大使命的运动员或重点运动项目提供更好的训练条件。

（2）由于该体制层次分明，逐级升级，对运动员有很强的激励作用，能激发运动员的进取心理，致力于不断提高自己的运动成绩。

（3）可以与中小学保持有机的联系，取得学校的支持，以利于挑选更多的后备运动人才，同时也能促进中小学体育的发展。

（4）现行运动训练管理体制是一种过渡型的体制类型。从其发展趋势看，以国家行政力量为主导建立起来的三级训练网将发生分化的运动训练管理体制将逐步建立。

### 2.3.3 运动队管理

运动队由不同的人员组合而成，主要包括领队、教练员、运动员，以及队医、科研人员和后勤保障人员等。其中，运动队最基本的人员就是教练员与运动员，其他成员依运动队的规模及所具备的条件而设。

**（一）运动队管理的主要任务**

1. 设立运动队的训练目标

用科学的预测和决策，制定不同发展时期的目标和计划，并且为实现这些目标和计划奠定良好的认识基础。

2. 组织制定并实施训练计划

运动成绩目标确定后，需要由教练员，运动员及科研人员等有关人员提出达到这一目标的训练计划，而科学的组织实施计划，保证训练计划顺利实施是运动队管理的重要工作。实施训练计划过程中，将会遇到许多非训练的问题，均需要通过科学的管理逐一解决。

3. 完善内部管理机制

不断完善队伍内部的管理机制，合理地组织、分配和使用人力、财力、物力，充分地发挥它们的作用，协调全队的各项工作，并为完成这些工作提供和创造必要的条件。

4. 调动各方面的积极素质

全面系统地运用管理机制的各种方法、技术和手段，合理有效地发挥每位工作人员的作用，调动一切积极因素保证各项工作能高效率顺利进行。激发运动队所有人员的积极性是运动队管理的关键工作，必须在管理过程中强调管理对象的自觉性，激发他们自我实现的精神。

5. 促使新的科技成果运用于训练实践

积极运用各项科技新成果，使之与运动训练有机地结合起来，为运动员竞技水平的提高提供有力的科技支持。

6. 处理好运动队与外部环境的关系

运动队的建设与发展与运动队外部环境有极大的关系。外部影响往往在运动队内部产生相应的反响，处理不当则将严重影响运动队的正常工作，尤其是在市场经济体制下，这种影响更为强烈。因此，运动队管理工作中必须认真处理好与外部环境之间的联系。

**（二）教练员的管理**

教练员是运动训练的直接组织者和设计者，同时也是运动员的教育者和指导者。因此，建设一支高水平的教练员队伍，是加强运动训练管理的一个重要环节。我国竞技体育教练员职务名称为三级教练、二级教练，一级教练、高级教练、国家级教练。三级、二级教练为初级职务，一级教练为中级职务，高级、国家级教练为高级职务。

1. 教练员在运动队管理中的地位和作用

（1）教练员是运动队管理工作的重要决策者。运动队管理工作的主要任务就是搞好训练，而教练是训练过程的主要设计者，是训练的主要组织者，也是训练管理工作的重要决策者。教练员对训练工作的发展方向、某一阶段内的工作内容和完成总任务的具体对象都应提出方案，并与领队等运动队中的其他成员密切配合，通力合作带领运动队完成好训练任务。

（2）教练员是运动队管理链中的信息沟通者。教练员在运动队中对训练工作最具有发言权。因此，他应该时刻掌握本项目运动训练发展的最新动态和与本运动队有关的其他运动队的信息，并及时向领队和管理人员通报信息。教练员平时与运动员接触时间最长，最了解运动员的身体、生活和思想情况。因此，教练员应及时、全面地向领队等管理人员提供运动员的情况，有助于他们更好地组织全队的管理工作。

（3）教练员是运动队人际关系的协调者。运动队要完成训练工作任务，取得优异的成绩的关键在于调动运动员的积极性。由于种种原因，运动员之间会产生许多矛盾。在执行运动队制定的许多规章制度时，队内的各种成员之间也可能产生一些矛盾和摩擦。教练员应该从维护正常训练工作秩序出发，协助领队做好其他人员，特别是运动员的工作，化解矛盾，协调关系。教练员与运动员之间产生矛盾也是运动队中常见的现象。教练员必须及时主动地调整双方关系，客观地对待自己，尊重运动员的个性，服从真理，决不应把个人的面子和"威信"放在不适当的地位上去处理与运动员之间的分歧和矛盾。

2. 教练员的职责

体育教练员的基本职责是完成训练教学任务，提高运动技术水平；全面关心运动员的成长，做好运动队的管理工作；参加规定的进修、学习。同时高等级教练员须承担对低等级教练员的业务指导、培训和辅导基层训练工作。我国《体育教练员职务等级标准》第四条规定：体育教练员的基本职责是完成训练教学任务；提高运动技术水平；全面关心运动员的成长，做好运动队的管理工作；参加规定的进修、学习。同时高等级教练员须承担对低等级教练员的业务指导、培训和辅导基层训练工作。

《体育教练员职务等级标准》规定，三级教练岗位职责包括：

（1）按照训练教学任务的要求，拟定和实施训练计划，协助高等级教练员做好运动员的训练教学工作。

（2）基本掌握运动员的选材和训练方法；总结训练教学实践经验，积累技术资料，建立训练业务档案，主动接受高等级教练员的业务指导。

二级教练岗位职责包括：

（1）按照训练教学任务的要求，制定和实施训练教学计划，承担运动员的训练教学和参加比赛的指导工作；培养后备人才。

（2）了解本项目发展方向，掌握运动选材和训练方法，及时总结训练教学实践经验，积累技术资料，建立训练业务档案；定期做出训练教学工作总结。

一级教练岗位职责包括：

（1）按照体育运动人才成长的规律，制定、实施训练规划和训练计划；承担运动员的训练教学和参加国内外比赛的指导工作；选拔、培养和输送后备人才。

（2）及时了解本项目的发展动向，结合训练教学实践，进行有关选材和改进训练方法等方面的科学研究，撰写论文。

高级教练岗位职责包括：

（1）按照优秀人才成长的规律，制定、实施训练规划和训练计划；承担优秀运动员的训练教学和参加国内外重大比赛的指导工作；选拔、培养和输送优秀后备人才。

（2）熟悉本项目国内外发展动向，掌握先进的技、战术训练手段、方法，以及科学选材、训练规律；总结培养优秀运动员和优秀后备人才的经验，进行专题研究，撰写科研论文指导和推动本项目运动技术水平的提高。

国家级教练岗位职责包括：

（1）按照高水平运动人才成长的规律，负责制定、实施训练规划和训练计划；承担高水平运动员的训练教学和参加国内外重大比赛的指导工作；选拔、培养和输送高质量后备人才。

（2）掌握本项目国内外发展动向，先进技、战水平和训练方法，以及科学选材训练规律；总结培养高水平运动员和高质量后备人才的经验，组织并进行专题研究，撰写高质量的科研论文，指导和促进我国运动训练教学和运动技术水平的提高。

3. 教练员的任职条件

我国优秀运动队教练员的任职条件是：

（1）三级教练。具有体育中专学历，从事训练教学工作一年以上，初步了解体育基础理论和专业知识，基本掌握训练教学的内容和方法，能够完成训练教学任务。

（2）二级教练。担任三级教练工作两年以上或具有体育院、系专科以上学历，从事训练教学工作一年以上；基本掌握体育基础理论和专业知识、技能；取得初级教练员岗位培训合格证书；能够较熟练地运用训练教学方法、手段，出色完成训练、比赛任务。

（3）一级教练。具有体育院、系专科以上学历，担任二级教练工作四年以上；比较系统地掌握体育基础理论和专业知识，能结合训练教学实践进行一定的科学研究，有一定学识水平的论文；初步掌握一门外语，熟悉本专业术语、能借助字典查阅本专业技术资料；取得中级教练员岗位培训合格证书；训练两年以上的运动员取得全国最高水平比赛录取名次，集体项目取得全国最高水平比赛较好名次。

（4）高级教练。具有体育院、系专科以上学历，担任一级教练工作五年以上；系统地掌握基础理论和专业知识、对本项目训练教学有较深的研究。有两篇发表或宣读的论文，或具有国内外先进水平的本项目训练成果的学术文章；基本掌握一门外语，能阅读本专业技术资料，进行简单的技术交流；取得高级教练员岗位培训合格证书；训练两年以上的运动员或培训两年以上的运动员输送后四年内达到世界水平或亚洲或全国优秀水平。

（5）国家级教练，具有体育院、系本科以上学历，并经过国家级教练研讨班学习，担任高级教练工作五年以上；有两篇发表过的高水平学术论文，具有国际水平的反映本项目训练成果的学术文章，或多次进行国际国内讲学和学术交流；掌握一门外语，能阅读和翻译本专业外文技术资料，进行技术交流；训练两年以上的运动员或培训两年以上的运动员输送后四年内取得下列运动成绩之一：

A. 奥运会前三名。

B. 奥运会四至六名或世界锦标赛或世界杯赛前两名。

C. 世界锦标赛或世界杯赛三人次冠军。

D. 亚运会二人次冠军并亚洲锦标赛或亚洲杯赛二人次冠军。

E. 向国家输送三名以上运动员或三名以上运动员代表国家参加亚运会、世界锦标赛、世界杯或奥运会比赛，并取得五次全国最高水平比赛冠军或二人次亚运会（亚运会比赛项目亚洲锦标赛或亚洲杯赛）冠军，集体项目奥运会前十名。

F. 集体项目世界锦标赛或世界杯赛二次前两名。

G. 集体项目亚运会冠军并亚洲锦标赛或亚洲杯赛冠军。

H. 集体项目向国家队输送五名以上运动员或有五名以上运动员代表国家参加亚运会、世界锦标赛、世界杯或奥运会比赛，并取得亚运会（亚运会比赛项目亚洲锦标赛或亚洲杯赛）冠军或二次全国最高水平比赛冠军。

4. 教练员的训练

为保证有高质量的教练员队伍，就需要不断更新教练员知识，开阔教练员视野，提高教练员的综合能力，要坚持教练员岗位培训工作，使之成为一项制度并与上岗资格挂钩，另外还要通过考核来加强对教练员的管理。对教练员的岗位培训要以提高教练员思想、业务水平与管理能力为目的，从我国教练员队伍的实际出发，着眼世界竞技体育技术的发展，面向运动训练与竞赛，按不同运动项目的高级、中级、初级教练员职称标准的需求确定培训内容。加强考核是检验教练员工作任务完成情况和促进教练员素质提高的重要措施。同时也有助于管理者及时了解教练员各方面情况的发展变化，进而正确地选配和培训教练员。在教练员的考核与晋升中，除应遵循人才管理一般性原则之外，还应特别注意贯彻《体育教练员职务等级标准》《教练员管理工作暂行办法》等制度，拟定教练员的考核内容与标准。进行岗位培训和考核的同时，要引进竞争机制和风险机制。鼓励创新人才的产生，使教练员意识到自己的工作职责，从而使我国的教练员队伍整体素质水平得以提高。

（三）运动员管理

运动训练管理的最终目标要通过运动员来实现，因此运动员是从事运动训练的主体，也是运动训练管理最主要的管理对象。随着现代竞技体育的迅猛发展，运动员的竞技能力已发展为涉及生物学、心理学、社会学领域内诸多因素构成的复杂体系结构，这使得运动员的管理成为一项十分复杂的系统工程。

1. 运动员的选材管理

（1）成立办事机构

在体育主管部门领导下，成立选材中心领导小组，组织本地区各训练层次的选材工作，如下达研究课题，安排制定选材综合评价标准工作和每年的统一测试，普查和进行有关讲座的时间、内容等，并在人员编制、经费、仪器设备等方面给予保证。

（2）建立选材网络

选材工作是个从初级到高级层层筛选的过程，从业余训练的初级阶段（普通中小学）一直到优秀运动队，应建立不同层次的以教练员、医务人员、科研人员相结合的各级专职选材小组开展日常工作。

（3）建立选材业务指导制度

科学选材小组负责单位本层次选材工作，并对下一层次的选材网进行业务指导，如统一测试内容、方法、测试细则、测试指标、测试时间等。

（4）开展选材普查、制定选材标准

普查内容以身高为主，结合发育程度、身体素质、家史等全面了解体育人才资源状况，以便从中择优，为初选做好准备，有条件的可组织生理生化及微量元素、身体成分等指标的测试。根据普查的结果，制定不同项目运动员的选材标准。

（5）初选、复选、精选

初选。做好初选工作，才不会把适合体育运动的人才漏掉。由于进行初选的人数较多，所以初选所应用的指标必须是既客观又易推广的，还要能反映出运动能力。对初选对象进行分析评估的内容可包括：家庭健康史的调查、遗传特征的分析、发育程度、一般身体素质、运动能力等。

复选。初选后经过 1～2 年训练的基础上进行复选，逐步加入专项素质、技术、形态、机能、心理、承受运动负荷能力、运动成绩等指标，逐年进行评价。在此期间必须对运动员发育期高潮持续时间长短分型进行鉴别，对通过训练后机能、素质、专项成绩的进展速度快慢进行评价。对其提高成绩的稳定性和幅度进行评价。此选材阶段一经确认运动员具有运动天赋，将被吸收进入专门的体育运动学校。

精选阶段。对在选才育才过程中发现的优秀苗子进行重点跟踪，促进运动员成材，把有限的财力、物力重点放在有发展潜力的运动员身上，向他们提供特殊的营养 完善的医务监督和测试条件，这已成为科学选材工作的战略重点。此时期为优选阶段（年龄可根据项目特点而定），即进入专项深化阶段。按照各项目优秀运动员模式特征来评定运动员的身体和技术训练成绩提高率，该阶段是运动员达到最高成绩的准备阶段。由于青少年正处在成长发育时期，生理上变化大，速度快，该阶段测试时间间隔可三个月到半年一次。

2. 运动员的思想教育管理

运动员的思想教育是运动队管理中一项经常性的工作，思想教育的内涵就是用先进的世界观和方法论，解决运动员的政治立场、思想、观念、人生价值、奋斗目标等认识问题，使运动员提高驾驭自我能力，以调动人的主观能动性，向运动极限冲击。做好运动员的思想教育工作，需要注意以下三点：

（1）帮助运动员树立正确的人生观和世界观，由于运动员的动机、行为不是物质刺激的简单反应，也不是精神刺激引起的简单反应，运动员对外界事物的反应都是通过大脑的分析、综合、归纳、选择后，做出他们个人行为的决策。因此，研究运动员的行为，不是只研究他们对事物的反应，而是先研究运动员内因的形成与发展，既要研究运动员的思想的形成和发展，又要研究他们的人生观与世界观的形成与发展。因此，从运动员的人生观、世界观高度分析运动员的各种行为，并实施有效的管理，是对运动员管理的一项基本原则。

（2）用说服教育的方法解决思想问题。在运动员管理的过程中矛盾是普遍存在的。有实际问题，也有思想问题，而思想问题大多是由思想观点方面产生偏差造成的。解决这样的问题，只有用说服教育的方法去解决。

（3）运用有效的激励手段，充分发挥运动员的积极性和创造性。在管理中必须注意对运动员进行精神激励，激发他们的精神需求。运动员可以采用宏观激励和微观激励相结合的方式。宏观激励就是将远大目标、集体的共同目的与共同利益告诉运动员，用以开发运动员内在潜力的激励方法。微观激励则是利用目标、责任、奖惩、榜样等方式激励运动员。

3. 运动员的文化学习管理

运动员的文化学习是运动队管理的一项重要内容，加强运动员的文化学习，不仅仅是促进运动员全面发展的一个重要方面，也是训练科学化的客观要求，同时也是运动员智力训练的一项重要内容。

（1）健全文化学习管理机构。运动队要有一名行政领导，分管文化教育工作，下设文化教育专门机构，具体负责组织安排，各项目队也要有专人分管这项工作。

（2）建立一整套完整的管理制度，如考勤制度、学籍管理制度、奖惩制度。

（3）采用灵活的方式，科学地安排和落实文化学习时间，要与训练运动和比赛的实际情况结合起来，做到机动灵活、见缝插针。

除上述科学的组织安排外，要确保运动员的文化学习质量，使之形成完整的教学系统，还必须明确规定各项教学的基本要求。

4. 运动员的生活管理

运动员生活管理与训练水平的提高有直接关系，它的管理范围很广，需要各方面管理人员密切配合，共同完成。

（1）建立健全严格的生活制度。对运动员的作息时间、就餐就寝、内务卫生、休假审批、业余生活乃至吸烟喝酒都要做出具体明确的规定。此外，还需订立文明公约、卫生公约等辅助措施。为了保证这些制度实施，还应进行监督检察。

（2）运动员训练后的恢复与营养安排。恢复是运动训练的有机组成部分，由于它大多是在训练以外的时间进行，所以就成为生活管理中一项十分重要的内容。严格遵守生活制度是疲劳快速恢复的重要前提，在此基础上还需采取一些专门的措施与手段才能促进运动员的恢复，如建立药物浴、桑拿浴、按摩室等。

（3）运动员生活管理也应充分考虑到营养安排。由于不同项目、不同年龄、不同性别、不同等级的运动员对营养有不同的要求，营养师应根据每个运动员的情况制定相应的食谱，同时要分别给每个运动员签发营养卡片，要求运动员详细填写进食量、饮水量，以便随时检查运动员的营养摄入情况，并根据运动员营养需要调整食谱。

5. 运动员的参赛管理

运动竞赛是检验训练水平的最主要形式。由于现代竞技体育日益紧张、激烈，在很大程度上是在人体多种能力的极限水平上进行的，因而运动员生理、心理较之日常有很大的变化和反应。这就使运动员参加比赛时的管理也需要相应地在各方面进行一些有别于日常的特殊安排，以适应运动竞赛的特殊条件和要求。

（1）对运动员参赛时的思想教育，要特别考虑到运动员的心理负担，采用多鼓励、表扬、少批评或不批评的方式，特别是在临场指导方面，教练员更应倍加注意自己的一举一动，防止运动员受到教练员的情绪感染。

（2）参加比赛时的业务管理，主要分为临场和场下两方面。临场的业务管理效果取决于教练员的指导水平，而场下的业务管理主要指对比赛的准备，它包括科学地安排赛前训练，合理地调节运动负荷，适时地组织准备会，周密地安排竞赛方案，合理的生活管理等。

（3）参赛时的生活管理。此时的日常生活管理要比训练更严格，特别要注意加强纪律要求，通过严格的生活管理，帮助运动员保持良好的竞技状态，全力以赴，争取比赛的胜利，创造优异运动成绩。在这方面还需安排一些心理训练，帮助运动员稳定情绪以便在比赛中正常地发挥出应有水平。此外，在伙食、医务监督、业余活动、恢复、洗浴等方面要注意科学安排，以适应比赛的需要。

6. 优秀运动员的退役管理

做好优秀运动员退役的安置工作，对于解除现役优秀运动员的后顾之忧、稳定运动队伍、提高技术水平有着非常重要的作用。对优秀运动员退役的管理要抓好两个方面：

首先，要对优秀运动员在就业方面给予优待。

（1）各级领导尤其是人事部门予以充分的重视和支持，在计划经济向市场经济过渡时期，对退役运动员的就业安置需要政府采取一些特殊的政策措施。

（2）探寻优秀运动员就业的新途径，拓宽就业渠道，如行业与运动队联合，运动员作为行业里的一分子，这样退役后就成为行业里的员工。

（3）加强二次就业前的职业培训工作，使优秀运动员能在激烈的人才市场竞争中有一技之长，以适应社会对各类人才的需求。

（4）扩大优秀运动员到各类院校的范围。不仅退役优秀运动员可通过免试上大学，在役优秀运动员也可根据协议到院校学习，退役后通过毕业分配渠道就业。

其次，要对优秀运动员在升学方面给予优待。目前，我国针对著名及优秀运动员的升学问题有这样的规定：年龄在 30 周岁以下的优秀运动员中，奥运会、世界杯、世界锦标赛单项前三名获得者或集体项目前三名的主力队员以及世界纪录创造者，由国家体育总局会同国家教委和有关高校，免于参加全国高等学校招生统一考试，由高等学校进行必要的文化考核予以录取。因此，各级管理部门应充分贯彻国家有关规定，解决运动员的后顾之忧。

### 2.3.4 运动训练科研管理

#### （一）运动训练科研管理机构

1. 职能机构

运动训练的职能机构包括国家体育总局科教司，省、区、市体育局科教处，优秀运动队，体育运动学校的科研处（科）。这些机构自上而下地形成我国运动训练科研管理的组织网络。其主要职责为拟定政策，提出发展方向，制定规则、计划，确定重点课题，掌握分配科研经费，协调、检查科研计划的执行，组织科技人员培训，组织相应层次学术活动的交流等。例如，国家体育总局科教司的主要职责是：

（1）研究拟定体育科技、教育和反兴奋剂工作的方针政策、规章制度和发展规划。

（2）研究、提出体育科技、教育改革方案并组织实施。

（3）指导全国和直属单位的体育科技工作；组织体育领域重大科学研究和技术攻关，组织重大体育科技成果的审查、鉴定和推广应用。

（4）管理总局直属体育院校。

（5）组织和指导全国教练员岗位培训和优秀运动队文化教育工作。

（6）组织开展反兴奋剂工作。

（7）承办总局交办的其他事项。

2. 研究机构

研究机构包括国家体育总局体育科学研究所，省、区、市体育科学研究所，优秀运动队，体育运动学校的研究室（组）。国家体育总局体育科学研究所是国家体育总局直属的多学科综合性体育研究机构，它要研究提高运动技术水平和体育科学中的基础理论，同时研究群体中某方面的有关问题；省、区、市体育科研机构隶属于省区市体委领导，负责本地区体育科学研究工作，运动训练科学研究是地方体育科研机构研究的主要内容，地方体育科研机构带有地方特色，突出本地区重点运动项目的纵、横向研究；优秀运动队，体育运动学校，一般在职能机构（科研处或科）内，视任务大小及人才来源情况配备数名或更多一些专职科研人员，对本单位提高运动技术水平中迫切需要解决的问题进行研究。

3. 体育学院

体育学院是运动训练科研的一支重要力量，其管理工作由科研处负责，组织各系、研究室、教研室广大教师落实，有的体育学院还建立了科研所（中心）、单科研究所（中心）等。

4. 学术组织

各级各类学术组织是学术方面的评价机构，一般由学术水平较高的专业骨干组成，称之为学术委员会，如国家体育科学学会。其主要职责是，负责学会科研发展方向、科研规则审议，学术交流活动的组织、科学普及、科研课题的选题论证、成果鉴定以及科技人员学术水平的评议等工作。

（二）运动训练科研管理的基本要求

运动训练科研管理的内容十分丰富，它包括规划与计划的管理、课题管理、成果管理和科研条件（人员、仪器设备、经费、情报等）管理。在科研管理中需要注意以下方面的内容：

1. 强化组织与领导

要形成运动训练科研"一体化"的结构体系。各级体委应由副主任管理训练与科研，亦可建立联席办公制度。运动队建立总（主）教练负责下的训练、科研"一体化"，即组织一些综合教研组派往国家队，并形成制度化，作为指令性任务，教练员和科研人员必须严格执行。

2. 加快综合训练科研基地的建设

我国目前体科所多达 30 余个，训练基地近 20 个，但多数科研能力和科学训练能力水平较低。特别是省、区、市体育科研机构，要突出本地区重点运动项目的纵横研究，办出地方特色。

3. 科学确定重点学科、重点项目、重点课题

在我国现阶段人力、物力、财力极为有限的前提下，要尽快提高运动技术水平，关键是要科学地确定运动训练科研工作中的重点学科、重点项目与重点课题，使有限的投入得到最大的产出效益。为此，探讨选择重点的原则和评价的理论，制定各类评价标准和评价方法以确定重点是科研管理工作的前提。

4. 创造有利于科研的学术氛围

除了从经费、设备、人才、信息等各类条件方面予以保证外，允许科学研究中不同学派的存在。创造充分的学术民主气氛，坚定不移地执行"百花齐放，百家争鸣"的方针政策，是繁荣发展科研工作的保证。

5. 加强运动训练的信息管理

信息管理就是对信息的收集，加工和利用的综合活动过程。信息管理是科研管理工作的基础和条件，其基本过程包括信息的收集、汇总、加工、处理、分析、储存、传输。体现在我国体育信息系统的任务是：建立有效的文献支持系统；建立完善的检索系统；加强全国体育信息的职能管理；加强国内外体育信息工作的交流与合作。

## 2.3.5 运动训练经费管理

（一）运动训练经费来源——政府的财政拨款

我国目前有相当一部分的运动项目训练经费主要来自此渠道。国家对体育事业财政拨款有两种形式：一是直接拨款，即根据我国财政分级管理原则，中央财政预算拨款用于中央管理的体育事业，地方财政预算拨款用于地方管理的体育事业。中央为扶持"老、少、边、穷"后进地区的经费补贴等均属此类拨款。其二是间接拨款，如国务院活动的拨款，包括国家教育部用于学校体育的拨款等，均属此类拨款。运动训练的耗资是相当大的。在我国目前经济尚不发达的情况下，依靠政府拨款发展体育事业是十分有限的，而在这有限的经费中用于运动训练的部分则显得更为不足。因此，竞技体育要想赶超世界先进水平，

必须借鉴国外已成熟的经验，谋求自我发展之路。

1．经营创收

主要是利用运动训练实体的场地，器材和优秀运动队的自身优势进行经营创收。主要包括场地器材出租、门票、纪念品、体育咨询、兴办实体等途径。随着我国体育市场发育的日渐成熟，运动训练实体的经营创收空间会不断增大，如出售电视转播权、发行体育彩票、股票上市等。

2．社会集资

主要包括社会集资、企业赞助等形式。随着我国经济体制改革的逐步深入，企业活力的不断增强，企业赞助优秀运动队蕴藏着巨大的潜力。优秀运动队领导应充分利用这些有利条件，主动争取企业的赞助。要积极支持和鼓励社会各种力量办队，扩大体育的社会化程度，以弥补政府独家办队经费的不足。

（二）运动训练经费的使用

运动训练是一个复杂的系统工程，需动用大量的人力、财力、物力。就我国目前国情看，训练经费不足一直是一个实际问题。如何合理分配、使用有限的资金，是运动训练经费管理的一个重要课题。为此，应注意以下方面：要健全和完善财务管理制度；要坚持计划，按规定用款；要确保重点，不断提高经费的使用效益；要严格管理，厉行节约、精打细算。

# 2.4 职业体育俱乐部经营管理

## 2.4.1 职业体育俱乐部的概念与特征

（一）职业体育俱乐部的概念

体育俱乐部是伴随着现代工业而产生和发展的，距今已有一、二百年的历史。但是，开始时发展速度很慢，直到第二次世界大战结束之后，特别是近二、三十年来随着体育热的逐渐升温，作为开展体育活动主要组织形式的各种类型的体育俱乐部才日益发展壮大。

体育俱乐部大体上可分为业余、职业和商业三大类型。

职业体育俱乐部是指拥有由职业运动员组成的、有资格参加职业队联赛的职业运动队的体育俱乐部。职业体育俱乐部是职业体育的基本组织形式，它是由投资者、经营者、管理者、运动员和教练员组成的集合体，尤其拥有以竞技体育运动为职业的高水平运动员。俱乐部实行分工协作，有序地从事组织管理、经营、训练、竞赛等活动，形成了一个有机的整体。

职业体育俱乐部按性质又可分为非营利性和营利性两种类型。非营利性职业体育俱乐部大多是从业余体育俱乐部中分化出来的，而且是"一部两制"，即除了拥有一个完全按市场机制运行的职业运动队外，其余主体部分和业余体育俱乐部大同小异。这类职业俱乐部按市场机制经营，职业运动队的主要目的不是为了营利，而是为了创收，以解决运动员的生计、训练和比赛问题，并进而以经济为杠杆，促进运动水平的提高，夺取更好的比赛成绩。如欧洲五大联赛的职业足球俱乐部基本属于此种类型。营利性职业体育俱乐部则完全是按市场机制的、赤裸裸地以竞赛为手段，以营利为目的的商业组织。

职业体育俱乐部在扩大体育影响、促进运动成绩提高和满足体育爱好者的观赏需要、促进国民经济发展等方面发挥了巨大作用，因而近年来发展很快。除了在一些发达国家和具有这方面优秀传统的国家继续向高度和精度进军外，在许多其他国家和地区也正在迅速发展，所涉及的运动项目除了足球、篮球、冰球、网球、赛车、拳击、橄榄球和棒球等外，近来还向排球、乒乓球等项目发展。

（二）职业体育俱乐部的特征

从国际范围来看，现代西方职业体育俱乐部的基本特点表现为以下方面：

1. 提供高水平竞赛表演是俱乐部生存的基本条件

职业体育俱乐部以人们观赏体育竞赛需要为生存发展空间，从事创造体育竞赛观赏价值的生产经营活动，并通过一系列服务手段在市场上与消费者交换，使商品价值得到充分体现，获得相应的利益回报，以此维持俱乐部的正常运作。因此，职业体育俱乐部生存与发展的基本条件是向社会提供高水平的体育竞赛与表演，依靠运动员在竞技场上激烈的竞争与对抗、高超的运动技能展示及表演吸引观众。

2. 按市场规律进行运作是职业体育俱乐部生存发展的前提

职业体育俱乐部属于经济组织的一种，因此，职业体育俱乐部须按照市场经济的竞争、价格和供需三大规律来经营专项竞技体育。任何投资办职业体育俱乐部的投资者都要考虑俱乐部的经济利益，使资本在运作过程中不断增值。作为俱乐部的运作目标，由此形成企业化的经营管理方式，建立起特有的运行机制。

3. 以无形资产的开发利用作为职业俱乐部经营的主要内容

职业体育俱乐部的主要经营内容是俱乐部的无形资产。职业体育俱乐部的无形资产涉及俱乐部冠名权、电视转播权、场地、队服、球星的广告开发权、俱乐部标志物的使用权等。职业体育俱乐部无形资产的高低，是以市场需要为基础来判断的，俱乐部社会形象越好，社会知名度越高，无形资产的市场价值也越高。绝大多数职业体育俱乐部的无形资产开发利用的获利远远超过其他收入，反映出俱乐部经营的一个显著特点，那就是不断提高俱乐部无形资产的开发与利用程度。

4. 有较为明确的法人地位

职业体育俱乐部是经注册登记的、具有独立法人资格的团体，拥有明确的产权及其生存发展所必需的其他各种权利，自主经营、自负盈亏，有权利、有能力以自己的名义从事各种活动，并承担相应的民事责任。

### 2.4.2 职业体育俱乐部的组织体系

职业体育俱乐部自诞生之始就自下而上地逐步形成了以竞赛活动的管理为主要任务的管理体系。国外职业体育俱乐部的管理体系有多种，但大多数国家采取三级管理的管理体系，即由全国单项运动项目协会、职业体育联盟（亦称联合会、联赛）、职业体育俱乐部组成。它们的关系一般表现为"伙伴关系"，既各自独立、互不干涉，又彼此依存、相互合作，共同维护职业体育的正常运转。

职业体育发展比较成熟的国家，在管理体制上基本都是由单项职业体育联盟为一级经营者负责总经营，它代表的是下属各个俱乐部的整体利益。而俱乐部作为二级经营者负责地区性的经营活动，它们的运营完全是以市场需求为依据，以最大利益为目标，是完全市场化的。职业体育联盟对俱乐部和联赛的管理形式，完全依靠健全的法规和市场机制行事。职业体育的法规一般包括合同制、转会制、限薪制、选秀制和新建俱乐部的条件以及对教练员、运动员、俱乐部的各种奖惩制度等。

职业体育俱乐部的内部管理机构通常采用委员会的组织形式，其成员由各俱乐部业主或代表组成，并成为最高决策机构。委员会推选或转任俱乐部主席（或称总裁、总干事等)作为代表负责处理涉及俱乐部的各项事务，根据其管理职责设置若干职能部门为办事机构。如日本职业足球联赛的管理机构为指导委员会，内设裁判、法律等6个专门委员会，指导委员会下设商业、球员等9个办事机构，指导委员会主席由全体成员推举产生。一般情况下职业体育俱乐部的组织领导为：俱乐部主席领导俱乐部董事会，俱乐部总经理管理运动员、经营部、财务部、办公室等部门，并直接对董事会负责。

俱乐部董事会主要由俱乐部投资者或代表组成，对俱乐部发展的重大问题做出决策。俱乐部主席由董事会推选或指派，通常由出资最多的一方或由其指定代表担任。董事会聘请总经理负责俱乐部的日常事务和运作。俱乐部设有主管具体业务活动的职能部门，并对总经理负责。以意大利某职业足球俱乐部为例，它们的职责分为，行政管理部门主要负责俱乐部财务方面的工作，宣传公关部主管宣传、公共关系、广告业务等，运动管理部负责俱乐部球队的竞赛训练工作，办公室主管俱乐部的行政性事务，市场开发部负责俱乐部的经营开发，会员部负责俱乐部与球迷之间的联系。

### 2.4.3 政府对职业体育俱乐部的调控

职业体育俱乐部的分散决策、独立的财产权，使它们行为的首要出发点是为了追求和实现自身利益的最大化，这就不可避免地会产生与整个社会之间的利益矛盾。因此，政府为维护社会公众利益，必须对职业体育俱乐部实施一定程度的管理与约束。一般而言，国外政府对职业体育俱乐部的管理比对工商企业的管理较为宽松，主要依靠立法与司法系统对职业体育俱乐部进行宏观调控，在政策上与各国的宏观公共事务政策有着较高的一致性。国外经济发达国家的政府对职业体育俱乐部的调控具有以下特征：

1. 社会办职业体育俱乐部

政府不直接控制职业体育俱乐部，各类职业体育俱乐部大多为私人拥有，自主经营，自行管理。政府不设立职业体育俱乐部的专门管理机构，由项目协会、联赛、联盟等职业体育的民间管理机构来协调各俱乐部、各职业体育项目之间的关系，调节职业体育与市场与社会之间的关系。

2. 市场调节政策

政府将职业体育俱乐部更多的是作为企业、商业机构等经济组织来对待，一般不予以资助，也不给予享受减免税收的待遇。俱乐部在市场中运作，由此证明自身存在的价值。适者生存、优胜劣汰是政府对职业体育俱乐部的基本态度。但当职业体育俱乐部整体经济面临巨大危机、职业体育出现自身难以克服的矛盾等一些特殊情况时，政府会适度干预，如美国政府在职业体育电视转播权，俱乐部联盟球员罢工等问题上曾给予一定的行政干预。

3. 依法宏观管理

职业体育俱乐部的法律地位为自主经营的独立经济实体，在运作中必须依法办事，政府颁布的社会立法、经济立法均适用于职业体育俱乐部、职业体育管理机构。各国政府虽无专门针对职业体育俱乐部的法律，但对职业体育俱乐部运作产生影响或约束的法律条款却难以计数。如德国的"卡特尔法案"就适用于体育俱乐部的经营和体育传媒领域。根据德国劳工法中的雇工条款，职业运动员的合同雇用期不得超过 18 个月，且同一运动员在合同中连续固定也是非法的。

### 2.4.4 职业体育俱乐部经营管理的基本内容

职业体育俱乐部经营管理的基本内容有冠名权经营、门票经营、广告经营、转播权经营、球员转会和商业性比赛经营、标志产品经营及体育赞助经营等方面。

#### （一）冠名权经营

冠名权经营是职业体育俱乐部经营的一项重要内容，其实际是职业俱乐部寻找广告赞助商的经营活动。对冠名赞助商的开发需要动用多种资源，如除了要考虑经济因素外，还要考虑各种非经济因素，以吸引赞助商的投资热情。

#### （二）门票经营

门票经营状况的好坏直接关系到俱乐部财政收支的盈亏。门票收入在国内外职业体育俱乐部中都是十分重要的财源。门票经营除了一般意义上的门票销售外，还有两项十分重要的经营内容是豪华订座，即职业体育俱乐部在自己的主场设置一些豪华包厢，向消费者进行推销。二是座位许可，也称永久坐位许可，是指消费者购买季票、套票的权利以及选择座位的权利。

#### （三）广告经营

对于职业体育俱乐部而言，广告经营主要是指场地广告和队服广告的经营。这种经营实质上是广告费特许权的经营，即俱乐部寻找广告赞助商的经营活动。广告经营既可由俱乐部的市场开发部来运作，也可由中介机构来代理运作。

#### （四）转播权经营

体育活动转播权包括广播电台转播权、电视转播权和网上转播权。由于电视在当前的媒体中占主导地位，因此人们谈体育赛事转播权，主要是指电视转播权。电视转播是各电视台以广大观众精神文化需求为市场，投资向赛事组织者买断某一赛事的电视转播权，向地区、全国乃至全世界进行赛事的现场直播的一项经营活动。电视转播的介入不仅可以增加赛事的经济收入，还具有扩大赛事的宣传、树立赛事的品牌、扩大体育迷的群体等效应。国外成功的职业体育联盟都与电视媒体有着密切合作，为职业体育市场的开发起到了积极的作用。

#### （五）球员转会和商业性赛事的经营

球员转会和商业性赛事开发是职业体育俱乐部经营的主要内容之一。球员转会的经营主要是指俱乐部根据自己的经营目标和球队成绩的实际状况，以最合理的价格买入和卖出球员的经济活动。球员转会经营最重要的是科学确定转入或转出球员的市场价格，力争以最小的投入买入最好的球员，以最优的价格卖出转会球员。对俱乐部而言，球员转会经营最重要的是要清楚转入或转出球员价格的估算方法，并以此为底价设计谈判方案，争取以最合理的价格与对方俱乐部达成协议。一般来说，项目俱乐部的主管部门都会制定一个球员转会费计算的参考标准，俱乐部可以依据这一标准来进行初算，然后再根据转会市场的实际情况对初算结果进行调整。

**（六）标志产品经营**

标志产品是职业联赛的经营者将赛事标志、队徽标志、球星形象制作成各种适应体育迷需求的产品，以商品的形式有偿转让给某一企业的一种商业行为。虽然标志产品与竞赛本身没有直接联系，但它的市场状态却与竞赛的水平有着必然联系。高质量的竞赛是树立联赛形象的根本，也必将推出一批深受体育迷们喜爱的明星运动员，而高质量竞赛的观赏性和明星运动员的精彩技艺必然吸引众多的体育迷。围绕赛事和明星们将会形成一个相对稳定的体育球迷群体，通过设计、制造和发行带有赛会标志的运动服、帽、纪念章、球星卡等标志产品，可以满足体育迷们对赛事和明星的认同感。因此，标志产品的经营既是创造经济效益的渠道，也是树立赛事品牌，扩大球迷群体的一个有效手段。

**（七）体育赞助经营**

职业体育中的赞助主要是指以联赛为对象的赞助。体育赞助是赞助双方的事情，双方各有其益。就被赞助方的职业体育经营者而言，是扩大财源、增强活力、扩大影响的重要手段，主要解决生存和发展的问题。就赞助方而言，通过冠名、赛场广告、电视现场转播等手段，可以提高企业知名度、美化企业形象、增强和目标顾客及社会接触机会，以利于扩大产品销售等。职业体育赞助的形式是多样的，可以是对赛事的赞助，也可以是对俱乐部的赞助或是对明星运动员的赞助等。但无论何种形式，比赛都是核心，只有高质量的竞赛，才能吸引赞助商。

## 2.4.5 职业体育俱乐部经营管理的基本方式

努力扩大财源。职业体育俱乐部的收入主要来自 5 个渠道，即会员会费、比赛门票、炒卖运动员、体育广告、体育彩票。

1. 会员会费

这是一笔固定而可观的收入。特别是一些著名的大型俱乐部，会员数以万计，虽然摊在每个会员身上的费用并不太多，但聚沙成塔，加在一起是一个不小的数字。再说会员的意义不仅在会费，而且人多势众，特别是比赛时，以球迷为核心的广大会员观众为本队的加油声和欢呼声所起的鼓舞和威慑作用，是一笔更为巨大的无形财富。因此，各个俱乐部无不把扩大会员队伍当作一件生命攸关的大事来抓。

2. 比赛门票

观众是上帝，是职业俱乐部存在的前提。没有观众的比赛，就如同没有顾客的商店。体育广告效益的好坏，也和观众的多少息息相关。因此，各职业体育俱乐部都把争取观众放在首位，每年都公布观众人数和门票收入情况，并和上一年度进行比较，以此来衡量自身的业绩。

3. 炒卖运动员

优秀运动员是职业体育俱乐部的灵魂。他们在吸引观众和球迷，提高和巩固俱乐部荣誉、提高票房价值和广告效应等方面所引起的轰动效应，是任何力量也无法比拟的。因此，目前各著名职业体育俱乐部都不惜重金，千方百计地网罗世界超级明星来巩固自己的地位。

4. 体育广告

体育广告有很多种，如赛场广告牌（含广告横幅、广告旗、广告气球等）、比赛服装（含器材）广告、门票广告、体育电视片广告和赛场实物广告等。其中应用较多、效果较好的为赛场广告牌和比赛服装广告两种。这是因为这两种广告载体分别处于赛场背景和运动员身上显著位置，无论是现场观看还是电视转播时重复出现率均很高，广告效益最为明显。当然，这两种广告形式的费用也最高。

5. 体育彩票

体育彩票以高额奖金为诱饵，吸引人们自愿参加，是一种收集社会游资的行之有效的方式，为许多国家广泛采用。体育彩票的常见形式有两种。一种是幸运摇奖彩票，即在每场比赛结束后当众摇奖，确定中奖号码。中奖者凭门票领取奖金或奖品，奖品一般为小轿车一辆。这种形式比较简单，完全凭运气，规模不大，只限于当场观众，一般由承办比赛的主场俱乐部经营，收入主要归自己。另一种是比赛结果预测彩票，形式也有多种。有的是猜某一场比赛的输赢家，有的是猜某一次大赛的前几名或所有参加者的名次，有的是猜一轮联赛各场次的输赢家。虽然这类彩票大多不是个别俱乐部所能经营的事，而是由政府或体育总会指定专职部门或私人企业来经营。但由于这类彩票大多是职业体育俱乐部比赛的产物，所赌内容是它们的比赛结果，而且彩票的一部分收入最终也让有关俱乐部参与分享，因此，也可以把这种形式的彩票看成职业体育俱乐部的财源之一。

### 2.4.6 抓好职业运动队伍的管理

职业运动队是职业体育俱乐部的基础和核心。职业体育俱乐部的社会效益和经济效益全都来自职业运动队。职业体育俱乐部的所有工作都是围绕着职业运动队而开展的。因此，职业运动队的建设和管理对职业体育俱乐部来讲具有重要意义。

1. 职业运动队的人员构成

职业运动队的人员构成少而精。除运动员外，一般还有下列工作人员：经理（有的国家也称作领队）1 人，主、副教练各 1 人，经理助理 1 人，按摩师 1 人，后勤 1 人。

经理是职业运动队的实权人物，掌管全队的管理和财务大权，负责和教练员及运动员签订合同，确定和发放比赛奖金，签发全队的各项开支。运动员的进出，主教练可以提出个人意见，但最后决定权掌握在经理手里。经理还负责对外联系，包括与赞助商商谈和签订合同，对外联系商业性比赛事宜，签订租赁体育场合同等。此外，还负责公关和新闻发布等工作。总之，整个运动队除训练和比赛以外的一切事务，均由经理来谋划和主管。

主教练负责全队与训练和竞赛有关的一切事务，包括物色、选拔和淘汰运动员，制定比赛和训练规划和计划；设计和实施技术、战术、身体素质、心理和智能等方面的训练；确定比赛战略和战术以及参赛运动员的人选，并进行现场指导；负责运动员的恢复以及必要的生活管理和监督。

经理助理。协助经理处理各项具体工作，兼管运动队的文秘和档案工作。

副教练。根据主教练的旨意，协助完成与训练及比赛有关的一切具体工作，包括布置训练器材，做些现场统计、记录等工作。

按摩师。主要负责运动员训练和比赛后的身体按摩，促进其恢复。同时还负责运动员在赛场上的伤病处理，配置运动饮料以及一般性的医务监督。此外，运动员和按摩师之间的关系一般都比较融洽。因此，按摩师大多身兼运动心理师，利用按摩的机会对运动员做些心理疏导工作。

上述人员构成情况只属一般中、小型职业运动队的最低要求。由于国情、运动项目和运动队规模的不同，在人员种类和数量方面会有一定差异。

职业运动员是职业运动队的基础和灵魂，其水平与质量直接影响职业运动队以及职业体育俱乐部的命运。因此，各个职业体育俱乐部和运动队无不把运动员看成是自己的生命线，下大力气抓好运动员的管理，使之发挥最大效益。

国外对职业运动员的管理一般均遵循下列几个方面：

（1）进行法制管理。所谓法制管理是指严格按照法律、规章、制度和合同来进行管理，使这些法律、规章、制度和合同起引导、规范和保障作用。首先，通过宪法或其他专项法律来规范和保障职业运动员的合法地位和权益，使他们的职业合法化。其次，各主管运动协会都通过法规对职业运动员的资格、就业、转会、参赛条件、合同、奖金及纠纷处理等问题做出明确规定，一方面为了确保职业运动员的质量，另一方面也是为了规范和保障他们的义务和权利。第三，职业体育俱乐部和职业运动员之间签订合同。第四，职业体育俱乐部通过严明的纪律规章来进行管理。

（2）按照价格法则激励运动员。职业运动员的工资和奖金是其运动水平和业绩的标志。水平越高，业绩越好，所获得的报酬就越多。主要做法是：首先，提高工资起点。由于职业运动员所创造的票房价值和广告价值均很高，加上运动员是一项既比较危险，从业年龄又较短的职业，他们伤、病的概率较高，导致终生残疾甚至夭折的事例时有发生。因此，他们的收入理应高于一般职业。其次，拉开差距，突出明星的地位。著名球星是场上的灵魂和核心，他们的出现，不但对本队起组织、指挥和稳定军心的作用，对对方起牵制和威慑作用，而且还是吸引观众和赞助及广告，提高球队档次和知名度的法宝。因此，他们的工资高出一般队员许多倍。第三，奖金浮动，真正体现多劳多得，立功受奖。第四，鼓励运动员通过广告活动提高知名度。第五，杜绝"铁饭碗"，坚持优胜劣汰，人才流动。

（3）管理好职业教练员。教练员是运动队训练与比赛的设计者、指导者和指挥者，其水平、能力与态度均和运动队的成绩有着直接而密切的关系。国外在职业队教练员的管理方面有下列几个主要特点：一是十分注意教练员的任职资格，国外不但普遍重视教练员的任职起始资格，而且还十分强调业务进修。二是实行合同制。俱乐部和教练员之间普遍实行合同制。合同一方面赋予教练员指挥训练与比赛的全权，其中包括任何时候都可以淘汰他认为不合适的运动员的大权。但同时又对教练员自身的工作和任期目标有严格的规定。

**（二）重视体育后备人才的培养**

吐故纳新是职业体育俱乐部生存和发展的根本之道，因此，每一个俱乐部都十分重视后备人才的培养和选拔。其主要途径大致如下：

1. 俱乐部自己培养

欧洲国家大多采用这一办法，而且许多国家都把培养后备人才看成职业体育俱乐部的先决条件之一。例如德国足协规定，每个职业足球俱乐部必须至少拥有 10 个青少年足球队。而实际上，几乎每个俱乐部所拥有的青少年足球队，都大大超过这一要求。

2. 俱乐部成立专项学校

南美洲足球大多采用这一形式。这一形式和上述欧洲普遍采用的形势差不多。不同的只是学员不能自由参加，而是需要经过考核甄别，只有达到一定标准的人才能被录取。学员们也按年龄分组进行训练和比赛。例如，阿根廷规定，从 12 岁起到 20 岁，一岁一个年龄组。该国还规定，甲级足球俱乐部，每个年龄组都必须设置代表队参加所在城市和地区的各年龄组锦标赛。

3. 从学校代表队中选拔

在美国，学校是美国体育的摇篮。该国从小学到大学普遍重视体育教学和课外业余训练及竞赛。因此，各个项目校内、班级内的比赛，以及校际间的比赛常年连绵不断。

4. 成立预备队

许多国家的职业体育俱乐部均设预备队，成员大多为本俱乐部的青年精英，也有一些是通过球探从其他俱乐部物色来的新秀。一般只有极少数人有幸留下来签约成为正式队员，其余被淘汰的人或转入俱乐部成为业余队继续从事业余足球训练和比赛，或另谋出路。为避免有的俱乐部垄断过多的优秀青少年选手造成积压和浪费，一般都对学徒队的成员数量有严格限制。

**（三）扩大会员队伍，做好球迷工作**

如前所述，职业体育俱乐部与会员之间有着鱼水关系，因此，各个俱乐部都十分重视扩大会员队伍的工作，除了采取前述业余体育俱乐部的一些相应措施外，还采取下列一些办法来巩固和扩大会员队伍。如通过代购门票，提供赠票和优惠票等方式，保证会员们能看到一些重大比赛。以提供队服、队旗和在交通、住宿方面提供方便以及优惠的方式鼓励会员随队到外地或国外去观看比赛，不但满足他们的观赏欲望，还可扩大"啦啦队"的阵容；以优惠价向会员出售年票、季票和月票等长期门票，使会员们在价格上享受优惠，也保证了每场比赛的基本观众和基本门票收入；同时采用减收会费的方式来吸引外地和郊区球迷入会。

**[案例]：CUBA 发展战略**

首届 CUBA 赛事覆盖面遍及全国及香港地区 31 个省、市、自治区的普通高校，参赛队有 600 多支，比赛场次多达 1500 余场，以平均每场比赛 1000 名现场观众计算，联赛的现场观众总数将达到 150 万。本次联赛，中央电视台现场直播了近十多场比赛，全国各主要新闻媒体都相继报道了这项赛事和消息，一些精明的投资者更是看好了 CUBA 这支新的"概念股"的发展前景并主动投资，如恒华国际集团、中国电信、利生体育用品公司、香港 FILA 公司、双星集团等。正如公司驻香港代表所说：支持 CUBA，因为这里商机无限。

在过去的几十年里，中国篮球人才的培养一直是沿着小学——体工队的模式进行。然而，随着国家经济体制的转轨，市场经济体制的确立，使传统计划经济体制下篮球人才培养的方式捉襟见肘。体育的社会化、产业化的发展战略为 CUBA 的发展营造了广阔的外界环境，加之大学的知识积累和储备所形成的篮球体系是弥补旧体系不足的最大优势。因此，CUBA 已成为中国篮坛继往开来、承前启后的人才培养体系中不可分割的一部分。CUBA 正是因为建立于强大的"质量保障体系"才赢得了人们的青睐。这个体系的核心内容就是：严打"三假"，培养"三员"，"三假"即"假资格"（运动员资格审查，整个联赛共查处 5 队 29 人不符合参赛资格）、"假裁判"和"打假球"，组委会采取了全面防范和群众举报两手抓的方案。赛前在天津举办了裁判业务员提高班，比赛中裁委会和评委会更是密切注视裁判员的一举一动。整个赛期组委会没有收到一例投诉。CUBA 培养"三员"的做法是：①以在校大学生的标准要求运动员；②以体育教育工作片的责任心和道德标准约束裁判员；③给教练员提供学习的机会。正如中国大篮联秘书长龚培山教授所讲的那样，不打"三假"就没有良好的比赛秩序和环境，不仅商家不会出一分钱，球迷也不会看你的球；不培养"三员"，CUBA 联赛就不能称之为高水平联赛。

在用文化包装 CUBA 方面，和 CUBA 联赛一起诞生的恒华体育发展公司显得很有经验。他们提出要用"文化"来包装 CUBA，处处体现 CUBA 联赛所营造的全新氛围和独特感受。"发展高校篮球，培养篮球人才是 CUBA 联赛的宗旨"。

具体做法是：首先，充分利用了高校的人力资源，招募了近百名大学生志愿者，穿梭于场内外的志愿者令人一望便知这是大学生的赛事；其次，为突出各院校不同的社会特色，恒华公司专门为各参赛队设计了队旗，悬挂于体育馆四周；还参照 NCAA（美国大学生篮球联赛）的做法，中场休息有大学生健美操表演及赛区冠军队剪网的活动。在客户推广方面，CUBA 在选择赞助商时注意品牌意识和长期合作意向，同时优先发展民族企业，所有赞助方案均不得破坏联赛积极健康和蓬勃发展的形象，如烟草广告一律不予考虑。在"球星"和球队包装方面，CUBA 的球星一定是品学兼优、讲究配合、善于用脑打球、有较大发展潜力的队员。如"四川蓝剑队"高薪邀请成都电子科技大学 98 级研究生、身高 205cm 的刘新良加盟其队就是一个良好的例子。

# 本章小结

　　本章讲述了体育赛事的运作管理、组织机构以及体育赛事的管理的定义、地位、目标和职责划分等内容；讲述了体育场馆的基本功能、基本类型、体育场馆的设施管理等内容；讲述了运动训练管理体制、管理机构和经费管理等内容；讲述了职业体育俱乐部的概念与特征、组织体系等内容。

# 思考题

1. 现代体育赛事的分类？
2. 体育赛事管理机构的组织机构？
3. 体育赛事管理的目标和职责划分？
4. 体育场馆的基本功能？
5. 体育场馆的基本类型？
6. 体育设施管理的基本要求？
7. 运动训练管理机构？
8. 职业体育俱乐部的组织体系？

# 第三章 体育管理信息系统的技术基础

现代计算机技术、网络通信技术和数据库技术是管理信息系统实施的基础，只有把这些技术与管理结合起来，才能真正发挥管理信息系统的作用。体育管理信息系统也不例外。本章将介绍有关管理信息系统所涉及的计算机技术、网络通信技术和数据库技术。

## 3.1 计算机硬件及网络通信设备

管理信息系统是以计算机技术为主要技术基础的。离开计算机的人工处理信息的系统谈不上是现代意义的管理信息系统。换句话说，计算机是管理信息系统的主要实现和应用工具。

### 3.1.1 计算机硬件的基本设备

（一）计算机的存储程序工作原理

1. 冯·诺依曼结构体系的特点

计算机系统由硬件系统和软件系统两大部分组成。其系统组成如图 3-1 所示。

计算机之父，科学家冯·诺依曼（John von Neumann）结构体系奠定了现代计算机硬件的基本结构，其特点是：

（1）使用单一的处理部件来完成计算、存储以及通信等各项工作。

（2）存储单元采用定长的线性组织。

（3）存储空间的单元采用直接寻址的方式。

（4）使用机器语言，利用操作码对指令传达如何来完成简单的操作。

（5）对计算进行集中的顺序控制。

（6）计算机硬件系统由运算器、控制器、存储器、输入设备、输出设备五大部件组成，并且对于它们的基本功能进行了详细的规定。

（7）采用二进制数的形式来表示数据和指令。

（8）在执行程序和处理数据时，程序和程序处理时所需要的数据将从外存储器中装入到主存储器中，计算机在工作时能够自动调整地从存储器中取出指令和数据并加以执行。利用这种方式对程序和数据进行处理就被称为存储程序控制原理。

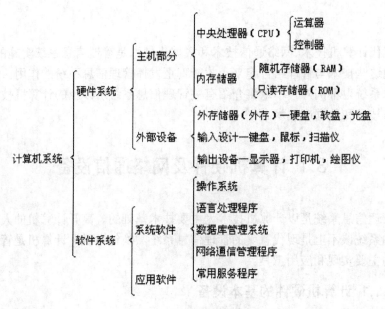

图 3-1　计算机系统组成

## 2. 计算机指令

计算机根据用户预先的安排，自动地进行数据及信息的快速计算和加工处理。人们预先的安排是通过一连串的指令序列来表达的，这个指令序列就称之为程序。一条指令规定计算机执行一个基本操作；一个程序规定计算机完成一项完整的任务。一种计算机所能识别的一组不同指令的集合，称为该种计算机的指令集合或指令系统。在微型计算机的指令系统中，主要采用了单地址和二地址指令。在指令中，第一个部分是操作码，规定计算机要执行的基本操作，第二个部分是操作数。

计算机指令包括以下类型：数据处理指令（加、减、乘、除等）、数据传送指令、程序控制指令、状态管理指令。计算机的内存被划分成若干个存储单元，每个存储单元可存放一个 8 位二进制数。这个 8 位二进制数既可以是数据又可以是程序代码。为了能有效地进行数据或代码的存取，计算机给每个单元都定义了一个唯一编号，以便识别。这个唯一的编号就是存储单元的地址。

3. 计算机的工作原理

按照冯·诺依曼存储程序的原理，计算机在执行程序时须先将要执行的相关程序和数据放入主存中，在执行程序时 CPU 根据当前程序指针寄存器的内容取出指令并执行指令，然后再取出下一条指令并执行，如此循环下去直到程序结束指令时才停止执行。其工作过程就是不断地取指令和执行指令的过程，最后将计算的结果放入指令指定的存储器地址中。

计算机工作过程中所要涉及的计算机硬件部件有内存储器、指令寄存器、指令译码器、计算器、控制器、运算器和输入/输出设备等。

4. 计算机硬件系统

硬件通常是指构成计算机的实体物理设备。一台计算机的硬件系统应由五个基本部分组成：运算器、控制器、存储器、输入和输出设备。这五大部分通过系统总线完成指令所传达的操作。当计算机在接受指令后，由控制器指挥，将数据从输入设备传送到存储器存放，再由控制器将需要参加运算的数据传送到运算器，由运算器进行处理，处理后的结果由输出设备输出。如图3-2所示。

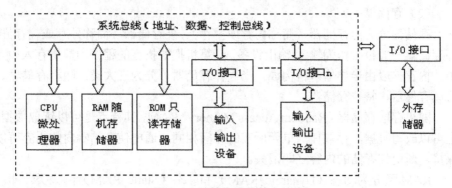

图3-2　计算机硬件基本结构

（1）中央处理器（CPU）

CPU（central processing unit）即中央处理单元，又称中央处理器。CPU 由控制器、运算器和寄存器组成，通常集成在一块芯片上，它是计算机系统的核心设备。计算机以 CPU 为核心，输入和输出设备与存储器之间的数据传输和处理都通过 CPU 来控制执行。微型计算机的中央处理器又称为微处理器。

控制器是对输入的指令进行分析，并统一控制计算机的各个部件完成一定任务的部件。它一般由指令寄存器、状态寄存器、指令译码器、时序电路和控制电路组成。计算机的工作方式是执行程序，程序就是为完成某一任务所编制的特定指令序列，各种指令操作按一定的时间关系有序安排，控制器产生各种最基本的不可再分的微操作的命令信号，即微操作命令，以指挥整个计算机有条不紊的工作。当计算机执行程序时，控制器首先从指令指针寄存器中取得指令的地址，并将下一条指令的地址存入指令寄存器中，然后从存储器中取出指令，由指令译码器对指令进行译码后产生控制信号，用以驱动相应的硬件完成指令操作。简言之，控制器就是协调指挥计算机各部件工作的元件。它的基本任务就是根据各种指令的需要，综合有关的逻辑条件与时间条件产生相应的微操作命令。

运算器又称算术逻辑运算单元 ALU（Arithmetic Logic Unit）。运算器的主要任务是执行各种算术运算和逻辑运算。算术运算是指各种数值运算，比如：加、减、乘、除等。逻辑运算是进行逻辑判断的非数值运算，比如：与、或、非、比较、移位等。计算机所完成的全部运算都是在运算器中进行的，根据指令规定的寻址方式，运算器从存储或寄存器中取得操作数，进行计算后，送回到指令所指定的寄存器中。运算器的核心部件是加法器和若干个寄存器，加法器用于运算，寄存器用于存储参加运算的各种数据以及运算后的结果。

（2）存储器

存储器分为内存储器（简称内存或主存）、外存储器（简称外存或辅存）。外存储器一般也可作为输入/输出设备。计算机把要执行的程序和数据存入内存中。内存一般由半导体材料构成。半导体存储器可分为三大类：随机存储器、只读存储器、特殊存储器。

随机存取存储器（Random Access Memory）RAM，其特点是可以读取数据，也可以改写数据，存取任一单元所需的时间相同，通电使存储器内的内容可以保持，断电使存储的内容立即消失。

RAM 又分为动态（Dynamic RAM）和静态（Static RAM）两大类。即：DRAM 和 SRAM。

只读存储器（Read Only Memory）ROM，其特点是只能读出原有的内容，不能由用户再写入新内容。ROM 分为可编程（Programmable）ROM、可擦除可编程（Erasable Programmable）ROM、电擦除可编程（Electrically Erasable Programmable）ROM。如，EPROM 存储的内容可以通过紫外光照射来擦除，这使它的内容可以反复更改。

（3）输入/输出设备

输入设备是用来接受用户输入的原始数据和程序，并将它们变为计算机能识别的二进制代码存入到存储器中。常用的输入设备有键盘、鼠标、扫描仪、光笔、条形码读入器等。

输出设备用于将存在内存中的由计算机处理的结果转变为人能识别的输出信息。常用的输出设备有显示器、打印机、绘图仪等。

（4）总线

总线是一组为系统部件之间数据传送的公用信号线。具有汇集与分配数据信号、选择发送信号的部件与接收信号的部件、总线控制权的建立与转移等功能。

典型的微型计算机系统的结构，通常多采用单总线结构。一般按信号类型将总线分为三种，即：地址总线（Address Bus）AB、数据总线（Data Bus）DB、控制总线（Control Bus）CB。

### 3.1.2 计算机网络通信设备及通信技术

计算机网络是计算机技术和通信技术相互渗透、密切结合的产物。计算机网络的应用正在从各个方面改变着人们的工作和生活方式，在经济、政治、文化、军事、科学研究、教育等各个领域都发挥出越来越重要的作用。

（一）计算机网络互联设备概述

1. 计算机网络传输介质简介

计算机网络传输介质是计算机网络连接设备间的中间介质，也是信号传输的媒体，常用的计算机网络传输介质有：

（1）双绞线（Twisted-Pair）

双绞线是现在最普通、使用最多的传输介质，它由两条相互绝缘的铜线组成，典型直径为1毫米。两根线绞接在一起是为了防止其电磁感应在邻近线对中产生干扰信号。现行双绞线电缆中一般包含4个双绞线对，具体为白橙、橙、白蓝、蓝、白绿、绿、白棕、棕。

双绞线根据性能又可分为5类、超5类、6类和7类，现在常用的为超5类非屏蔽双绞线，其频率带宽为100MHz，能够可靠地运行4MB、8MB和16MB的网络系统。当运行100MB以太网时，可使用屏蔽双绞线以提高网络在高速传输时的抗干扰特性。6类、7类双绞线分别可工作于200MHz和600MHz的频率带宽之上，且采用特殊设计的RJ45插头（座）。

（2）同轴电缆（Coaxial Cable）

广泛使用的同轴电缆有两种：一种是阻抗为50Ω（指沿电缆导体各点的电磁电压对电流之比）的同轴电缆，用于数字信号的传输，即基带同轴电缆；另一种是阻抗为75Ω的同轴电缆，用于宽带模拟信号的传输，即宽带同轴电缆。

同轴电缆以单根铜导线为内芯，外裹一层绝缘材料，外覆密集网状导体，最外面是一层保护性塑料。金属屏蔽层能将磁场反射回中心导体，同时也使中心导体免受外界干扰，故同轴电缆比双绞线具有更高的带宽和更好的噪声抑制特性。

（3）光导纤维（Optical Fiber）

光导纤维是软而细的、利用内部全反射原理来传导光束的传输介质，有单模光纤和多模光纤之分。

光纤为圆柱状，由 3 个同心部分组成——纤芯、包层和护套，每一路光纤包括两根，一根接收，一根发送。用光纤作为网络介质的 LAN 技术主要是光纤分布式数据接口（Fiber-optic Data Distributed Interface，FDDI）。与同轴电缆比较，光纤可提供极宽的频带且功率损耗小、传输距离长（2 公里以上）、传输率高（可达数千 Mbps）、抗干扰性强（不会受到电子监听），是构建安全性网络的理想选择。

目前，光导纤维的使用越来越多，随着技术的不断进步，光导纤维的性能也越来越高。

（4）微波传输和卫星传输

微波是利用自由空间作为信息传输的信道。微波对于大小比其波长长度小的障碍物，可以不受丝毫的干扰就可以传输过去，所以微波在很多场合可以很方便地进行数据传输。

目前，微波应用于计算机网络通信正形成一种趋势。

2. 网络互联设备

路由器（Router）是用于连接多个逻辑上分开的网络。逻辑网络是指一个单独的网络或一个子网。当数据从一个子网传输到另一个子网时，可通过路由器来完成。因此，路由器具有判断网络地址和选择路径的功能，它能在多网络互联环境中建立灵活的连接，可用完全不同的数据分组和介质访问方法连接各种子网。路由器是属于网络应用层的一种互联设备，只接收源站或其他路由器的信息，它不关心各子网使用的硬件设备，但要求运行与网络层协议相一致的软件。路由器分本地路由器和远程路由器，本地路由器是用来连接网络传输介质的，如光纤、同轴电缆和双绞线；远程路由器是用来与远程传输介质连接并要求相应的设备，如电话线要配调制解调器，无线要通过无线接收机和发射机。

3. 应用互联设备

在一个计算机网络中，当连接不同类型而协议差别又较大的网络时，则要选用网关设备。网关的功能体现在 OSI 模型的最高层，它将协议进行转换，将数据重新分组，以便在两个不同类型的网络系统之间进行通信。由于协议转换是一件复杂的事，一般来说，网关只进行一对一转换，或是少数几种特定应用协议的转换，网关很难实现通用的协议转换。用于网关转换的应用协议有电子邮件、文件传输和远程工作站登录等。

网关和多协议路由器（或特殊用途的通信服务器）组合在一起可以连接多种不同的系统。和网桥一样，网关可以是本地的，也可以是远程的。

目前，网关已成为网络上每个用户都能访问大型主机的通用工具。

### （二）网络通信技术概述

#### 1. 数据通信系统的组成

数据通信系统是通过数据电路将分布在远地的数据终端设备与计算机系统连接起来，实现数据传输、交换、存储和处理的系统。比较典型的数据通信系统主要由数据终端设备、数据电路、计算机系统三部分组成，如图 3-3 所示。

图 3-3　数据通信系统组成

#### 2. 有关传输的概念

（1）传输信道

传输信道是通信系统必不可少的组成部分。目前数据通信中所使用的多为有线信道，主要有：直接利用传输媒体的实线信道（如局域网中）；经调制解调器的频分信道（如部分地区用户线路中）；时分信道。由于光纤通信技术的发展，现在绝大部分的数据传输在时分信道上，以同步数字体系 SDH 方式传输。

（2）传输方式

数据传输按信息传送的方向与时间可以分为：单工、半双工、全双工三种传输方式，如图 3-4 所示。

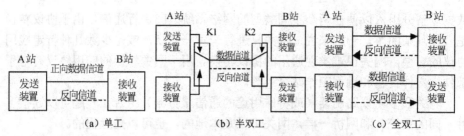

图 3-4  单工、半双工、全双工示意图

（3）多路复用

为了提高信道的利用率，在数据的传输中组合多个低速的数据终端共同使用一条高速的信道，这种方法称为多路复用，常用的复用技术有频分复用和时分复用。

频分复用是将物理信道上的总带宽分成若干个独立的信道（即子信道），分别分配给用户传输数据信息，各子信道间还略留一个宽度。

时分复用是将一条物理信道按时间分成若干时间片轮流地分配给每个用户，每个时间片由复用的一个用户占用，而不像 FDM 那样，同一时间同时发送多路信号。

# 3.2  计算机软件概述

计算机软件泛指任何类型的计算机程序，从操作系统到实用程序、应用程序、存放在只读存储器（ROM）上的程序等。

值得注意的是有的读者会把软件和程序混淆起来。计算机软件不能简单地理解为程序。从上面的叙述当中，读者不难发现，软件是程序以及程序的开发、使用和维护所需要的所有文档的总和。在有些书籍当中，还把所有使用软件的技能也广义地定义为软件的一部分。

## 3.2.1  计算机软件概念

计算机软件（Software）是在计算机上运行的各种程序、要处理的各类数据以及有关文档的总称。计算机的软件系统可以分为两大类，即系统软件和应用软件。系统软件是控制、管理、协调微机及其外部设备，支持各种应用软件的运行和使用的软件的集合。系统软件又包括：系统管理软件、系统支持软件、系统开发软件。这里将介绍系统管理程序中的操作系统和系统开发软件。

**（一）操作系统**

1. 操作系统的概念

操作系统是系统管理软件的核心。所谓操作系统（operating system），就是用户和计算机之间的界面。一方面操作系统管理着所有计算机系统资源（包括硬件资源和软件资源），另一方面操作系统又为用户提供了一个抽象概念上的计算机。在操作系统的帮助下，用户在使用计算机时就避免了对计算机系统硬件的直接操作，即操作系统为用户操作计算机提供了方便的平台。

2. 操作系统的管理功能

操作系统对于计算机的硬件和软件资源的管理分为以下五个方面：

（1）对 CPU 的使用的管理：CPU 资源是最为宝贵的资源，计算机运行后，各个任务或进程都在争夺 CPU 资源，如何把 CPU 资源公平、合理地分配给不同的等待处理的任务或进程，是 CPU 管理的主要功能。

（2）对内存分配的管理：内存资源也是程序间争夺很激烈的资源。内存管理功能就是合理分配内存资源，保障整个计算机系统良好的运行。

（3）设备运行管理：对于计算机的各个设备运行和回收，使用户充分使用设备。

（4）文件管理：计算机中的程序和一些相关信息都是以文件的形式存在的，对于这些文件的管理不论是对于计算机的正常运行还是对于用户正确使用计算机或进行操作都是非常重要的。

（5）作业管理：作业是用户程序和所需的数据以及运行这些程序和处理数据所需要的所有命令。作业管理就是为用户提供使用计算机的界面，方便用户对于计算机的操作和使用。

个人计算机软件的安装和使用越来越方便和简易，它们都是在先进的操作系统（计算机的主要系统软件）提供的优越运行环境和操作条件下实现的。

**（二）程序开发软件**

目前，在市场上提供的系统开发工具十分丰富。一般比较流行的程序开发软件工具有 5 类：常用语言类、程序生成工具、数据库系统、客户/服务器型以及面向对象的编程工具。

1. 常用语言类

这一类编程工具应用非常广泛，主要是指由传统编程工具发展而来的一类程序设计语言。通常有：C 语言、C++语言、OPS 语言、PL/1 语言、COBOL 语言等。这些语言的针对性较差，只是提供一般程序设计命令的基本集合，适应范围很广，原则上任何模块都可以用它们来编写。但是，所谓的适应范围广，是以用户编程的复杂程度为代价的，因此程序设计的工作量很大。

### 2. 程序生成工具

程序生成工具是一种常用数据处理功能和程序之间的对应关系的自动编程工具。目前这类工具发展的一个趋势是功能大型综合化，生成程序模块语言专一化，主要有 Visual BASIC、Visual C++、FoxPro、Power Builder 等。

### 3. 数据库系统

数据库系统主要是信息系统中数据存放的中心和整个系统数据传递和交换的枢纽。目前市场上提供的主要有两类：XBASE 系统（以微机关系数据库为基础）和大型数据库系统。

### 4. 客户/服务器型工具

该类工具是在原有开发工具的基础上，将原有工具改变为既可被其他工具调用的，又可以调用其他工具的"公共模块"。当前，市场上的客户/服务器型主要有：Windows 环境下的 Visual Basic、FoxPro、Visual C++、Excel、Word等。

这类工具的特点是它们之间相互调用的随意性。例如：在 FoxPro 中通过DDE（动态数据交换）或 OLE（对象的链接和嵌入）或直接调用 Excel，这时FoxPro 应用程序模块是客户，Excel 应用程序是服务器。

### 5. 面向对象编程工具

它主要是指与 OO 方法相对应的编程工具。目前常见的工具有：C++、VC++、和 Smalltalk。这一类编程工具的针对性较强，并且具有很大潜力，但是必须与整个 OO 方法相结合。

## 3.2.2　程序设计语言

语言分为自然语言与人工语言两大类。自然语言是人类在自身发展的过程中形成的语言，是人与人之间传递信息的媒介。人工语言指的是人们为了某种目的而自行设计的语言。计算机语言（Computer Language）指用于人与计算机之间通信的语言。计算机语言是人与计算机之间传递信息的媒介。

计算机语言的种类非常的多，总的来说可以分成机器语言，汇编语言，高级语言三大类。

### （一）机器语言概述

计算机做的每一次动作、每一个步骤，都是按照用计算机语言编好的程序来执行的，程序是计算机要执行的指令的集合，而程序全部都是用我们所掌握的语言来编写的。所以人们要控制计算机一定要通过计算机语言向计算机发出命令。

　　计算机是不能识别与执行人类的自然语言的,要使计算机执行人们的意志,必须使计算机能识别指令。众所周知,计算机内部存储数据和指令是采用二进制(0和1)方式的。人们在设计某一类型计算机时,同时为它设计了一套"指令系统",即事先规定好用指定的一个二进制指令代表一种操作。例如在16位机上,由16位二进制数据组成的一个指令代表一种操作。如用1011011000000000作为一条加法指令,计算机在接收此指令后就执行一次加法;用1011010100000000作为减法指令,使计算机执行一次减法。16个0和1可组成各种排列组合,通过线路转换为电信号,使计算机执行各种不同的操作。这种由0和1组成的指令,称为"机器指令"。一种计算机系统的全部指令的集合称为该计算机的"机器语言"。在计算机诞生初期,为了使计算机能按照人们的意志工作,人们必须用机器语言编写好程序(程序是由若干条指令组成的,用于实现一个专门的目的)。但是机器语言难学、难记、难写,只有少数计算机专业人员才会使用它。

　　机器语言是唯一的一种可以被计算机直接识别和执行的计算机语言。

### (二)汇编语言

　　所谓"汇编语言",就是用一组易记的符号代表机器语言中的一个机器指令,例如用"ADD 10,20"代表一次加法,用"SUB 10,20"代表一次减法。汇编语言中的一条指令一般都与一条机器指令相对应。汇编语言的实质和机器语言是相同的,都是直接对硬件操作,只不过指令采用了英文缩写的标识符,更容易识别和记忆。

　　机器语言和汇编语言都是面向具体计算机的语言,每一种类型的计算机都有自己的机器语言和汇编语言,不同机器之间互不相通。由于它们依赖于具体的计算机,被称为"低级语言"。

### (三)高级语言

　　20世纪50年代,出现了"高级语言"。高级语言主要是相对于机器语言和汇编语言而言,它并不是特指某一种具体的语言,而是包括了很多编程语言。

　　高级语言是目前绝大多数编程者的选择。和汇编语言相比,它不但将许多相关的机器指令合成为单条指令,并且去掉了与具体操作有关但与完成工作无关的细节,例如使用堆栈、寄存器等,这样就大大简化了程序中的指令。同时,由于省略了很多细节,编程者也就不需要有太多的专业知识。

　　高级语言不依赖于具体的计算机,而是在各种计算机上都通用的一种计算机语言。它更接近于人们习惯使用的自然语言和数学语言,使人们易于学习和使用。有的书籍作者认为，高级语言的出现是计算机发展史上一次惊人的成就，因为它使千万非专业人员能方便地编写程序，操纵和使用计算机能够按人们的指令进行工作。

### 3.2.3 编程思想

（一）编程，即编写程序，而程序就是方法的描述，那么编程就是编写方法的描述。

（二）所谓的编程思想，就是如何编程，即编写程序的方法。不同的人的编程思想不同，对于同一功能的程序的编写也就不同。

好的编程思想编出的程序条理分明，可维护性高；差的编程思想编出的程序晦涩难懂，可维护性低。由此可见，编程思想对于程序设计乃至软件开发都是极为重要的。

（三）目前，"面向对象"的编程思想是软件编写过程中最常被采用的一种编程思想。

面向对象的方法实际上也是对象的一些事件的处理程序，但是由于这些事件处理程序会经常使用或比较特殊，面向对象程序设计语言系统会把这些事件处理程序提前编写好并封装起来，供用户直接调用使用，用户不必自己对这些事件的处理程序进行编写。面向对象方法的调用给用户编写程序带来很大的方便。

# 3.3 客户机/服务器模式

客户机/服务器模式是一种先进的模式，也是今后发展的主流，这种模式最大的特点是使用客户机和服务器两方面的智能、资源和计算能力来执行一个特定的任务。

### 3.3.1 网络计算模式的发展

网络计算模式的发展主要经历了以大型机为中心、以服务器为中心、小型化和客户机/服务器模式等几个时期。

**（一）以大型机为中心的计算模式**

以大型机为中心的计算模式的特点是：

1. 系统提供专用的用户界面；

2. 所有用户击键和光标位置都被传入主机；

3. 通过硬连线把简单的终端接到主机或一个终端控制器上；

4. 所有从主机返回的结果都显示在屏幕的特定位置；

5. 系统采用严格的控制和广泛的系统管理、性能管理机制；

**（二）以服务器为中心的计算模式**

以服务器为中心的计算模式，又叫资源共享模式，它所具备的特点是：

1. 主要用于共享共同的应用、数据，以及打印机；

2. 每个应用提供自己的用户界面，并对界面给予全面的控制；

3. 所有的用户查询或命令处理都在工作站方完成；

**（三）小型化和客户机/服务器模式的出现**

1. 小型化的概念建立于三个前提条件下的：高速发展的技术能力，经济因素和计算机的发展在应用中地位的改变。

2. 客户机/服务器计算模式的出现。

### 3.3.2 客户机/服务器计算模式的特点

客户机/服务器模式是一种先进的计算模式，也是今后发展的主流，这种模式最大的特点是使用客户机和服务器两方面的智能、资源和计算能力来执行一个特定的任务。

**（一）客户机的特点**

1. 客户机提供了一个友好的用户界面；

2. 一个客户机/服务器系统中可以包括多个客户机，所以多个界面可以存在于同一系统中；

3. 客户机用一个预定义的语言构成一条或多条服务器的查询或命令，客户机和服务器用一个标准的语言或用该系统内特定的语言来传递信息；

4. 客户机可以使用缓冲或优化技术以减少到服务器的查询或执行安全和访问控制检查，客户机还可以检查用户发出的查询或命令的完整性；

5. 客户机通过一个进程间通信机制和服务器完成通信，并把查询或命令传到服务器；

6. 客户机对服务器送回的查询或命令结果数据进行分析处理，然后把它们提交给用户。

**（二）服务器的特点**

1. 服务器向客户机提供一种服务，服务的类型由客户机/服务器系统自己确定；

2. 服务器只负责响应来自客户机的查询或命令。

**（三）客户机/服务器计算模式的特点**

1. 客户机/服务器模式是桌面上的智能化；

2. 它最优化地使服务器资源被广泛共享；

3. 它优化网络的使用，提高了网络的利用率；

4. 在底层操作系统和通信系统之上提供一个抽象的层次，允许应用程序有较好的可维护性和可移植性。

**（四）客户机/服务器模式的优点**

1. 减少了网络的流量；

2. 客户机/服务器应用响应时间通常较短；

3. 可以充分利用客户机和服务器双方的能力，组成一个分布式应用环境；

4. 通过把应用程序同它们处理的数据隔离，可以使数据具有独立性；

5. 因为由客户机管理用户界面，每个服务器在客户机/服务器模式下可以支持更多的用户；

6. 许多机器和操作系统都能互联起来。

# 3.4 数据库技术的发展概述

数据库技术是有效管理数据或信息的工具，是支撑管理信息系统正常运营的大后方，身处信息时代的今天，如何利用数据库技术使管理信息系统更能行之有效地发挥作用是数据库技术人员需要解决的问题。

## 3.4.1 数据库技术的演变

从数据库发展历程来看，数据库技术的演变可划分为如下几个阶段：

1. 以技术为中心

在 20 世纪 70 年代，数据库的实现方案都把注意力集中在能提供联机的对信息的访问技术，着眼于获得处理效率，并尽可能最少使用价格昂贵的计算机硬件。

那时，能够为特殊硬件平台优化的那些由厂商专卖的即非开放式的数据库，是早期阶段用户唯一可能做出的选择。

2. 以用户为中心

20 世纪 80 年代，硬件价格下降和个人计算机逐步普及，用户的信息需求显著上升，应用软件的开发生产效率成为关键的成功因素。

带有易于理解的、简单的、两维数据模型的关系型数据库管理系统，成为服务于用户查询和满足这类需求的大量报表生成的基础，并得到了广泛采用。

3. 以网络为中心

进入 20 世纪 90 年代后，大量图形化用户界面被应用系统普遍采用，而且 Internet 得到了迅猛发展，应用系统的架构从采用 C/S 结构转变为以 Web 应用为主的处理阶段。

### 3.4.2　关系型数据库的局限

随着信息技术的飞速发展，数据处理不仅在数量上要求越来越大，而且在质量上也要求越来越高，数据库所管理的数据已经发生了根本的变化。这一变化给数据库技术带来了巨大挑战，数据库管理的对象已不再仅限于文本数据等简单的数据类型，而需要描述和保存大量多媒体非结构化的复杂数据，以及数据间的关系。

此外，随着热门网站访问数量的激增，对数据库本身的存储机制、大量并发用户的使用需求、存储空间的使用效率以及数据的完整性和安全性等方面都提出了更高要求。而这些都不是传统关系数据库中，使用二维表简单结构就可以满足的。

关系型数据库依据的是把数据表示为简单的两维模型，即表示为行与列的记录来进行存储处理。显然由于受到当时条件的限制，只是一种适合于对简单数据存储处理的技术，存在难以克服的局限性。

除此之外，关系数据库的检索策略，如复合索引和并发锁定技术，在使用上会造成复杂性和局限性。

### 3.4.3　后关系型数据库技术

1. 后关系数据库的概念

所谓后关系数据库，实质上是在关系数据库的基础上融合了面向对象技术和 Internet 网络应用开发背景的发展。它结合了传统数据库如：网状、层次和关系数据库的一些特点，以及 Java、Delphi、ActiveX 等新的编程工具环境，适应于新的以 Internet Web 为基础的应用，开创了关系数据库的新时代，即所谓的后关系型数据库时代。

2. 后关系数据库的主要特征

后关系型数据库的主要特征是：

（1）将多维处理和面向对象技术结合到关系数据库上。

这种数据库使用强大而灵活的对象技术，将经过处理的多维数据模型的速度和可调整性结合起来。由于它独有的可兼容性，对于开发高性能的交换处理应用程序来说，后关系型数据库非常理想。

（2）多维数据模型能使数据建模更加简单。

开发人员能够方便地用它来描述出复杂的现实世界结构，而不必忽略现实世界的问题，或把问题强行表现成技术上能够处理的形态，而且多维数据模型使执行复杂处理的时间大大缩短。例如：开发一个服装连锁店管理信息系统时，如果用关系数据库，就需要建立许多表，一张表用来说明每种款式所具有的颜色和尺寸，另一张表用来建立服装和供应商之间的映射，并表示它是否已被卖出，此外还需要建一些表来表示价格变化、各店的库存等。每成交一笔生意，所有这些表都需要修改，很快这些关系数据库就会变得笨重而缓慢。而在多维数据模型中，可以将这些数据看作存于一个"立方体"中，这个"立方体"有足够多的"面"，以便对数据进行完全的分类。如：款式、颜色、价格、库存等都能够立刻互相映射，获取数据极其迅速，而且由于清除了冗余的数据，多维数据库非常简单，不仅好用，而且更经济。

（3）模块化和强有力的内部操作能力，有效地提高开发者的生产效率。

面向对象技术的产生是由于人们认识到，人类考虑问题时，想到的不是整数、字符串或其他计算机数据类型，而是一个个的对象。比如说汽车，人们每天驾驶、购买和谈论它时，并不需要深入了解内燃机的物理过程。使用对象技术，计算机也可以只"谈论""汽车"，而不必理会潜在的各种细节。这样，一种强大的新编程方法就产生了。对象是模块化的，任何对象都可以内部发生变化，而不影响外部的其他编码。对象的这种模块化能力大大简化了应用程序的升级和维护处理。这就是后关系数据库本身所具有的模块化和强有力的内部操作能力的体现。有效地提高了开发者的生产效率。此外，对象还是内部可操作的。一个对象建立后，它就可以被其他的应用程序理解、使用甚至更改，而不管这些应用程序使用的是哪种程序设计语言。

3. 后关系数据库技术研究的趋势与应用

后关系型数据库技术经过 20 多年的发展，已有了较大的进步，并开始有成型的产品出现。最近，由美国 InterSystems 公司发布的 Caché 就是一个用于高性能事务应用的后关系型数据库管理系统，具有面向对象的许多功能和一个事务型多维数据模型。它建立在 ANSI 和 ISO 双重标准的 M 技术标准之上。它的数据模型是多维的而不是关系的，并且具有独特的存储数据方式。这种后关系型数据库为有大量用户同时使用的 Web 复杂交易处理进行了优化，并且已经在有几千用户的实际网络环境中证明可提供高速而可靠的性能。

# 3.5 手机应用程序开发环境简介

## 3.5.1 苹果系统

Xcode 是苹果公司自己开发的一款功能强大的 IDE（集成开发环境），从编辑代码，运行程序，调试代码，打包应用所有功能都一应俱全。

Xcode 可以编写 C、C++、Objective-C 和 Java 代码，可以生成 MacOS 支持的所有类型的执行代码，包括命令行工具、框架、插件、内核扩展、程序包和应用程序。Xcode 具有编辑代码、编译代码、调试代码、打包程序、可视化编程、性能分析、版本管理等开发过程中所有的功能。而且还支持各种插件进行功能扩展，具有丰富的快捷键，有效帮助开发人员提高效率。

Xcode 只能运行在 MacOS 系统上。

## 3.5.2 安卓系统

安卓系统应用程序的开发采用 java 语言，目前 java 语言开发的集成开发环境主要有 Eclipse 和 MyEclipse。

1. Eclipse 是著名的跨平台的自由集成开发环境。最初主要用于 Java 语言开发，但是目前通过插件使其作为 C++、Python、PHP 等其他语言的开发工具。Eclipse 的本身只是一个框架平台，但是众多插件的支持，使得 Eclipse 拥有较佳的灵活性。许多软件开发商以 Eclipse 为框架开发自己的 IDE。Eclipse 采用的技术是 IBM 公司开发的（SWT），这是一种基于 Java 的窗口组件，类似 Java 本身提供的 AWT 和 Swing 窗口组件。Eclipse 的用户界面还使用了 GUI 中间层 JFace，从而简化了基于 SWT 的应用程序的构建。

Eclipse 的插件机制是轻型软件组件化架构。已有的分离的插件已经能够支持 C/C++（CDT）、PHP、Perl、Ruby，Python、telnet 和数据库开发。插件架构能够支持将任意的扩展加入到现有环境中，例如配置管理，而绝不仅仅限于支持各种编程语言。

2. MyEclipse 企业级工作平台（MyEclipseEnterprise Workbench，简称 MyEclipse）是对 Eclipse 的扩展，利用它可以在数据库和 JavaEE 的开发、发布

以及应用程序服务器的整合方面极大地提高工作效率。它是功能丰富的 JavaEE 集成开发环境，包括了完备的编码、调试、测试和发布功能，完整支持 HTML，Struts，JSP，CSS，Javascript，Spring，SQL，Hibernate 等。

# 3.6　关于大数据

世界知名的研究机构 Gartner 对"大数据"的定义是：需要新处理模式才能具有更强的决策力、洞察发现力和流程优化能力来适应海量、高增长率和多样化的信息资产。

适用于大数据的技术，包括大规模并行处理（MPP）数据库、数据挖掘、分布式文件系统、分布式数据库、云计算平台、互联网和可扩展的存储系统。

"大数据"是一个体量特别大，数据类别特别多的数据集，并且这样的数据集无法用传统数据库工具对其内容进行抓取、管理和处理。"大数据"的特点首先是数据体量（Volume）大，形成了 PB 级的数据量。其次是数据类别（Variety）大，数据来自多种数据源，数据种类和格式日渐丰富，已冲破了以前所限定的结构化数据范畴，囊括了半结构化和非结构化数据。第三是数据处理速度（Velocity）快，在数据量非常庞大的情况下，也能够做到数据的实时处理。最后一个特点是指数据真实性（Veracity）高。随着社交数据、企业内容、交易与应用数据等新数据源的兴起，传统数据源的局限被打破，企业愈发需要有效的信息之力以确保其真实性及安全性。

大数据技术是指从各种各样类型的巨量数据中，快速获得有价值信息的技术。解决大数据问题的核心是大数据技术。目前所说的"大数据"不仅指数据本身的规模，也包括采集数据的工具、平台和数据分析系统。大数据研发目的是发展大数据技术并将其应用到相关领域，通过解决巨量数据处理问题促进其突破性发展。

# 3.7　关于云计算技术

云计算这个名词可能是借用了量子物理中的"电子云"（Electron Cloud），强调说明计算的弥漫性、无所不在的分布性和社会性特征。

"云计算"（Cloud Computing）是分布式处理（Distributed Computing）、并

行处理（Parallel Computing）和网格计算（Grid Computing）的发展。

从技术上看，大数据与云计算的关系就像一枚硬币的正反面一样密不可分。大数据必然无法用单台的计算机进行处理，必须采用分布式架构。它的特色在于对海量数据进行分布式数据挖掘。但它必须依托云计算的分布式处理、分布式数据库和云存储、虚拟化技术。

云计算的关键技术有：

1. 虚拟化技术

虚拟化技术是指计算元件在虚拟的基础上而不是真实的基础上运行，它可以扩大硬件的容量，简化软件的重新配置过程，减少软件虚拟机相关开销和支持更广泛的操作系统。通过虚拟化技术可实现软件应用与底层硬件相隔离，它包括将单个资源划分成多个虚拟资源的裂分模式，也包括将多个资源整合成一个虚拟资源的聚合模式。虚拟化技术根据对象可分成存储虚拟化、计算虚拟化、网络虚拟化等，计算虚拟化又分为系统级虚拟化、应用级虚拟化和桌面虚拟化等。在云计算实现中，计算系统虚拟化是一切建立在"云"上的服务与应用的基础。虚拟化技术主要应用在 CPU、操作系统、服务器等多个方面，是提高服务效率的最佳解决方案。

2. 分布式海量数据存储

云计算系统由大量服务器组成，同时为大量用户服务，因此云计算系统采用分布式存储的方式存储数据，用冗余存储的方式（集群计算、数据冗余和分布式存储）保证数据的可靠性。

3. 海量数据管理技术

云计算需要对分布的、海量的数据进行处理、分析，因此，数据管理技术必须能够高效地管理大量的数据。由于云数据存储管理形式不同于传统的 RDBMS 数据管理方式，如何在规模巨大的分布式数据中找到特定的数据，也是云计算数据管理技术所必须解决的问题。同时，由于管理形式的不同造成传统的 SQL 数据库接口无法直接移植到云管理系统中来，为云数据管理提供 RDBMS 和 SQL 的接口以及如何保证数据安全性和数据访问高效性也是研究关注的重点问题之一。

4. 编程方式

云计算提供了分布式的计算模式，客观上要求必须有分布式的编程模式。云计算采用了一种思想简洁的分布式并行编程模型 Map-Reduce。Map-Reduce 是一种编程模型和任务调度模型。主要用于数据集的并行运算和并行任务的调度处理。在该模式下，用户只需要自行编写 Map 函数和 Reduce 函数即可进行并行计算。其中，Map 函数中定义各节点上的分块数据的处理方法，而 Reduce 函数中定义中间结果的保存方法以及最终结果的归纳方法。

5. 云计算平台管理技术

云计算资源规模庞大，服务器数量众多并分布在不同的地点，同时运行着数百种应用，如何有效地管理这些服务器，保证整个系统提供不间断的服务是巨大的挑战。云计算系统的平台管理技术能够使大量的服务器协同工作，方便地进行业务部署和开通，快速发现和恢复系统故障，通过自动化、智能化的手段实现大规模系统的可靠运营。

# 本章小结

本章主要讲述了体育管理信息系统的技术基础。介绍了计算机硬件及网络通信设备、软件的基本概念、常用的软件开发语言、目前主流的手机应用程序以及大数据和云计算的基本概念。

# 思考题

1. 计算机系统包括哪些？
2. 决定计算机性能的主要指标有哪些？
3. 网络通信设备有哪些？
4. 计算机软件的定义是什么？

# 第四章　系统开发的方法与过程

体育管理信息系统的开发是一个复杂的系统工程，它不仅与计算机技术密切相关，还受到用户的组织、管理现状等多方面条件的制约。由于体育信息种类多、制约条件复杂，并且体育管理信息系统又是新生事物，因此，至今还没有一种较完善的系统开发方法模型。但是在其他领域中的管理信息系统建设和长期的实践中，已经形成了多种系统开发的方式和方法，从不同的方面在不同的阶段都进行了有益的尝试，这些都可以借鉴到体育管理信息系统的开发上来。

## 4.1 软件危机和能力成熟度模型

### 4.1.1 软件危机

1. 软件危机产生背景

软件危机（Software Crisis）这个词兴起在 20 世纪 60 年末 70 年代初，但是事实上软件危机是伴随着计算机一起诞生的。在计算机投入实际使用的初期，软件采用密切依赖于计算机的机器代码或汇编语言，往往只是为了一个特定的应用而在指定的计算机上设计和编制，规模比较小、复杂度低，通常是没有任何文档资料的，设计软件往往等同于编制程序，基本上是单兵作战、小作坊模式。

随着软件功能的加强和复杂度的加深，往往一个软件都有几万、几十万甚至上百万行的代码，要完成这样一个软件，一个人或者几个人的智力、体力都是难以承受的。由于软件是智力、逻辑产品，简单地增加软件开发人员往往并不能真正地提高软件开发的效率，相反随着人员的增加，团队人员的协调、组织、风格、培训、管理等方面的问题将会更严峻。具体表现为预算超支、不能按时完成、质量得不到保证、维护困难、可移植性差甚至两个类似的软件也不能重用等问题，更有甚者被迫中止计划。例如世界范围的军事命令和控制系统

（WWWMCCS）、IBM OS/360 等项目在耗费了大量的人力和财力之后，由于离预定目标相差甚远而不得不中止开发计划。

软件危机的危害可能会导致财产流失，甚至导致人员伤亡。计算机已经被广泛地应用到医疗以及其他与生命息息相关的行业中，如果稍有错误则会导致人员伤亡。

2. 软件危机产生原因

导致危机产生的原因很复杂，通常原因大致如下：

（1）用户对软件的需求描述不明确。包括：用户对软件开发需求的描述不精确，可能有遗漏、有二义性甚至有错误；在软件开发出来之前，用户自己也不清楚软件开发的具体需求；在软件开发过程中甚至结束时，用户还会提出修改软件开发功能、界面等方面的要求。

（2）领域差异。由于专业领域的不同，用户难以用软件系统专业的术语描述需求，而软件开发人员对用户需求的理解与用户本来愿望有差异。

（3）缺乏有效的管理和沟通。大型的软件项目需要组织大量的人力共同完成（例如参与 Windows 2000 编写程序员人数是 5000 人），很多管理人员缺乏开发大型软件系统的经验，而大多数的软件开发人员缺乏管理的经验，这样在信息交流的即时性、准确性上就存在着硬伤。

（4）缺乏适当的方法和工具。由于软件开发过程是复杂的逻辑思维过程，其产品极大程度地依赖于开发人员高度的创造性和技巧。如果过分地依靠程序设计人员则会加剧软件开发产品的个性化，也是发生软件开发危机的一个重要原因。

（5）人的能力是有限的。在 60 年代初期，训练有素的程序员不用图和注解就能轻松地编写出几百行的代码，甚至在测试或提交用户前夕发现重大问题都能重头来过。但是随着软件规模上快速地发展扩大，而且其复杂性也急剧地增加（例如 Windows 2000 代码高达 35,000,000 行），软件开发产品的特殊性和人类智力的局限性，导致人们常常觉得无能为力。

（6）缺乏必要的文档支持。文档描述更加精确和有据可查，作为沟通交流的手段非常实用。项目经理的文档可以作为项目的数据基础和检查表，并且必要的文档对将来系统的优化、扩展和复用都有很大的指导作用。

3. 软件危机的缓解方法

业内人士在认真地分析了软件危机的表现形式找出危机产生的原因之后，开始研究如何能控制和管理软件危机，探索将现代工程的概念、原理、方法和技术引入到软件的开发、管理、维护的可能性，这就是软件工程。

## 4.1.2 能力成熟度评价模型

为了解决软件危机问题，北大西洋公约组织 NATO 在 1968、1969 年连续召开两次计算机科学会议，Fritz Bauer 首先提出了"软件工程（Software Engineering）"的概念，试图建立并使用正确的工程方法来解决和缓解软件危机，开发出低成本、可靠、高效的优质软件。

1986 年 11 月，SEI 在 Mitre 公司的协助下，开始发展一套帮助软件产业者改善软件流程的流程成熟度架构（Process Maturity Framework），并于 1991 年发表了软件能力成熟度模型（Capability Maturity Model for Software，CMM）。1986 年 SEI 从 IBM 辞职加入美国卡内基梅隆大学软件工程学院（SEI），并受美国国防部委托开始研究在开发群体中普遍存在的质量问题，于 1989 年出版了《管理软件过程》一书，提出了软件能力成熟度模型 CMM，给出了"过程"的定义："用于软件开发及维护的一系列活动、方法及实践"。Watts S. Humphrey 被美国国防软件工程杂志 Cross Talk 评为影响软件发展的十位大师之一，被软件界人士尊称为"CMM 之父"和"软件质量之父"。

在后期的发展中，SEI 不断地延展 CMM 涵义与适用性，如今的 CMMI 模式包含了系统工程（Systems Engineering，SE）、软件工程（Software Engineering，SW）、整合产品与流程发展（Integrated Production Process Development，IPPD），以及委外作业（Supplier Sourcing，SS）四个专业领域。

SEI 在 CMM 方面的工作重点在于：在一个逐步成熟的过程中，向软件开发商提供协助。"成熟"意味着一种环境，在这种环境中，可预见性相对较高，未预测到的风险性相对较低。CMM 分为 5 级，等级 1 为初始级；等级 2 为可重复级；等级 3 为已定义级；等级 4 为已管理级；等级 5 为优化级。如图 4-1 所示。

被评估为等级 1 的团队开发的软件质量难以得到保证，成功与否不是依靠组织而更多的是依赖于个人。SEI 曾经估计过全世界大多数的 IT 组织都基本处于 CMM1。从等级 CMM2 开始，CMM 要求组织采用一系列过程工具、方法学以及策略互相配合，来帮助组织稳定和控制环境，保证软件质量。如果一个组织被评估为 CMM5，那就表示这个团队已经达到了完全的成熟度。这样的组织有一套实践、方针和规范，使各个团队能以一种可预见的、可靠的和可重复的方式生产高质量的软件。但是 SEI 估计，全球大概只有百分之一到百分之二的公司是这个等级。

随着成熟度的攀升，可预见性高风险则不断下降，如图 4-2 所示。

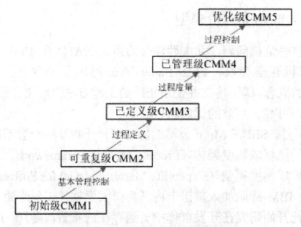

图 4-1  过程成熟度级别

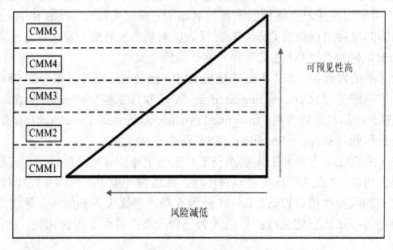

图 4-2  CMM-风险图

下面我们就简要介绍一下 CMM 的五个等级。

（1）初始级（Initial）CMM1

任何一个组织一成立就已经是 CMM1 了，这个级别的主要特点是不可预测并且缺乏控制，因此，如果一个组织持续在这个等级上运作是相当危险的。在这个级别的组织基本上没有健全的软件工程管理制度，管理是相当混乱的。大多数处于这个等级的组织的变化总是很频繁，一旦出现危机，团队就会抛弃原先的计划，回到紧急的编码与测试阶段。在这种情况下，如果某个工程恰好由一个有能力的管理员和一个优秀的软件开发组来做，那么这个工程可能是成功的。组织的成功与否受制于组织中的成员，是这些成员控制着项目的发展，如果团队的这些"英雄"一旦离开项目，组织将又重新陷入混乱中。因此在 CMM1 中通常的情况是由于缺乏健全的总体管理和详细计划，时间和费用经常超支，导致大多数的行动只是应付危机，而非事先计划好的任务，具有很大的不可预测性。

　　除了管理混乱以外，CMM1 等级的组织的另一个问题是在环境中缺乏学习精神。项目完成后没有归档、工作量没有测量等，这些都导致新项目无法从老项目中受益，更不要说是重复或者共享了。

　　据 SEI 统计，在实际的评估过的组织中，有大约 70%左右的组织是 CMM1。

　　（2）可重复级（Repeatable）CMM2

　　众所周知，在采纳 CMM 后，CMM2 可重复级是最困难的。在这个阶段组织刚刚脱离了混沌的初始级别，开始采用崭新的工作方法，成为一个有"知觉"的组织，有能力进行学习和改进；处于可重复级的组织开始正规化单个项目的计划和管理方法；有一些基本的软件项目的管理行为、设计和管理技术是基于相似产品中的经验，故称为"可重复"；在这一级采取了一定措施，例如仔细地跟踪费用、进度等，管理人员在问题出现时便可以立刻发现，并及时采取修正行动，以防它们变成危机。这些措施是实现一个完备过程所必不可缺少的第一步。

　　与初始过程相比，可重复过程有一个重要的优势：它对组织制定计划和承诺的方法进行控制。这种控制是一种改进，它增强了组织成员解决问题的信心，并且通过事先制定自己的估计以及计划，取得了一定程度的统计控制。这种优势来源于前期类似的工作，但是当遇到新的、从未遇到过的挑战时，处于可重复过程级的组织就会面临风险。

　　据 SEI 统计，在实际评估过的组织中，有大约 5%左右的组织是 CMM2。CMM2 关键过程区域的重点是项目管理，要建立一套基本的项目管理控制，这一级的关键过程域包括：

- 需求管理；
- 软件项目计划；
- 软件项目跟踪和监督；
- 软件子合同管理；
- 软件质量保证；
- 软件配置管理。

　　（3）已定义级（Defined）CMM3

　　在 CMM2 中如果将业务实践管理得很好，彼此之间都很协调，经过这个阶段的锤炼，组织最终就会拥有一套能提高生产力、改进质量的过程，这时候的组织就已经具备过程进化的条件——可以从以项目为核心的 CMM2 进化到以整个组织为核心的 CMM3 等级。

在已定义级中，过程已经被描述，并得到良好理解，也就是已经为软件生产的过程编制了完整的文档，包括软件的定义、开发以及维护过程都已经文档化。这一套文档既包括了软件工程过程，也包括管理与跟踪过程，这个过程相互配合，构成了组织的配套管理工具。同时在这级别中，在软件过程的管理方面和技术方面都做了明确的定义，并按需要不断地改进过程，而且采用评审的办法来保证软件的质量。在这一级，可引用 CASE 环境来进一步提高质量和生产率。

在 CMM3 中组织出现了两个新团队，培训组和软件工程过程组。培训组在整个组织内实施培训大纲，保证技术人员和管理人员能够利用已有的资源获取知识与技能，从而顺利完成各自的任务。软件工程过程组（Software Engineering Process Group，SEPG）专注于软件过程改进的技术资源，职责包括定义开发过程、确定技术需求和机遇、提供项目建议、对过程状态和业绩进行季度管理和评审。

处于该等级的组织的软件工程与管理活动已经稳定，并且可重复，通过制度化的跟踪，定时观察产品费用、时间进度、功能性和质量。据 SEI 统计，在实际的评估过的组织中，有大约 3%～7%的组织是 CMM3。这个等级的关键过程域包括：

- 组织过程定义；
- 组织过程焦点；
- 培训大纲；
- 集成软件管理；
- 软件产品工程；
- 组际协调；
- 同行评审。

（4）已管理级（Managed）CMM4

从初始过程开始，经历了可重复过程、已定义过程、不断的改进达到已管理过程，组织应该取得了相当大的成绩。如果说 CMM2 是关于过程的实验，CMM3 是过程的定义，那么 CMM4 则主要关注过程的测量。在这个级别中要立足持续的过程改进，测量那些已定义的过程的有效性。组织监控全部正在进行的项目，采集度量数据用于性能改进。我们只有将定量的过程管理和软件质量管理完美地结合起来才能做到这一点。

这个级别的潜在问题是数据采集成本，因为在软件过程中具有潜在价值的度量指标数目繁多，但相关数据采集和维护的成本却比较高。一个处于第 4 级的公司对每个项目都设定质量和生产目标，过程是被测量并受控的。这两个量将被不断地测量，当偏离目标太多时，就采取行动来修正。利用统计质量控制，管理部门能区分出随机偏离和有深刻含义的质量或生产目标的偏离。例如统计质量控制措施的一个简单例子是每千行代码的错误率，而相应的目标就是随时间推移减少这个量。

CMM4 组织的成熟度能力最终可以达到可预见的程度。这是因为整个组织正在使用的过程和工具都是经过了仔细筛选和详细调查的，已经被证明是有作用的，当再次实施的时候，它们应该产生的结果是相同的。由此这个能力项目的确定性就更高了。

据 SEI 统计，在实际的评估过的组织中，有大约 2%～3%的组织是 CMM4。这个等级的关键过程区域的重点是：对于软件过程和正在创建的软件工作产品，建立一种定量的理解。CMM4 关键过程区域有两个：

● 定量的过程管理；

● 软件质量管理。

（5）优化级（Optimizing）CMM5

在过程成熟度的所有级别上都存在着过程优化，知识程度不同而已，而从已管理过程发展到优化的过程是一个较大的转变。在本级之前，软件开发的管理者把主要的精力放在了产品上，所收集和整理的数据都与产品有直接的关系。在优化的过程级别上已经收集了用于调整过程本身的数据，只需要积累少许经验，管理者就很快发现，过程优化可以极大地提高软件的质量和生产率。

处于 CMM5 组织的目标是连续地改进软件过程。这样的组织使用统计质量和过程控制技术作为指导。从各个方面中获得的知识将被运用在以后的项目中，从而使软件过程融入了正反馈循环，使生产率和质量得到稳步的改进。

据 SEI 统计，在实际的评估过的组织中，有大约不到 2%的组织是 CMM5。CMM5 关键过程区域：

● 缺陷预防；

● 技术变更管理；

● 过程变更管理。

必须牢记，软件过程的改善不可能在一夜之间完成，CMM 是以增量方式逐步引入变化的。CMM 明确地定义了 5 个不同的"成熟度"等级，一个组织可按一系列小的改良性步骤向更高的成熟度等级前进。其分级、特征与要求见表 4-1。

表 4-1　CMM 对照表

| 等级名称 | 特征与要求 | KPA | 说明 |
|---|---|---|---|
| 初始级 | 过程无序，进度、预算、功能、质量不可预测，企业一般不具备稳定的软件开发环境，通常在遇到问题的时候，就放弃原定的计划而只专注于编程与测试 | 无 | 原始状态，不需要认证 |
| 可重复级 | 过程无序，进度、预算、功能、质量不可预测，企业一般不具备稳定的软件开发环境，通常在遇到问题的时候，就放弃原定的计划而只专注于编程与测试 | 需求管理、软件项目计划、软件项目跟踪和监督、软件子合同管理、软件质量保证以及软件配置管理 | |
| 定义级 | 过程实现标准化。有关软件工程和管理工程的特定的、面对整个企业的软件开发与维护的过程的文件将被制订出来。同时这些过程是集成到一个协调的整体 | 组织过程定义、组织过程焦点、培训大纲、集成软件管理、软件产品工程、组际协调、同行评审 | |
| 管理级 | 企业对产品及过程建立起定量的质量目标，同时在过程中加入规定得很清楚的连续的度量。作为企业的度量方案，要对项目的重要过程活动进行生产率和质量的度量。软件产品因此而具有可预期的高质量。达到该级的企业已实现过程定量化。 | 定量的过程管理、软件质量管理 | |
| 等级名称 | 特征与要求 | KPA | 说明 |
| 优化级 | 整个企业将会把重点放在对过程进行不断的优化，采取主动的措施去找出过程的弱点与长处，以达到预防缺陷的目标。同时，分析各有关过程的有效性资料，做出对新技术的成本与效益的分析，并提出对过程进行修改的建议。达到该级的公司可自发地不断改进，防止同类缺陷二次出现。 | 缺陷预防、技术变更管理、过程变更管理 | |

目前在 SEI 的官网 https://sas.cmmiinstitute.com/pars/pars.aspx 可以很方便地查到某个公司的成熟度在哪个级别。

# 4.2 软件生存周期

软件生存周期（Systems Development Life Cycle，SDLC）又称为软件生命期、生存期，指的是软件产品从形成概念开始，经过开发、使用、维护，直到退役的全过程。这个概念是 20 世纪 70 年代提出的，1995 年国际标准化组织 ISO 发布了《软件生存周期过程开发标准》，该标准把整个生存周期划分为较小的阶段，每个阶段都有一些确定的任务，使软件开发的过程易于管理和控制，从而得到高质量的软件。

如图 4-3 所示，软件生存周期分为三个阶段：定义阶段、开发阶段和使用与维护阶段。每个阶段又包含了若干小的阶段，其中定义阶段包括了问题定义、可行性研究、需求分析；开发阶段包括了概要设计、详细设计、实现、测试；运行和维护阶段包括运行、维护、废弃。由图 4-3 可以看到，由于每个阶段的任务很明确，这样就使规模大、结构复杂和管理复杂的软件开发变得容易控制和管理。下面来介绍各个阶段的主要任务、完成任务的途径以及阶段性产品。

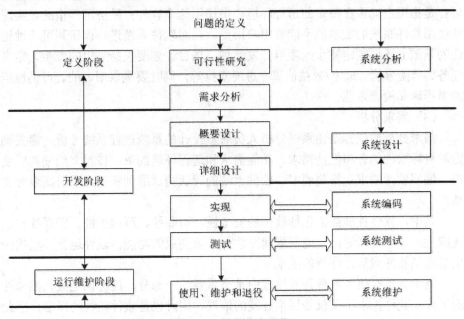

**图 4-3 软件生存周期**

### 4.2.1 软件的定义阶段

软件定义阶段工作称为系统分析，这个阶段的任务是确定软件系统的工程需求、总体目标，要进行可行性分析，导出实现工程目标应该采用的策略以及系统必须完成的功能；进行投资——收益分析，估计完成工程所需要的资源、成本，制定工程进度表，并完成可行性分析报告、开发计划等文档。这个阶段是软件开发方与需求方共同讨论，可以划分为问题定义、可行性研究和需求分析三个小阶段。

（1）问题定义

在这个阶段系统分析员与用户进行深入交流，弄清"用户需要解决的问题是什么？"，然后提出关于"系统目标与范围的说明"，提交用户审查和确认。

（2）可行性研究

在体育管理系统的这个阶段，开发人员一方面在于把待开发的系统的目标以明确的语言描述出来，另一方面从经济、技术、法律等多方面进行可行性分析，证明系统在目前的政治、经济、技术等环境下是可以开发的。

技术可行是指使用目前可用的开发方法和工具能否支持需求的实现；操作可行是指用户能否在特定的运行环境心中使用这个软件；经济可行指的是实现和使用软件系统的成本能不能被用户接受。在对软件系统进行调研和可行性论证的基础上还要制定初步的项目开发计划。项目计划要包括采用的资源、定义任务、风险分析、成本/效益估算、进度安排等，同时要提供明确的、可供检查的里程碑和检查规范。

（3）需求分析

需求分析的任务是由系统分析人员对被设计的系统进行系统分析，需要确定对目标软件的各项性能需求、功能需求和运行环境约束；按对文档编制的要求，编写软件需求规格说明书、软件系统的确认测试准则和用户手册概要等文档。

其中，软件性能需求包括软件的安全性、可靠性、可维护性、错误处理、适应性、用户培训等；功能需求就是软件必须完成的功能；软件运行环境的约束是指该软件对运行环境的要求。

需求分析在整个软件开发过程中是很重要的一部分，同时也是极具挑战性的工作。软件需求不仅仅是后期开发的依据，同时也是软件验收的标准，因此软件需求是软件开发的难点和关键。一般来说，用户希望用便于理解和阅读的自然语言描述软件需求，而系统分析师希望用数据流图、状态图、用例图等这些形式化的需求规格说明语言或者其他工具，这样就避免了自然语言容易出现的二义性和不精确性，并且能为后期的开发提供便利条件。

需求分析的任务是艰巨的，需求系统分析员和软件开发人员与用户反复讨论、研究、协商，使用户需求逐步精确化、一致化、完整化。这个阶段需要建立软件需求文档以便双方对待开发的软件的理解达成一致，这个文档就是"软件需求规格说明书"。除此之外，对一些大型的、复杂的软件系统的主要功能、接口、人机交互等还要进行模拟或者建造原型，以便双方能更进一步就待开发的软件达成共识。

### 4.2.2 软件开发阶段

软件开发阶段包括了设计、实现、测试三个阶段，其中设计又包含了概要设计和详细设计两个阶段，而测试也包括了组装测试和验收测试两个阶段，实现也就是编码，因此在软件开发阶段一共是由五个阶段组成的。

1. 概要设计

概要设计就是根据软件需求规格说明建立软件系统的总体结构和模块间的关系，确定新系统的物理模型，包括接口、设计数据结构、数据库、规定设计约束、制定组装测试计划。如果是大型系统则需要将其按需求进行分解，划分为若干子系统。对子系统要定义功能模块以及各个模块之间的关系，同时还要给出系统界面接口的定义。概要设计的目标是要做到功能模块之间有比较低的耦合度，而功能内部有比较高的内聚度。概要设计的产品是数据库或数据结构说明书、概要设计说明书以及组装测试计划等文件。

2. 详细设计

详细设计是对概要设计生产出来的功能模块进一步地细化，形成若干个可以编程的程序模块，并设计每个模块的算法和所要的局部数据结构。详细设计的表示工具有图形工具和语言工具。图形工具有业务流图、程序流程图、PAD图（Problem Analysis Diagram）、NS 流程图（由 Nassi 和 Shneiderman 开发，简称 NS）。语言工具是用于描述模块算法设计和处理细节的语言，目前使用比较多的有伪码、过程设计语言（Process Design Language，PDL）、Ada 语言等。

软件设计中的概要设计和详细设计都应该遵循的原则是设计要与前期的软件需求保持一致，设计的软件结构应该支持信息隐藏、模块化等。软件的设计可以采用的方法和工具有很多种，例如结构化的设计、面向对象的设计方法等。这些我们在后期的学习中将要进一步地探讨。

3. 实现

软件的实现就是编写代码，这个阶段的主要任务是根据详细设计文档把详细设计的结果转换成计算机可以运行的程序代码，并且要对这些程序进行调试和进行单元测试，还要验证程序模块结构与详细设计文档的一致性。

在实现过程中，不仅要注意程序的正确性与详细设计文档保持一致，还要符合标准的编写规范，以保证程序的可读性、易维护性。在这个阶段为了保证测试的质量，在测试之前应制定测试方案并产生相应的测试数据，包括合法输入、不合法输入、正常路径和非正常路径等都需要编写测试用例。关于测试的相关文档，包括方案、用例、预期测试结果都是软件文档的重要组成部分，要及时地进行整理和存档。

4. 组装测试

组装测试也叫集成测试、联合测试，是单一测试的逻辑扩展。组装测试是根据概要设计中各个功能模块的说明制定组装测试计划，将经过单元测试的模块逐步组装起来并进行的测试。组装测试要测试模块之间连接起来是否正确、输入/输出的处理是否达到设计要求以及系统在错误情况下的承受能力等。组装测试的产品是可运行的系统源程序清单和组装测试报告。

5. 确认测试

确认测试要根据软件需求规格说明定义的全部功能要求、性能要求以及软件确认测试计划对软件系统进行全面的测试。在这个阶段的测试应该有客户参加，测试结束后要向用户提交用户手册、操作手册、源程序清单等文档。

只有经过严格测试的软件才能保证软件的质量，只有经过专家、客户、软件开发人员组成的软件评审小组在对软件确认报告、测试结果和对软件进行评审通过后，软件产品才能正式交付给用户使用。

## 4.2.3 软件运行、维护及退役阶段

1. 软件的使用

软件在经过确认测试、评审后交付给客户，安装在确定的运行环境中进行使用，这个时期是软件发挥社会效益和经济效益的重要阶段。由于软件是逻辑产品，不存在物理损耗，所以软件产品使用越广泛，效益就越高。在软件的使用过程中，用户和维护人员要认真地收集和整理被发现的软件错误和缺陷，定期撰写"软件问题报告"和"软件维护报告"。

2. 软件的维护

软件的维护是对软件产品进行修改、运行环境发生变化或者软件需求变化

做出响应的过程。软件的维护不仅仅是针对代码，而且还要针对软件的定义、开发的各个阶段生成的文档。其过程如图 4-4 所示：

维护主要包括改正性维护、适应性维护、完善性维护和预防性维护四种。

改正性维护：在软件交付使用后，由于开发测试时的不彻底、不完全、必然会有一部分隐藏的错误被带到运行阶段，这些隐藏的错误在某些特定的使用环境下就会暴露。

适应性维护：是为适应环境的变化而修改软件的活动。

完善性维护：是根据用户在使用过程中提出的一些建设性意见而进行的维护活动。

预防性维护：是为了进一步改善软件系统的可维护性和可靠性，并为以后的改进奠定基础。

一般情况下软件维护人员只能依据软件的现有文档和相关设计信息进行维护，这样就耗费大量的劳动用于软件系统的再分析和对软件信息的理解，据估算，这部分的劳动量大概占所有维护工作的 60%以上。

由于软件的应用和生存期直接受到维护的影响，而软件的可维护性与软件的设计息息相关，因此我们在前期的开发过程中要高度重视对可维护性的支持。

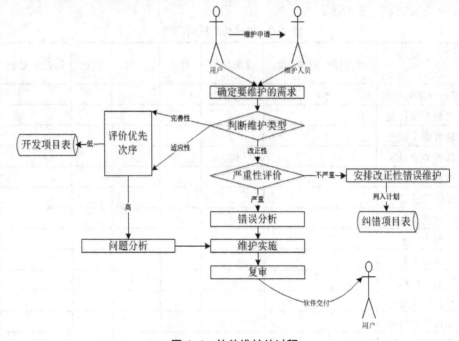

图 4-4　软件维护的过程

3. 软件的退役

软件的退役是软件生存周期中的最后一个阶段，软件停止使用，终止对软件产品的支持。在出现不可调和的大问题时（这种情况一般是系统运行若干年之后，系统运行的环境已经发生了根本的变化时才能出现），则用户会进一步提出开发新系统的请求，这标志着老系统生命的结束，新系统的诞生。

软件开发的各个阶段都与测试息息相关，如图 4-5 所示：

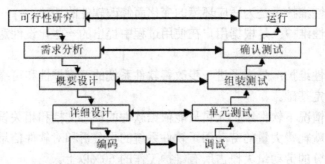

图 4-5　软件开发与测试关系

在软件开发中的每个阶段都会有一些文档产生，各个阶段所需要的文档的对应关系如表 4-2 所示。

表 4-2　文档与阶段对应表

| 文档 ＼ 阶段 | 可行性分析与计划 | 需求分析 | 设计 | 实现 | 测试 | 运行与维护 |
|---|---|---|---|---|---|---|
| 可行性研究报告 | ✓ | | | | | |
| 项目开发计划 | ✓ | ✓ | | | | |
| 软件需求说明 | | ✓ | | | | |
| 数据要求说明 | | ✓ | | | | |
| 概要设计说明 | | | ✓ | | | |
| 详细设计说明 | | | ✓ | | | |
| 测试计划 | | ✓ | ✓ | | | |
| 用户手册 | | ✓ | ✓ | ✓ | | |
| 操作手册 | | | ✓ | ✓ | | |
| 测试分析报告 | | | | | ✓ | |
| 开发进度月报 | ✓ | ✓ | ✓ | ✓ | ✓ | |
| 项目开发总结 | | | | | ✓ | |
| 维护修改建议 | | | | | | ✓ |

在本部分中重点介绍了软件生存周期的划分以及各个阶段的主要任务、活动和产品等,生存周期的划分是为软件开发过程管理和软件质量控制奠定基础。

# 4.3 系统开发模型

通过上节的学习我们了解到软件生存周期各个阶段的工作重点和相关产品,但是在现实中大多数的项目的需求规格说明都不是一次就能完成的,并且软件开发各个阶段之间的关系也不可能是顺序的、线性的,而应该是一个带有用户反馈意见的迭代过程,这个过程就是我们通常说的软件开发模型(Software Development Model)。

软件的开发模型是软件开发过程的概括,能清晰、直观地表达软件开发全过程,明确规定了要完成的主要活动和任务,用来作为软件项目工作的基础。对于不同的软件系统,我们可以采用不同的开发方法、使用不同的程序设计语言、有各种不同技能的人员参与工作、运用不同的管理方法和手段等,同时也允许采用不同的软件工具和不同的软件工程环境。软件开发模型给出了软件开发活动各个阶段之间的关系,大致可分为四类。第一种是以需求完全确定为前提的瀑布模型(Waterfall Model);第二种是在软件开发初始阶段只能提供基本需求时采用的渐进式的模型,例如快速原型模型(Rapid Prototype Model),螺旋模型(Spiral Model)、喷泉模型(Fountain Model)等;第三种是以形式化开发方法为基础,例如变换模型;第四类是基于知识的智能模型(Intelligent Model),例如四代技术(4GT)。在实际开发中常常把几种模型组合在一起使用,以便充分利用各种模型的优点,这种方法是混合模型(Hybrid Model)。

## 4.3.1 瀑布模型

瀑布模型(Waterfall Model)也称为软件生存周期模型,是 1970 年温斯顿·罗伊斯(Winston Royce)提出的,直到 80 年代早期,它一直是唯一被广泛采用的软件开发模型。它根据软件生存周期各个阶段的任务按固定顺序而连接的若干阶段工作,上一个阶段的输出就是下一个阶段的输入,就好像是瀑布流水,因此而得名。

瀑布模型从可行性研究开始,逐步进行阶段性变换,直到通过确认测试,最终被用户接受为止。为了保障软件开发的正确性,每个阶段结束后都必须对他的阶段性产品进行评审,确认之后才能继续下一个阶段的工作。否则如果发现错误或者疏漏，则应该返回到前面的相关阶段进行修改错误、弥补疏漏，然后再重复前面的工作，直到通过评审后才能进入下一个阶段。如图 4-6 所示。这种开发模式的各个阶段的工作是紧密联系的，如果一个阶段的工作失误将严重影响到后期的工作。

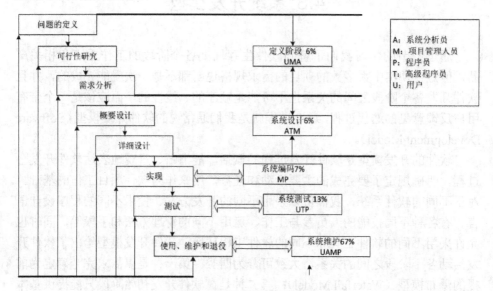

**图 4-6　带反馈的瀑布模型**

瀑布模型是最早出现的软件开发模型，它提供了软件开发的基本框架，它严格规定了每一个阶段必须提供的文档，要求每一个阶段交付产品之后都必须经过质量保证小组的审核通过后才能进入下一个阶段，有利于在大型软件开发过程中人员的组织、管理，有利于软件开发方法和工具的研究与使用，从而提高了大型软件项目的开发效率和质量。

瀑布模型的主要缺点是：

1. 只有做出精确的需求分析，软件开发才能取得预期的结果。但是，在软件开发的初始阶段要想完全、准确地获取系统的全部需求是相当困难的，甚至是不现实的。

2. 各个阶段的划分完全固定，阶段之间产生大量的文档，极大地增加了工作量。

3. 由于开发模型是线性的，用户只有等到整个过程的末期才能见到开发成果。如果用户提出了较大的修改意见，那么这个项目就会蒙受巨大的人力、物力以及时间的损失，从而增加了开发风险。

4. 瀑布模型的突出缺点是不适应用户需求的变化。

瀑布模型比较适用于用户使用软件的环境稳定，用户提出需求后很少参与开发工作，因此在软件项目开发期间需求没什么变化；开发者对应用领域和开发环境相当熟悉、风险性低的项目。

### 4.3.2 快速原型模型

快速原型模型（Rapid Prototype Model）也称原型模型、样品模型，是增量模型的一种。原型模型的基本思想是在开发真实系统之前，软件开发人员根据用户提出的软件需求快速开发一个样品，以便向用户展示软件系统的部分或者全部功能和性能。然后在用户对原型评价意见的基础上进一步地使需求精确和完整，并根据新的需求进一步完善原型。反复迭代，直到软件开发人员和客户就需求达成共识为止，才着手开发真正的系统。

快速原型法强调软件开发人员与用户不断地交流互动，通过原型的演进不断地根据用户需求的改变而改变，如图 4-7 所示：

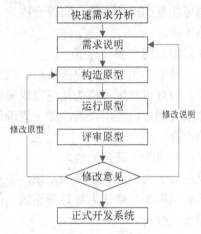

**图 4-7　原型法**

原型法工作的一般流程。大体可分为四个阶段：

1. 确定用户的基本需求

首先要在很短的时间内调查并确定用户基本需求，这时的需求可能是不完全的、粗糙的，但也是最基本的。例如，系统功能、数据规范、结果格式、屏幕及菜单等。这个阶段不产生正式文件，但对规模较大的系统应准备一个初步的需求文件。

此时，传统方式下的工作方法都可借用。原型法和传统方法比较，只不过是要求简单，其目标是为初始模型收集信息，建立简化模型。

2. 开发初始原型系统

开发者根据用户基本需求开发一个应用系统软件的初始模型。初始原型不要求完全，只要求满足用户的基本需求。

3. 对原型进行评审

用户在开发人员的协助下试用原型系统，评价系统的优缺点。开发人员借此进一步明确用户需求和原型存在的问题。

4. 修正和改进原型系统

开发者根据用户试用及提出的问题，与用户共同研究确定修改原型的方案，经过修改和提高得到新的原型。然后再试用、评价，再修改提高，多次反复一直到满意为止。

快速原型方法可以克服瀑布模型的缺点，减少由于软件需求不明确带来的开发风险，具有显著的效果，主要优点包括：

(1) 符合人们认识事物的规律

开发过程是一个循环往复的反馈过程，它符合用户对计算机应用的认识逐步发展、螺旋式上升的规律。

(2) 加强了开发过程中的用户参与程度

快速原型法很具体，易学易用，使用户能快速、直观地接触和使用系统，减少对用户的培训时间，同时可产生正确的系统需求描述。

(3) 快速原型法开发周期短，使用灵活，对于管理体制和组织结构不很稳定，有变化的系统比较适合

(4) 降低系统开发中的风险和开发的成本

快速原型法的缺点是对于大型的、复杂的系统，不适于直接使用；开发过程管理困难；用户较早看到原型，错认为就是新系统，使用户缺乏耐心；开发人员很容易用原型取代系统分析。

作为一种具体的开发方法，快速原型法有一定的适用范围和局限性。由于缺乏对整个系统的全面认识，系统分析比较粗略，不易在复杂的大型管理信息系统中全面应用。快速原型法适用的场合有：用户事先难以说明需求的较小的应用系统以及决策支持系统等。

### 4.3.3 基于 4GL 的模型

以 4GL 为核心的软件开发技术称为四代技术（4GT），指用 4GT 工具将开发者做出的软件规格说明自动转换成程序代码。模型如图 4-8 所示。

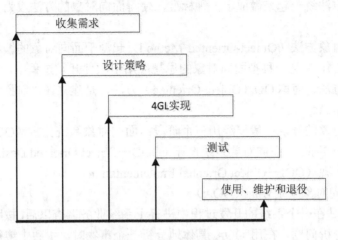

图 4-8　4GT 模型

开发人员在定义软件需求并给出软件规格说明之后，利用 4GT 工具可以把开发者编写的软件规格说明自动转换成代码，减少了分析、设计、编码和测试的时间。目前支持 4GT 软件的开发工具主要有数据库查询语言、报表生成器、图标生成器、人机交互的屏幕设计生成器等。

同时我们要了解到支持 4GT 的环境基本上是专用的，通用的 4GT 环境目前还没有被开发出来。4GT 适用于需求明确的小型应用系统，特别是信息领域、工程和实时嵌入式小型系统等，可以在软件开发的时间、成本、质量上取得好的效果。而对于大型的软件开发项目，由于在系统分析、设计、测试和文档生成方面都需要做大量的工作，采用 4GT 虽然节省了部分代码生成的时间，但它在整个大型软件开发中所占的比例是有限的。

### 4.3.4　面向对象开发模型

传统的开发方法只是单纯地反映管理功能的结构状况，或者只是侧重反映事物的信息特征和信息流程。面向对象的方法把数据和过程包装成为对象，以对象为基础对系统进行分析与设计，为认识事物提供了一种全新的思路和办法，是一种综合性的开发方法。

面向对象（Object-Oriented）起源于 20 世纪 60 年代中期的仿真设计语言 Simula 67，到 80 年代面向对象的软件设计和面向对象技术的需求分析都得到了快速发展，Smalltalk、C++和 Java 语言以及程序设计环境成为面向对象技术发展的重要标志，特别是统一建模语言 UML 的提出和使用，把面向对象的分析和设计方法统一起来做成了一种标准，使得面向对象的方法成为主流的软件开发方法。

面向对象方法（Object-Oriented Method）起源于面向对象的编程语言（简称为 OOPL），它是一种把面向对象的思想应用于软件开发过程中，指导开发活动的系统方法，简称 OO（Object-Oriented）方法，是建立在"对象"概念基础上的方法学。

面向对象的开发一般要经历三个阶段：面向对象系统分析（OOA—Object Oriented Analysis）、面向对象系统设计（OOD—Object Oriented Design）和面向对象系统实现（OOI—Object Oriented Implementation）。

1. 面向对象系统分析（OOA）

OOA 是在一个系统的开发过程中进行了系统业务调查以后，按照面向对象的思想来分析问题。在用 OOA 具体地分析一个事物时，大致上遵循如下五个基本步骤：

第一步，确定对象（Object）和类（Class）。这里所说的对象是对数据及其处理方式的抽象，它反映了系统保存和处理现实世界中某些事物的信息的能力。类是多个对象的共同属性和方法集合的描述，它包括如何在一个类中建立一个新对象的描述。

第二步，确定结构（Structure）。结构是指问题域的复杂性和连接关系。类成员结构反映了泛化-特化关系，整体-部分结构反映整体和局部之间的关系。

第三步，确定主题（Subject）。主题是指事物的总体概貌和总体分析模型。

第四步，确定属性（Attribute）。属性就是数据元素，可用来描述对象或分类结构的实例，可在图中给出，并在对象的存储中指定。

第五步，确定方法（Method）。方法是在收到消息后必须进行的一些处理方法：方法要在图中定义，并在对象的存储中指定。对于每个对象和结构来说，那些用来增加、修改、删除和选择一个方法本身都是隐含的（虽然它们是要在对象的存储中定义的，但并不在图上给出），而有些则是显示的。

2. 面向对象系统设计（OOD）

OOD 是 OO 方法中一个在中间起过渡作用的环节，主要完成对 OOA 分析的结果做进一步的规范化整理，以便能够被 OOP 直接接受。在 OOD 的设计过程中，主要完成规格的求精、数据模型设计和优化等几个工作。一般而言，在设计阶段就是将分析阶段的各层模型化的"问题空间"逐层扩展，得到下个模型化的特定的"实现空间"。

### 3. 面向对象系统实现（OOI）

OOI 主要是将设计阶段中得到的模型采用面向对象程序设计语言实现。具体操作包括：选择程序设计语言编程、调试、测试、试运行等。

在大型管理信息系统开发中，若不经自顶向下的整体划分，而是一开始就自底向上地采用 OO 方法开发系统，会造成系统结构不合理、各部分关系失调等问题。OO 方法和结构化方法在系统开发中相互依存、不可替代，面向对象的分析方法允许自底向上分析系统成分；能够更加贴切地模拟现实世界的事物对象，提高可扩展性、可维护性、可复用性、可理解性和完整性；能够降低系统开发的成本；减少系统开发的时间。

# 4.4　系统开发方式

## 4.4.1　自行开发方式

自行开发是用户依靠自己的力量独立完成系统开发的各项任务的一种开发方式。这种开发方式要求用户有较强的需求分析、设计、编程以及管理等能力，因此对用户的要求较高，比较适合 CMM 较高的公司。这种开发方式的优点主要包括：

（1）用户能够在充分考虑自身生产经营特点和管理要求的基础上，设计最有针对性和适用性的软件，避免了通用软件在功能上与用户需求不能完全匹配的不足。

（2）由于开发人员就是企业内部员工，因此熟悉企业的业务流程，对系统有充分的理解，能够做出快速反应，及时高效地纠错和进行调整，因此能较容易地得到适合本单位满意的系统。

（3）自行开发的方式也有助于用户培养、提升自己的研发团队。

这种开发方式的缺点主要包括：

①需要一个强有力的领导推动该工作，否则项目可能就会不了了之。

②自行开发软件系统除了需要足够的技术力量以外，可能还需要相关专家的支持，因此普通企业难以维持一支稳定的高素质软件人才队伍。

③系统开发要求高、周期长、成本高，系统开发完成后，还需要较长时间的试运行。

### 4.4.2 购买软件包方式

随着软件产业的迅速发展，购买适合的软件包已经成为一种常用的开发方式。这种方式对功能简单的小型系统比较合适，既能节省时间、降低成本又能保证软件的质量，提高了成功率。在购买的时候需要用户单位较强的鉴别能力，因为要买到完全适合用户单位的系统是不太容易的，往往需要二次开发，如果企业的技术能力达不到二次开发就不适宜采用这种方式。

### 4.4.3 委托开发方式

委托开发是指用户单位将开发项目完全委托给有开发经验的专业机构或专业开发人员，按照用户的要求承担管理信息系统开发任务，系统实现后再交付给用户使用。这种开发方式适用于用户单位缺少管理信息系统开发经验、开发队伍力量较弱，但资金比较充裕的企业。

委托开发策略的优点是省时、省事、开发周期短；缺点是开发费用较高，系统维护需要开发单位的长期支持。

### 4.4.4 联合开发方式

联合开发是指用户中精通业务、计算机技术的人员与软件开发公司共同完成的方式，这种方式可以使他们相互协作，优势互补，能够解决由于资源和能力不足所产生的很多问题。在开发过程中用户参与系统分析、设计；并由用户承担系统转换以及系统的管理、维护等工作。

这种方式结合了自行开发方式和委托开发方式的优点，有利于用户单位培养自己的技术力量，对系统熟悉和维护比较方便。由于用户单位与开发企业需要共同开发，在开发过程中需要精诚合作，相互协调，因此采用这种开发方式一定要选择好合适的开发单位，必要时可以采用招标的方式来进行选择。

### 4.4.5 系统租赁方式

软件的维护成本一直是一个重头，让很多单位都很头疼，因此软件的租赁方式应运而生——用户单位向提供系统的公司租用，双方用合同来规范各自的权利和义务。这种方式将系统的维护交给租赁公司去做，用户单位只用关心自己的业务即可，既节约了开发成本也降低了维护的费用。

# 本章小结

本章首先讲述了什么是软件危机以及软件产生的原因，引出软件开发的模型有哪些，接着介绍了系统的开发方式以及系统的开发方法。

# 思考题

1. 什么是软件危机？
2. 系统开发模型有哪些？
3. 系统的开发方式有哪些？
4. 系统的开发方法有哪些？
5. 试比较几种开发方法的优劣。

# 第五章　系统分析

系统分析是实现体育信息系统化管理的前提。根据用户需求，在系统设计之前进行开发方法的确定、系统的可行性分析以及系统功能分析和数据管理的分析，能使系统的设计有据可依，对系统的设计起到事半功倍的作用。因此，掌握系统分析理论是系统设计、开发的重要前提和基础。

## 5.1　系统分析概述

### 5.1.1　系统分析的任务

系统分析（Systems Analysis，SA）一词最早是在 20 世纪 30 年代提出的，当时以管理问题为主要应用对象，是管理信息系统的一个主要和关键阶段。负责这个阶段的关键人物是系统分析员，完成这个阶段任务的关键问题是开发人员与用户之间的沟通。系统分析是为了发挥系统的功能，实现系统的目标，运用科学的方法对系统加以周详的考察、分析、比较和实验，并在此基础上拟定一套有效的步骤和程序，即建立一个新的系统；或者对原有的系统提出改进方案的过程，也就是对原有系统进行优化。现在，无论是研究大系统的问题，还是建立复杂的系统，都广泛应用了系统分析的方法。

### 5.1.2　系统分析的基本步骤

系统分析的出发点是为了发挥系统的整体功能，寻求最佳的处理问题的决策，而在现实中事物往往存在着许多关联和不确定因素，因此所谓的最佳决策仅仅是在若干方案中寻求的相对令人满意的方案。

系统分析的工作分两个阶段来完成。

第一个阶段的工作是进行系统初步调查和进行可行性研究。初步调查的重点是了解用户与现行系统的总体情况，现行系统与外部环境的联系，现行系统的现有资源，外界的约束条件，用户对信息系统的认识等。在对系统的基本情况和需求初步了解的基础上，从技术、经济、环境等方面对新系统的开发进行可行性分析，并对分析的结果写出可行性研究报告。可行性报告是项目进行过程中的一个重要的里程碑。

第二个阶段的工作是在完成可行性报告并通过审定后进行需求分析，并对系统进行详细调查和逻辑设计工作。这阶段工作的内容主要包括如下几个方面。

### 1. 现行系统的详细调查

现行系统的详细调查是通过收集资料法、问卷调查法、专家访谈法等各种调查方法对现行系统做详细、充分和全面的调查，弄清楚现行系统信息处理的具体情况。其重点在于调查分析系统内部功能结构、组织结构、业务流程、数据流程和数据存储等，为新系统的开发做好原始资料的准备工作。

### 2. 功能分析

将系统的功能进行分解，按功能从属关系以图形的方式描述出来。

### 3. 组织结构与业务流程分析

在详细调查的基础上，用图表和文字对现行系统的组织结构和业务流程进行描述。组织结构图可以把组织内部每种内在的联系用一张图描述出来，以更好地反映、表达各部门之间的隶属关系。业务流程图可以描述管理系统内各单位、人员之间的业务关系，可以表示某个具体业务的处理过程。

### 4. 数据流程及数据存储分析

在业务流程分析的基础上，绘制数据流程图和数据字典描述数据的流动、传递、处理与存储。

### 5. 提出系统分析报告

对前面的分析结果进行总结，编制系统分析阶段的成果文档，完成系统分析报告。系统分析报告既是系统分析阶段的成果和总结，也是下一工作阶段系统设计的工作依据。

# 5.2 系统可行性分析

## 5.2.1 可行性分析的概念

开发任何一个基于计算机的软件系统都会受到软件、硬件、时间、资金等资源的限制，因此在接受项目之前，必须要根据客户可能提供的所有资源条件进行可行性研究。同样，开发一个体育管理信息系统，对单位或部门来说是一项需要投入资金、时间、技术、人力的复杂工程，也需要进行可行性研究，这样可以避免资源的浪费，降低风险。可行性研究与风险分析在许多方面是有关联的。

在体育管理信息系统的目标需求确定之后，系统分析人员应该按照各种有效的方法和工作程序，对拟建项目在技术上的先进性、适应性，经济上的合理性、营利性，以及项目的实施等方面进行深入的分析，确定目标，提出问题，制定方案和进行项目评估，从而为决策提供科学依据。这个过程也就是可行性研究（Feasibility Study）。

可行性研究的目的不是解决问题，而是确定问题是否值得去解决，它的目的就是用最小的代价在尽可能短的时间内确定问题是否能够解决，项目是否能够开发，以及是否值得开发等问题。要达到这个目标就需要进行客观的分析——必须分析出几种主要的可能解决方法的利弊，从而判断原定的系统目标和规模是否现实，系统完成后所能带来的效益是否大到值得投资开发这个系统的程度，在政策法规范围内是否可以实现。

可行性研究对于保证资源的合理使用、避免浪费和项目的顺利进行都是十分必要的。意义具体体现在：①它是确定项目开发的依据；②它是划定下阶段工作范围、编制工作计划、协调各部门活动的依据；③它是分配资源的依据；④它是系统开发的准则。

### 5.2.2 可行性研究的内容

可行性研究开始之前，首先项目组与客户之间要签订委托协议，包括项目可行性研究报告编制工作的范围、重点、完成时间、经费预算和质量等问题达成一致。然后建立工作小组，制定工作计划，最后按计划完成可行性分析。

可行性研究的初期工作首先需要收集资料，进行现场考察、数据评估，列出所收集的基础资料，分析项目潜在的缺陷。其次提出几个可选的方案做成一个初步的报告给客户，由客户确定是否继续进行第二阶段的研究工作。如果客户认为项目的确存在无法弥补的缺陷，则可以及时终止研究工作。

在可行性研究中期的工作中，要根据现有资料来确定设计原则，对可选方案进行多维度的比较，初步估算投资和生产成本，提出推荐方案形成报告再次提交给客户进行确认。如果客户对方案有意见或者建议，可以对方案进行修改，然后进行下一阶段。同样，如果客户认为无法达到预想的经济效益则可以终止研究工作。

　　最后一个阶段是对推荐方案进行更加深入细致的研究，一般主要从经济、技术、社会环境、方案选择这四大要素上进行分析。

　　1. 经济可行性研究

　　经济可行性研究主要包括"成本/收益"分析和"短期/长期"分析，评估项目的开发成本，估算开发成本是否会超过项目预期的全部利润，并且还要分析系统开发对其他产品或者利润的影响等。新系统的投资主要包括设备费、人工费、使用消耗费用三方面。如计算机的硬件和系统软件、机房建设和环境设施、系统开发费、人员培训费、系统开发人员的工资、日常消耗物资的费用等。这些费用可以在系统分析和设计阶段估算出来，在这个阶段我们把它称为估算成本，而在系统开发结束交付给用户使用后，这些项目的实际花费就是实际成本。

　　系统的效益主要包括直接效益和间接效益。如加强成本分析与控制、提高单位或部门竞争力、加强计划和控制、提高管理和运营效率等方面取得的效益。

　　根据新系统可能获得的年经济收益与系统投资相比较，从而估算出投资效果系数和投资回收期，评价新系统经济上的可行性。

　　2. 技术可行性研究

　　根据客户提出的系统功能、性能以及要实现系统的各项约束条件，分析所提出的系统目标在现有技术条件下是否有实现的可能，这部分的研究是系统开发中最难的一部分工作。

　　由于技术可行性研究与系统分析、定义过程是同时进行的，因此在这个时期系统目标、功能、性能的不确定都会给技术可行性的研究带来许多不确定因素，造成困难。这部分的研究包括风险分析、资源分析和技术分析三大类。

　　风险分析的任务是在给定的约束下，判断是否能设计并且实现系统所需要的各种功能和性能。

　　资源分析的任务是论证是否具有开发和维护系统的技术力量，不仅要考虑开发管理信息系统所需要的各类技术人员包括管理员的数量是否能得到满足，更应考虑他们的经验和水平。除此之外，还要充分考虑到所拥有的软件、硬件资源和工作环境等是否能完成开发任务。

　　技术分析的任务是现有的科学技术是否支持系统开发的全过程。这里所说的"现有技术"应是指社会上已经比较普遍地使用的技术，而不应该把尚在实验室里的新技术作为讨论的依据。如计算机的性能和配置、网络系统性能、安全性等方面，能否满足新系统目标的要求，并对达到新系统目标的技术难点和解决方法的可行性进行分析。

在技术可行性研究中我们可采用数学建模、原型建模等方法。系统分析员通过对现实世界的观察和分析建立技术分析模型，评估模型的行为并将它们与现实世界对比，论证系统开发在技术上的可行性和优越性。如果有可能的话，要仔细研究现有的类似系统的功能、性能、所采用的技术、工具、资源、成功之处和失败的地方、经验教训，以及是否购买现有软件或者是自行开发等。

构造出来的模型虽然结构简单，但是首先要能够反映系统配置的特性，便于理解、操作；其次要能够综合与系统的所有相关的因素，能提供系统真实的运行结果并且有利于评审；最后要能够突出与系统相关的重要因素，而忽略与系统无关或者次要的一些因素。

根据计算机分析的结果，项目管理员必须做出是否进行系统开发的决定。如果研究出来的结果是技术风险大或者是当前的技术和方法不能实现系统预期的功能和性能等原因，项目管理人员就需要及时做出停止开发的决定。

3. 社会可行性研究

由于管理信息系统是在社会环境中工作的，除了技术因素与经济因素之外，还要考虑社会的、人为的因素影响；要考虑实施各种有利于新系统运行建议的可行性、人员的适应性以及法律上的可行性等。重点研究在系统开发过程中可能涉及的各种法律、合同、侵权以及责任等问题。此外，对新系统运行后将对各方面产生的影响也应加以分析。

4. 开发方案选择性

系统分析的任务完成后，系统工程师要根据研究结果找到解决方案。在实际的工作中，系统工程师一般会将一个复杂的系统分解成若干个子系统降低系统的复杂性，有利于人员的组织和分工，提高工作效率，降低开发风险。划分子系统后系统工程师要给每个子系统精确的定义界面、功能、性能以及给出各个子系统之间的关系。

众所周知，条条大路通罗马，解决一个问题的方案是多样的。但是每种方案对成本、时间、人员、技术以及设备等的要求都是各不相同的，因此不同方案开发出来的系统在功能、性能、成本等方面都会有一定的差异。另外有多种因素会影响到系统功能、性能，这些因素相互关联相互影响和制约。因此我们需要采用折中的方法来选择系统的开发方案，反复进行论证、比较各种方案的成本/效益。这个折中的过程也就是系统论证、选择和确定开发方案的过程，如图 5-1 所示。

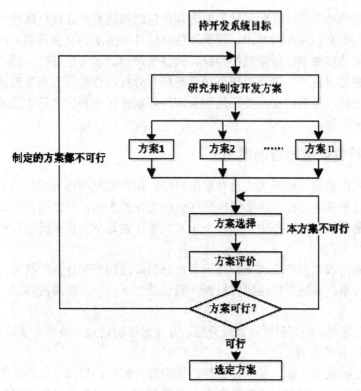

图 5-1 方案确定过程

方案的评价依据主要是待开发系统的功能、性能、成本、开发系统所采用的技术、设备、风险以及对开发人员的要求等。

技术可行性评估是系统可行性研究的关键，这一阶段的决策如果失误的话将会给整个开发工作甚至是公司带来灾难性的影响。可行性研究要能保证系统开发方案和目标系统要符合法律法规、目标系统有明显的经济效益并且风险较低。如果这几个方面有任何一个地方存在问题都应该做进一步的研究和分析。

系统分析员从各个方面判断项目的可行性分析之后，应该将分析结果用可行性报告的形式编写出来，形成正式的工作文件。这个文件就是可行性研究报告，同时可行研究报告可以作为系统规格说明书的一个附件。

还需要我们注意的是有些应用软件开发的费用和购买类似软件的费用差别不大，甚至更贵，这个时候项目负责人需要面临开发还是购买软件的选择。即使是购买软件也有不同的方式，例如买现货、按照客户提出的需求规格说明向软件公司定做或者是在现货的基础上按需求对软件进行进一步的开发或者集成

等方式。无论是哪种方法，在购买软件或者软件包时都需要卖家提供软件规格
说明书、进行多个类似软件的对比、预测和估算软件的成本、交货日期，同时
还要将开发公司的信誉度、后期维护力量、软件质量等因素考虑在内，同时要
注意征求用户的使用意见。项目管理员只有在综合分析可行性研究报告的评审
结果后，认真比较、分析自行开发还是购买软件或软件包的利弊之后才能做出
开发还是购买的决策。

### 5.2.3 可行性研究报告的撰写

可行性研究报告是系统开发人员对系统目标、用户概况和环境进行调查，
对建立管理信息系统的可能性和必要性所做分析工作的总结，并以书面形式报
上级审批。它是系统开发过程中的第一个正式文档，也是下一步系统设计和实
现系统的指导性文件。

一份好的系统研究报告应该充分展示系统分析阶段调查和分析的结果，提
出新系统逻辑方案。系统可行性研究报告一般包括以下几个方面的内容：

1. 引言

主要包括：摘要、编写目的、背景介绍、专业术语的定义以及参考资料等。

2. 可行性研究的前提

包括可行性研究的目标、要求、条件、假定和限制等。目标可以包括很多
内容，例如处理速度、精度、快捷等方面；报告要列出建议软件开发的基本要
求，例如功能、输入、输出、完成期限等。

3. 对现行系统的分析

主要用业务流程图和数据流程图来说明现行系统的概况，包括现行系统的
主要业务、处理流程、数据流程、费用支出、人员组织机构、存在的问题、局
限性、系统外部环境等。

4. 所建议方案的技术可行性分析

在这个部分中需要对系统要进行简单的描述，画出处理流程和数据流程图，
与现有系统要进行一个比较，采用本方案可能带来的一些影响以及技术可行性
的评价。

5. 所建议方案的经济可行性分析

这部分的主要内容要包括支出（包括基础投资、一次性支出、经常性支出）、
效益（包括一次性收益、经常性收益、不可定量收益）收益投资比和投资回收
周期。

6. 所建议方案的社会因素可行性分析

7. 其他可供选择的方案

8. 结论与建议

可行性分析结论应明确指出以下内容之一：

（1）条件成熟，可以立即进行系统开发。

（2）暂缓进行。这里面又分为两种情况：其一需要增加一定的资源如资金或需推迟到某些条件具备以后再进行；其二是要对目标做某些修改才能进行。

（3）不能或不必要对系统进行开发。如：因条件不具备，或者经济上不合算、技术条件不成熟、现行系统还可继续使用等因素没有必要进行新系统的研制。

在这个阶段除了要有可行性研究报告之外，还应该写出项目开发计划。项目开发计划主要包括引言、项目概述、实施计划、人员组织分工、交付期限等内容。

# 5.3 系统需求分析

软件的需求是指用户对目标软件系统在功能、性能、设计约束、交互等方面的期望。需求分析（Requirement Analysis）就是通过对应问题以及环境的理解与分析，弄清楚问题的要求，包括需要输入什么数据、要得到什么结果、最后应输出什么，也就是弄清楚"做什么"的过程。在这个过程中要建立模型，把用户的需求精确化、完全化，最终形成需求规格说明。

需求分析是系统开发工作中的定义阶段中最后一个环节，它是系统分析与系统设计阶段之间的桥梁，是决定系统开发成败的关键，重要性是不言而喻的。一方面需求分析以前期的可行性研究报告、系统规格说明等作为分析的基本出发点，并且从软件开发的角度对前期的工作进行检查和调整；另一方面需求规格说明是后期软件设计、实现、测试、交付、维护的依据。因此，优秀的需求分析有助于修正和完善早期错误和不足，从而提高软件的开发质量和降低开发成本。但这个阶段的工作是很困难的，主要表现在：

1. 职业隔阂

在软件生存周期中，只有本阶段是面向用户的，其他几个阶段都是面向软件技术问题。需求分析要细致地对用户的业务活动进行分析，明确在用户的业务环境中"想要什么"以及让软件系统应该"做什么"。因为软件开发人员不是用户问题领域的专家，不熟悉用户的业务活动和业务环境，又很难在短期内搞清楚客户的业务；而用户不熟悉计算机应用的有关问题，对问题的理解、描述以及他们对目标软件的要求往往是模糊的、片面的，甚至是不一致的。双方人员在交流上也会有一定的隔阂，因此在开始时，用户和开发人员双方都很难能准确地提出系统要"做什么"，这成了需求精确获取的最大障碍。

2. 需求的变更

由于职业隔阂，交流又可能不充分，客户业务变更等因素，特别是大型的、复杂的软件系统，用户很难精确完整地提出它的功能和性能要求，双方在一开始只能有一个模糊的、大概的轮廓，只有经过多次的、反复的认识后才能确定具体的功能。常常很多需求是进入到设计、编程阶段才能明确，更有甚者，到开发后期还在提新的要求。需求的这种多次的、大的变更这对软件开发而言无疑是一场灾难。

3. 里程碑作用

需求分析是软件开发的基础，在整个系统开发中起到了里程碑作用，是相当重要的环节。假设在该阶段发现一个错误，解决它需要用一小时的时间；而如果到设计、编程、测试和维护阶段才发现的话，解决这个错误则大概对应要花 2.5、5、25、100 倍的时间。

由于需求分析不仅涉及组织、管理、具体业务等活动，而是要涉及各类工作人员，所以如何科学地组织和适当地着手展开这项工作是非常重要的。

## 5.3.1 需求分析的任务

准确、完整和规范化的软件需求是软件开发成功的关键，软件项目中大约有 40% 到 60% 问题根源都在需求分析阶段。这阶段要解决的问题是让用户和开发者共同明确将要开发的系统是一个什么样子的。具体来说需求分析的主要任务是：一方面要在充分理解、分析和汇总问题以及环境基础上建立分析模型（Analysis Model）；另一方面在彻底弄清楚用户对软件系统的确切需要的基础上，用"软件需求规格说明书"（Software Requirements Specification，SRS）把用户的需要表达出来。在这个时期可将其再细分为问题分析、需求描述和需求评审三个阶段。

1. 问题分析

在问题分析阶段，系统分析员通过对问题的理解、分析和综合的基础上结合环境去掉用户需求中的歧义、模糊和不一致性，并在用户的帮助下对相互冲突的需求进行折中。在这个阶段中软件工程师必须将以往的经验和原始问题结合起来，以便发现更多的有利信息，挖掘用户的潜在需求，例如哪里是用户没有提及但是在真正使用的时候是有用的。由于用户的角色不同，所处的角度、级别不同，他们对原始问题的理解也会不同，从而导致对目标软件的需求也是不一样的。这个时候我们需要建立分析模型。

建立分析模型就是软件工程师需要细化前期需求工程工作中建立的基础需求，描述用户场景、功能活动，通过分析和归纳，从杂乱无章的现实世界中找出规律，将这些规律提取出来。这就是"抽象"，再通过"抽象"建立起系统的模型的过程。

在分析建模的整个过程中，软件工程师的主要关注点是"做什么"，至于"怎么做"并不在他的考虑范围内。分析建模的主要目标是描述客户需要什么，为后续的软件设计奠定基础，最后要定义在软件完成后可以被确认的一组需求。因此我们常说分析建模是系统级描述和软件设计之间的桥梁。后面陆续介绍的数据流的分析方法和面向对象的分析方法都属于需求建模方法。

2. 需求描述

需求描述阶段的主要任务是以前期的需求模型为基础，生成软件需求规格说明书和初步的软件用户手册。软件需求说明书的编制是为了使用户和软件开发者双方对该软件的初始规定有一个共同的理解，反映出用户问题的结构，作为软件开发工作的基础和依据，并作为确认测试和验收的依据。需求说明书的内容主要包括项目简介、总体概述、需求建模、具体需求、总体设计和约束、数据库、附录、参考文献等。用户手册包括用户界面描述以及目标软件使用方法和初步构想等几个方面。

这两个文档都应该遵循既定的格式和规范，做到内容全面、结构清晰、措辞准确，无二义性、模糊性和歧义，同时鼓励用户尽可能早地开始对软件开发的评审。

3. 需求评审

在软件的生命周期各个阶段都要进行相应的评审以保障软件质量。在需求阶段中分析人员要在用户和软件设计人员的配合下对已生成的需求规格说明和初步用户手册进行复核，以保证需求的完整性和正确性，并且要使用户和开发人员就这两个文件的内容达成一致。在评审过程中一旦存在异议、遗漏或者模糊点都需要尽快协调、补充和更正，然后再一次进行评审。

只有当双方都达成一致并确认之后，这两个文件就成为双方的合同，任何的修改引起的成本变化都需要由提出方负责。

### 5.3.2　系统需求分析步骤

软件需求包括业务需求、用户需求、功能需求和非功能需求。开发人员要想获得完整、正确的需求就必须在需求分析中采用适当的步骤和方法，只有这样才能够准确地获取软件的需求，编写出符合实际的需求规格说明书，为以后的步骤奠定基础。通常的需求分析分为需求获取、提炼、描述和验证四个步骤。

1. 需求的获取

为了完成需求任务，分析人员需要掌握一些技术，包括初步需求获取的技术、需求建模、问题抽象与分解、多视点分析以及前面提到过的建立快速原型等。

在初期阶段，系统分析师往往对用户领域的知识知之甚少，而用户对问题的描述，对目标软件的要求通常是零散的、模糊的，甚至是有歧义的。为了克服这样的问题就需要双方积极进行多渠道的沟通和交流。

为了能够相互理解，收集到全面的、完整的信息，分析人员一般需要进行访谈或者是会议交流，也可以由双方人员组成联合小组，他们对分析的结果直接负责，这样就极大地刺激了双方的责任感，促进了需求分析的成功。

开发人员可以对用户进行一定的分类，例如按使用优先级、使用频率、特点等方法进行分类，然后从这些分类中选取一些用户作为代表进行访谈或者组织小型会议，再从这些代表中收集他们对系统功能的要求、交互方式等这些功能性的需要，在确定了这些需求之后还需要考虑到质量的要求，例如可靠性、安全性、可用性等，要充分提高用户对软件的满足程度。如果客户的需求和已有的产品有类似的部分，就可以考虑复用这部分，以降低成本，提高生产率和软件质量。

除了访谈与会议之外，分析人员还可以通过观察用户的实际操作过程来获取需求。在实际观察过程中，分析人员不仅要从这个过程中被动地接受用户关于应用问题以及相关的背景知识，同时需要结合自己的开发经验，积极地挖掘用户的潜在需求。这些需求也许短时间内不会被用户注意到，但是在软件投入使用后能得到用户的好评。

在调查和分析过程中，使用各种形象、直观的图表，可以帮助分析人员描述系统、记录要点和分析问题。图表的种类很多，一般是针对所需调查的各项内容，绘制相应的各种形式的图表，用这些图表对单位或部门管理岗位上的工作人员进行需求分析调查（填表），然后分析整理这些图表逐步得出所要调查的内容。下面给出了几个需求调查用表的样例。如表 5-1 所示。

**表5-1　调查表的样例**

需求调查用表（1）

| 调查记录表 | | | | | |
|---|---|---|---|---|---|
| 单位：　　图号：　　问卷号： | | | | 记录人： | 日期： |
| 被调查者：　　职务： | | | | 分管业务： | |
| 调查记录： | | | | | |
| | | | | | |
| | | | | | |

需求调查用表（2）

| 业务数据调查表 | | | | | |
|---|---|---|---|---|---|
| 图号：　　业务过程说明： | | | | 业务承担单位： | |
| 填表人：　　填表日期： | | | | 对应的业务流程调查表号： | |
| **数据项说明** | | | | | |
| 序号 | 数据名称 | 字长描述 | 取值范围 | 数据来源 | 备注 |
| 1 | | | | | |
| 2 | | | | | |
| 3 | | | | | |
| 4 | | | | | |
| … | | | | | |
| **后附报表说明** | | | | | |
| 序号 | 后附报表名 | 份数 | 传送部门 | 制表单位 | 用途 | 频率 | 其他 |
| 1 | | | | | | | |
| 2 | | | | | | | |
| 3 | | | | | | | |
| 4 | | | | | | | |
| … | | | | | | | |

某业务文件/报表调查表

| 报表/文件名称： | | | | | | 共　　页 | 第　　页 | | |
|---|---|---|---|---|---|---|---|---|---|
| 编制人： | 使用频率： | | | | | 数据库 | 中文 | 西文 | 合计 |
| 输出方式： | 保留期： | | | | | | | | |
| 文件编制（或传来）频度 | 最多 | 最少 | 平均 | 来源 | 使用者 | 可能的变动情况 | | | |
| | | | | | | 份数 | | | |
| | | | | | | 传送部门 | | | |
| 数据项说明 | | | | | | | | | |
| 序号 | 数据项名称 | 描述 | | 取值范围 | | 备注 | | | |
| 填表人： | | | | | | 日期： | | | |
| 附空白表单编号： | | | | | | | | | |

### 2. 需求的提炼

需求的提炼的主要任务就是完成前面讨论过的建立分析模型以及划分系统的关联，接口、需求的优先级等。这个阶段建立起来的模型只是用来刻画系统所实际处理的信息以及实际运行时的外部行为。但是，在这个阶段的模型并不涉及目标软件系统的实现细节，因为如果在这个阶段过度地涉及细节会分散分析人员的精力，限制软件设计人员选择算法的自由度，从而制约了软件质量的提高。

通常分析人员采用图形化的方法来说明和描述软件的模型，常用的模型包括数据流图、实体关系图、用例图、类图、状态图等。通过这些简洁、结构清晰、准确的模型系统来描述软件的需求，以便于分析人员剔除用户描述中的模糊性和不一致性，保证了软件的质量。

### 3. 需求的描述

需求的描述就是编写软件规格说明书（SRS）。尽管不同组织的 SRS 格式和内容可能不同，但是基本在同一组织中 SRS 格式是统一的。目前，很多组织都采用了国际标准 IEEE 标准 830-1998（IEEE-1998）中和中国国家推荐性标准 GB9385 中描述的 SRS 模板。也有一些组织是结合自身特点，修改和设计了已有的模板形成了自己的 SRS。

在 SRS 中为了让项目的所有人员明白提出这些功能的原因，需要注明需求的提出者，例如某个类别的客户、高层领导、行业规范、法律规定等。通常成熟的开发人员都会对每一项的需求进行编号，以便后期对需求进行跟踪和方便以后的变更。

4. 需求的验证

由分析员提出的 SRS 初稿尽管貌似正确，但是在后期的实现却依然会出现需求不一致、描述不清等问题，因此我们需要多根据需求说明编写测试计划。通过这样的测试计划来检验 SRS 的正确性，根据需求验证来完善 SRS，以确保 SRS 可以作为软件设计和最终系统验收的依据。

### 5.3.3 需求规格说明书与评审

1. 需求规格说明书

在需求分析阶段结束之前必须形成需求规格说明书 SRS。在软件开发的问题定义阶段，开发方就与用户共同确定目标软件的范围和目标。在分析阶段，这些目标将要被进一步细化，最后形成文档，即 SRS。

SRS 主要包括功能与行为需求描述和非行为需求描述两大部分。功能与行为需求描述说明系统的输入、输出以及相互关系。非行为需求是指软件系统在工作时候应该具备的各种特征，例如可靠性、安全性、可维护性、可移植性以及效率等。在美国 IEEE830-1998 号标准和我国国家标准 GB856D-88 中，都对 SRS 的内容做了一些规定，主要包括引言、信息表述、功能描述、行为描述、质量保证、接口描述以及其他描述等几个部分，如表 5-2 所示。

表 5-2　SRS 内容

| 1. 引言 |
| --- |
| 1.1 需求规格说明书的目的 |
| 1.2 软件产品的作用范围 |
| 1.3 定义、同义词缩写 |
| 1.4 参考文献 |
| 1.5 需求规格说明书概览 |
| 2. 一般性描述 |
| 2.1 产品与其环境之间的关系 |
| 2.2 产品功能 |
| 2.3 用户特征 |
| 2.4 限制与约束 |
| 2.5 假设与前提条件 |

3. 特殊需求

3.1 功能或行为需求

3.1.1 功能或行为需求 1

3.1.1.1 引言

3.1.1.2 输入

3.1.1.3 处理过程描述

3.1.1.4 输出

3.1.2 功能或行为需求 2

......

3.1.n 功能或行为需求 n

3.2 外部界面需求

3.2.1 用户界面

3.2.2 硬件界面

3.2.3 软件界面

3.3 性能需求

3.4 设计约束

3.4.1 标准化约束

3.4.2 硬件约束

......

3.5 属性

3.5.1 安全性

3.5.2 可用性

......

3.6 其他需求

3.6.1 数据库需求

3.6.2 用户操作需求

3.6.3 工作产地需求

附录

索引

SRS 的主要目标是要便于用户、分析人员和软件设计人员进行交流和理解。一方面用户通过 SRS 在分析阶段就可以初步判定目标软件是否能满足预期，另一方面设计人员会把 SRS 作为软件设计的出发点。SRS 还起到控制系统进化的作用。在需求分析结束后，如果用户追加需求，那么需求规格说明将用于确定追加的需求是否是新需求，如果是，开发人员将重新针对新需求进行分析、扩充 SRS 或者等待下一期的开发等。最后，在软件开发结束时验收的依据是 SRS，因此 SRS 的各项需求应该是可以进行测试的。

2. 需求评审

SRS 并不是直接提交给设计人员的，而是要进行评审。评审的主要标准按重要次序排列依次为：正确性、无歧义性、完全性、可验证性、一致性、可理解性、可修改性和可追踪性。要求 SRS 中的功能、行为、性能等描述必须达到用户对目标软件的期望，描述的内容要没有歧义，不能遗漏用户的任何需求，需求的各个部分之间不能有冲突。

评审的形式通常是会议，由用户、分析人员和系统设计人员共同参与。一般流程是分析人员首先说明目标软件要实现的总体目标，例如产品的主要功能、交互以及相关的性能指标等。然后参会人员还要对 SRS 的核心部分需求模型进行评估，讨论该模型的合理性，接着会议还要针对原始软件问题讨论除了当前模型以外的其他的解决方法，并对可能会影响到软件设计和质量的因素进行综合考虑，决定说明书中采用的方法是否合理。最后，需求评审会议应该对软件质量确认的方法进行讨论，最终形成用户和开发人员都能接受的各项测试指标。

如果在评审的过程中发现任何错误、遗漏，都应该及时进行增补，重新进行相应部分以及相关部分的初步需求分析、建模、修改 SRS，并再次进行评审。只有评审通过的 SRS 才能被交付到下一阶段。

# 5.4 系统分析方法

无论是在准备阶段、调查阶段、可行性分析阶段还是需求分析阶段，都需要使用需求发现方法和技术。需求发现包含了一系列的技术、方法和活动，系统分析员通过使用这些技术、方法和活动来确认用户目标系统中存在的问题以及解决这些问题的方法。

其中问题发现和分析就是确认问题、理解问题产生的背景和问题执行的结果，以及相关的约束活动。需求发现也就是事实发现或者信息采集，是一种通过研究、谈话、问卷或者取样等技术收集相关问题、需求等信息的过程。事实发现方法贯穿于整个管理信息系统开发过程。归档需求和分析需求包括制做出需求的文档、分析需求以及形成正式的需求定义报告，也就是上一节讨论过的 SRS。在管理信息系统项目的开发过程中，会不断出现新的需求或者需要修改以前的需求，因此我们需要对需求采取一定的管理措施。

### 5.4.1 事实发现技术

事实发现技术也就是收集信息、建立系统模型的技术基础。通常采用的事实发现技术有：研究客户现有工作资料、体验客户工作、调查问卷、访谈、原型法、联合需求计划（joint requirements planning，JRP）、研究问题领域等方法。

在调查的过程中需要采集用户的各种数据，其中有很多数据可能会涉及企业的商业秘密和用户的隐私，这个时候项目组要保证这些数据的安全，确保数据不会因为各种原因外泄，这是开发人员必要的职业素养。

1. 研究客户现有工作资料

系统分析人员应该收集的第一个文档是企业的组织结构图，了解企业文化。然后通过会议记录、调查、笔记、工作度量检查、顾客投诉、描述问题的各种报告资料，了解导致该项目的原因。

为了开发出适合客户将来进一步发展的系统，还需要了解客户相关业务的政策（因为其中的内容可能形成系统的约束）、公司的战略计划、下达到各个部门的正式目标客户的标准操作过程、工作要点和日常操作的任务以及相关报告、报表和手册。

如果公司已经在使用某一系统，那么系统分析员还需要检查当前的系统分析、设计、测试、维护等各个阶段的文档，以期发现有利于新系统的新信息。系统分析员需要查看当前系统的文档包括：项目字典和仓储库、流程图、输入/输出、数据库、程序、操作手册和培训手册等文档。

2. 体验客户工作

为了深入了解系统，观察和体验客户工作流程是一种采集数据的好方法。这种方法是由系统分析人员到现场观看实际工作场景并且参与到实际工作中。该技术一般用来验证通过其他方法调查得到的数据，当系统特别复杂时，为了得到更加清晰和全面的数据，必须采用观察工作环境技术。

系统分析员为了得到正确的数据，在进行观察和体验客户工作之前需要做一些准备工作，还要遵循一些注意事项。这些注意事项包括：确定执行观察体验任务的人员、内容、角色、时间、方式；要预先通知将要被观察的工作人员，通知观察的目的，叮嘱他们按正常工作流程工作，忌讳打断工作人员的工作；要随时记笔记，忌讳在事先做一些假设。

用这种技术的优点还是很显著的。系统分析人员可以准确地观察和体验到正在进行业务，这样系统分析人员就可以验证使用其他方法描述的任务是否准确和完整，从而得到准确的数据。同时，其他事实发现技术都需要占用工作人员的时间、复制各种资料等各种资源，但是观察的成本是最低的。

但是这种技术依然有自己的不足之处，例如：很多正在工作的员工不喜欢他人插手他的工作，因此当其他人员插手或者观看他的工作时，可能会打乱他的工作节奏，就有可能与平时的工作表现不同。也有可能某项工作的操作在平时非常复杂，但是在系统分析员体验的时候却遇到操作比较简单的情况等问题。因此观察和体验工作环境这种技术还需要与其他技术配合起来使用。

3. 调查问卷

调查问卷方法是通过调查问卷的方式进行调查的一种事实发现技术。调查问卷又称调查表或询问表，是以问题的形式系统地记载调查内容的一种印件。调查问卷可以是表格式、卡片式或簿记式，可以大量发送，因此可以从许多不同的人员处得到相应的数据。不过，系统分析人员应该避免使用这种事实发现技术，因为许多人认为调查问卷是一种不适合管理信息系统项目的调查方法。问卷设计时应当遵循一定的原则和程序，运用一定的技巧，即能将问题传达给被问的人和使被问者乐于回答。调查表例子如表5-1所示，在这里就不再赘述。

4. 联合需求计划

联合需求计划（Joint Requirements Planning，JRP）亦称联合需求规划，是联合应用开发（Joint Application Development，AD）技术的一个子集，它的基本思想是通过召开一系列高度结构化的小组会议，快速地分析问题、定义系统的需求。它是与终端用户、管理者的单独访谈，是一种传统的事实发现技术。

大多数JRP会议会期大概在3～5天，为了在这短短的几天内集中收集需求，在JRP会议前，系统分析员必须和发起人确定组织对每个JRP会议的要求和期望，协商决定在JRP会议中讨论议题的范围。最后，在准备过程中，系统分析员必须确认发起人对会议必需的人员、时间以及其他必要资源的承诺。策划一个JRP会议包括三个步骤：选择JRP会议地点，选择JRP与会者，准备JRP会议议程。具体情况如下：

（1）JRP的会议地点和设施

为了让与会者集中精力考虑组织信息系统的问题及其他JRP会议的相关活动，避免在日常工作地点经常被一些事情打断，JRP会议不应该在客户的工作场所举行，并且所有参会者不能无故缺席、迟到或者早退。

JRP会议室除了要有能容纳所有与会者的主会议室以外，还要有一些小的会议室，以便分组讨论一些特殊问题和议题。会议室除了通常会议所必需的电脑、桌子、椅子、黑板、幻灯机、投影仪等设备外，记录员的电脑中还应该有支持各种文本的不同软件以及设备，包括 CASE 工具、文字处理软件（word）、电子表格（Excel）、演示工具（PowerPoint）、原型开发软件，设备工具包括复印打印设备等。

（2）JRP 的参会者

JRP 技术是通过举行会议来分析问题和确定需求。在使用 JRP 技术时，必须有许多人参与。在这些 JRP 的参加人员中，应该包括下列一些角色：

主办者：会议主持人，负责这次 JRP 的举行，提出问题供大家讨论。选择一个合适的主持人也是这些人应该首先考虑的。最好的情况就是组织内部有一个有经验的 JRP 主持人，因为他对组织相对组织以外的人要熟悉得多。如果没有，则要另外请经过必要培训的人来主持 JRP 会议。也有许多公司宁愿从外部聘请一个有经验的主持人，以免会议中因为主持人的原因而对一些问题产生偏见。

指导者：高层管理人员，用于监督、指导和管理 JRP 的进行。

记录员：记录会议的内容。会议也需要选择多个记录员。由于会议议题很多，还可能有多个分会场，并且强度也较高，因此记录员必须有充分的相关技巧（Word，CASE 等），通常可从组织的 IT 部门选择。这些记录员的分工也是不同的，其中一个记录员专门负责记录会议展示的相关材料，其他记录员负责记录会议中讨论的诸如发展数据模型、流程处理模型及原型等技术需求和问题，这样就大大提高了工作效率。

IT 专家：目标系统项目开发小组的成员。他们的职责就是听取员工和管理者的需求。通常涉及系统项目的 IT 人员都应该参加 JRP 会议。当会议中遇到一些特别的技术问题时也应该由 IT 专家来加以解释。

用户和经理：系统分析员要和管理者一起从组织内部挑选一定数量的员工，这些员工应是涉及各个部门、有代表性并能清楚地表达相关问题的人员。

（3）准备 JRP 会议议程

充分的准备是 JRP 会议成功的关键。JRP 主持人必须准备好整个会议的议程并在会议前发放到每个与会者手中。议程中应该包括每次会议的议题、时间及地点等内容。

议程分 3 个部分：开始、讨论和结束。在开始时应该强调会议的目的、规则并调动与会者的积极性。讨论部分应该充分调动每个人对议题充分发表意见和看法并尽量达成一致，可以采用头脑风暴法。最后结束部分应该对会议做出总结并提醒全体人员还没有解决的问题。

JRP 会议的成功很大程度上取决于 JRP 会议主持人及其计划与主持 JRP 会

议的能力。联合需求计划作为一种调查研究和开发方法具有许多优点，例如 JRP 积极地将用户和管理人员引入开发项目中，通过用小组会议代替传统的、耗时的一对一地与每个用户和管理人员面谈，从而减少了开发系统所需的时间；把原型化技术包括进来，作为一种证实需求和获得设计建议批准的手段；小组会议有助于获得用户和管理人员的一致意见，解决互相矛盾的信息和需求。

5. 研究问题领域

管理信息系统分析人员应该与有经验的公司进行访谈或类似软件系统，以便了解如何解决项目中的问题。如果这些公司愿意合作，那么系统分析人员就可以节省大量的时间和系统开发成本。

还可以通过阅读管理信息系统相关的杂志或图书来寻找解决问题的方法。许多情况下，资料中的案例分析提供了类似问题的解决方案。还可以了解到将要使用的软件包能否解决面临的问题。

### 5.4.2 流程建模和分析技术

流程建模包括业务流程建模和数据流程建模，5.6 节将详细介绍如何建立业务流程模型，5.7 将详细介绍如何建立数据流程模型。

### 5.4.3 数据建模和分析技术

数据模型在体育管理信息系统分析过程中起到非常重要的作用。数据建模（Data Modeling）也称为数据库建模或信息建模，它是一种用于组织和归档系统数据的技术，最终要在数据库中实现。5.8 节我们将做详细的介绍。

## 5.5 系统的功能分析

### 5.5.1 U/C 矩阵分析法

U/C 矩阵分析法是在对实际系统的业务流程、管理功能等都做了详细的了解和形式化的描述以后，就可在此基础上进行系统化的分析，即先进行各子系统的划分，并确定各子系统之间的信息流与接口，最后在总体方案基础上，再进行各个子系统的系统分析，以便整体地考虑新系统的功能及子系统的划分和数据资源的合理性。进行这种分析的有力工具之一就是功能/数据分析，即 U/C 矩阵分析，其中 U 表示使用（use），C 表示产生（create）。

## 一、U/C 矩阵及其建立

U/C 矩阵是对要分析的内容创建一个二维表格。通常将表的纵坐标定义为数据类变量（Xi），横坐标定义为业务过程类变量（Yi），将数据与业务过程之间的关系用使用（U,use）和产生（C,create）来表示。

从理论上来看，建立 U/C 矩阵时，首先要进行系统化、自顶向下地划分；然后逐个地确定其具体的功能（功能类）和数据（数据类）；将由系统调查得来的数据汇总填入表内就完成了 U/C 矩阵的建立过程。表 5-3 是 U/C 矩阵的一个示例。

表 5-3　U/C 矩阵示例

| 数据类＼功能 | 客户 | 订货 | 产品 | 操作顺序 | 材料表 | 成本 | 零件规格 | 原料库存 | 职工 | 财务 | 计划 | 机器负荷 |
|---|---|---|---|---|---|---|---|---|---|---|---|---|
| 经营计划 | | | | | | U | | | | U | C | |
| 财务规划 | | | | | | U | | | U | U | C | |
| 资产规模 | | | | | | | | | | C | | |
| 产品预测 | C | | U | | | | | | | | U | |
| 产品设计开发 | U | | C | | C | | C | | | | | |
| 产品工艺 | | | U | | C | | C | | | | | |
| 库存控制 | | | | | | | | C | | | | |
| 调　度 | | | U | | | | | | | | | U |
| 生产能力计划 | | | | U | | | | | | | | C |
| 材料需求 | | | U | | U | | | | | | | |
| 操作顺序 | | | | C | | | | | | | | U |

## 二、U/C 矩阵的正确性检验

建立 U/C 矩阵后一定要根据"数据守恒"原则进行正确性检验，以确保系统功能数据项划分和所建 U/C 矩阵表的正确性。

利用 U/C 矩阵来检查系统分析的正确性，一般有三个步骤：

1. 完备性检验

具体的数据项（类）必须有一个产生者（"C"）和至少一个使用者（"U"）；功能（类）则必须有产生（C）或使用（U）的发生。

通过该检验能够及时发现 U/C 矩阵中的功能或数据项的划分是否合理，以及 U，C 元素有无错填、漏填等。若出现上述情况，则 U/C 矩阵的建立是不完备的。

2. 一致性检验

对具体的数据项/类必须有且仅有一个产生者。如果有多个产生者（C 元素），则产生了不一致的现象，其结果将会给后续开发工作带来混乱。

其原因可能是：

（1）没有产生者——漏填了 C 元素或是功能、数据的划分不当；

（2）多个产生者——错填了 C 元素或是功能、数据的划分不独立、不一致。

3. 无冗余性（non-verbosity）检验

指 U/C 矩阵中不允许有空行和空列。如果出现空行、空列，则原因可能是：

（1）漏填了 C 元素或 U 元素。

（2）功能项或数据项划分是冗余的——即没有必要。

4. U/C 矩阵的求解

U/C 矩阵的求解过程就是对系统功能结构划分的优化过程。它是基于子系统划分应相互相对独立，而且内部凝聚性高这一原则之上的一种聚类操作。

U/C 矩阵求解的具体操作方法是：调整表中的行变量或列变量，使得表中的"C"元素尽可能地朝 U/C 矩阵表对角线靠近，然后再以"C"元素为标准，划分子系统或功能模块。这样划分的子系统或功能模块独立性和凝聚性都是较好的，因为它可以不受干扰地独立运行。

U/C 矩阵求解算法分为三个步骤：

（1）设有不干涉系数数列，其规律为：

$$A_1 = 任意正整数$$
$$A_2 = 任意正整数且大于 A_1$$
$$A_3 = A_1 + A_2 + 1$$
$$A_i = 2 \times A_{(i-1)} \quad (i>3)$$

例：若取 $A_1 = 1$，$A_2 = 3$，

$$A_3 = A_1 + A_2 + 1 = 5$$
$$A_4 = 10，A_5 = 20，A_6 = 40，\ldots\ldots$$

（2）对 U/C 矩阵内的 C 元素按列作相关的不干涉系数求和运算。

$$S = \Sigma C_{ij} A_j$$

其中：$A_j$ 表示第 j 个不干涉系数，求和结果如表 5-4 所示。

表 5-4　矩阵按行求和运算图

| 功能＼数据类 | | $D_1$ | $D_2$ | $D_3$ | $D_4$ | $D_5$ | $D_6$ | $D_7$ | $D_8$ | $D_9$ | $D_{10}$ |
|---|---|---|---|---|---|---|---|---|---|---|---|
| | | 1 | 3 | 5 | 10 | 20 | 40 | 80 | 160 | 320 | 640 |
| $P_1$ | 1 | | C | C | | | | | C | | |
| $P_2$ | 3 | | | | | | | | | | |
| $P_3$ | 5 | | | | | | C | | | | |
| $P_4$ | 10 | C | | | | | | | | | |
| $P_5$ | 20 | | | | C | | | | | | |
| $P_6$ | 40 | | | | | | | C | | C | |
| $P_7$ | 80 | | | | | | | | | | |
| $P_8$ | 160 | | | | | | | | | | C |
| $P_9$ | 320 | | | | | C | | | | | |
| $P_{10}$ | 640 | | | | | | | | | | |
| SUM | | 10 | 1 | 1 | 20 | 320 | 5 | 40 | 1 | 40 | 160 |

图中 $C_{ij}$ 表示矩阵中第 i 行第 j 列个 C 元素，然后，再按所求值由小到大调整列排序，如表 5-5 所示。

表 5-5　U/C 矩阵调整列排序后的结果

| 功能＼数据类 | | $D_2$ | $D_3$ | $D_8$ | $D_6$ | $D_1$ | $D_4$ | $D_7$ | $D_9$ | $D_{10}$ | $D_5$ | SUM |
|---|---|---|---|---|---|---|---|---|---|---|---|---|
| | | 1 | 3 | 5 | 10 | 20 | 40 | 80 | 160 | 320 | 640 | |
| $P_1$ | 1 | C | C | C | | | | | | | | 9 |
| $P_2$ | 3 | | | | | | | | | | | |
| $P_3$ | 5 | | | | C | | | | | | | 10 |
| $P_4$ | 10 | | | | | C | | | | | | 20 |
| $P_5$ | 20 | | | | | | C | | | | | 40 |
| $P_6$ | 40 | | | | | | | C | C | | | 240 |
| $P_7$ | 80 | | | | | | | | | | | |
| $P_8$ | 160 | | | | | | | | | C | | 320 |
| $P_9$ | 320 | | | | | | | | | | C | 640 |
| $P_{10}$ | 640 | | | | | | | | | | | |

（3）对上图重复上述过程，按行作相关的不干涉系数之和运算。

$$S = \Sigma C_{ij} A_j$$

最后，按所求值由小到大调整行排序，求解后的结果如表 5-6 所示。

表 5-6　求解后的结果

| 功能＼数据类 | D₂ | D₃ | D₈ | D₆ | D₁ | D₄ | D₇ | D₉ | D₁₀ | D₅ |
|---|---|---|---|---|---|---|---|---|---|---|
| P₁ | C | C | C | | | | | | | |
| P₂ | | | | | | | | | | |
| P₃ | | | | C | | | | | | |
| P₄ | | | | | C | | | | | |
| P₅ | | | | | | C | | | | |
| P₆ | | | | | | | C | C | | |
| P₇ | | | | | | | | | | |
| P₈ | | | | | | | | | C | |
| P₉ | | | | | | | | | | C |
| P₁₀ | | | | | | | | | | |

### 三、数据与功能的联系方法

1. 系统逻辑功能的划分

在 U/C 矩阵中沿着对角线划分小方块。要注意的是：划分时既不能重叠，又不能漏掉任何一个数据和功能；小方块的划分是任意的，但必须将所有的"C"元素都包含在小方块中，如表 5-6 所示。

每一个小方块即是一个子系统，它是今后新系统划分的基础。它的划分不是唯一的。没有划入小方块的"C"元素，是各子系统之间数据联系，是共享的数据，并用箭头从横纵两个方向与各子系统联系起来。

2. 数据资源分布

在对系统进行划分并确定了子系统以后，所有数据的使用关系都被小方块分隔成了两类：在小方块以内所产生和使用的数据，今后主要考虑放在本子系统的计算机设备上处理；而在小方块以外的数据联系（即表中小方块以外的"U"），则表示了各子系统之间的数据联系，这些数据资源今后应考虑放在网络服务器上供各子系统共享或通过网络来相互传递数据。

### 5.5.2 组织结构图

组织结构图是企业的流程运转、部门设置及职能规划等最基本的结构依据。组织结构图（Organization Chart）是最常见的表现雇员、职称和群体关系的一种图表，它形象地反映了组织内各机构、岗位上下左右相互之间的关系。组织结构图是组织结构的直观反映，也是对该组织功能的一种侧面诠释。

组织结构图是对组织机构进行详细调查的结果，将在详细调查中得到的关于企业组织的资料进行整理，用图的形式反映企业内部组织各部门之间的隶属关系。组织结构图是用来描述组织的总体结构以及组织内部各部分之间的联系，它把企业组织分成若干部分，按级别，分层次构成，以树型结构显示，是一张反映组织内部之间隶属关系的树状结构图。通常用矩形框表示组织机构，用箭头表示隶属关系。例如，图 5-2 是某体育场馆的行政组织结构图。从图中可见，该企业的组织分为三层：领导决策层、业务管理层和业务执行层。

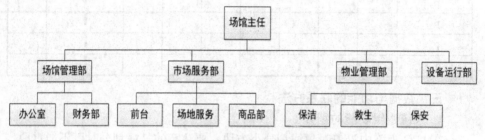

**图 5-2　某体育场馆的组织结构图**

### 5.5.3 功能结构图

功能结构图就是将系统的功能进行分解，按功能从属关系表示出来的图形。功能分解的过程就是一个由抽象到具体、由复杂到简单的过程。功能结构图设计过程就是把一个复杂的系统分解为多个功能较单一的过程。从概念上讲，上层功能包括（或控制）下层功能，愈上层功能愈笼统，愈下层功能愈具体。管理信息系统的各子系统可以看作系统目标下层的功能，对其中每项功能还可以继续分解为第三层、第四层……甚至更多的功能。如图 5-3 所示的体育场馆管理信息系统功能结构图中，每一个框称为一个功能模块，最下层的功能是程序的一部分，而上面各层功能模块与数据流程图中的处理逻辑相对应。

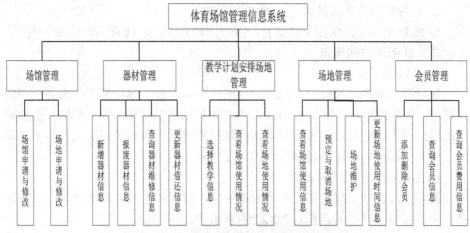

图 5-3 体育场馆管理信息系统功能结构图

# 5.6 业务流程分析

Business Process Analysis（BPA），即业务流程分析，是对业务功能分析的进一步细化，从而得到业务流程图即 TFD（Transaction Flow Diagram），是一个反映企业业务处理过程的"流水账本"。业务流程分析的目的是：形成合理、科学的业务流程。在分析现有业务流程的基础上进行业务流程重组（BPR），产生新的更为合理的业务流程。

## 5.6.1 业务流程分析的步骤及调查

### 一、业务流程分析的步骤

根据对组织结构图和业务功能体系图的分析，可决定下一步重点调查的部门，然后对该部门的业务信息、业务流程等进行详细调查。流程分析的目的是了解各个业务流程的过程，明确各个部门之间的业务关系，明确每个业务处理的意义，为业务流程的合理化改造提供建议，为系统的数据流程变化提供依据。

业务流程分析是要将企业具体的业务活动过程（内容、步骤等）描述出来，并对此进行优化。

1. 绘制各部门的业务流程图；

2. 与各部门业务人员讨论业务流程图是否符合实际情况；

3. 分析业务流程中存在的问题（有无不合理流程/环节）；

4. 与各部门业务人员讨论，提出改进方案；

5. 将新业务流程图提交决策者，以便确定合理的、切合实际的业务流程。

**二、业务流程的调查**

1. 系统环境调查

包括现行系统的管理水平，原始数据的精确程度，规章制度是否齐全和切实可行，各级领导对开发新的 MIS 是否有比较清楚的认识，用户单位能否抽调出比较精通本行业管理业务、对本单位存在的问题有深刻了解而又热心于改革的工作人员。此外，还要调查原系统的设备情况。

2. 组织机构和职责的调查

调查中应详细了解各部门人员的业务分工情况和有关人员的姓名、工作职责、决策内容、存在问题和对新系统的要求等。

3. 功能体系的调查与分析

系统有一个总的目标，为了达到这个目标，必须完成各子系统的功能，而各子系统功能的完成，又依赖于下面各项更具体的功能来执行。功能结构调查的任务，就是要了解或确定系统的这种功能构造。

4. 管理业务流程的调查与分析

管理业务流程的调查与分析就是要弄清管理职能是如何在有关部门具体完成的，以及在完成这些职能时信息处理工作的一些细节情况。

## 5.6.2 业务流程图

业务流程图，即流程图。流程（Flow），是指特定主体为了满足特定需求而进行的有特定逻辑关系的一系列操作过程，流程是自然而然就存在的。但是它可以不规范，可以不固定，可以充满问题。所以就会造成看似没有流程。其实严格意义上讲，业务已经开展，不可能没有流程，只是说没有固定的流程或者你调研的对象也讲不清楚。图（Chart 或者 Diagram），是将基本固化有一定规律的流程进行显性化和书面化，从而有利于传播与沉淀、流程重组参考。

从定义可以看出，只要有事情和任务，流程就会有，但是并不是所有的流程都适合用流程图的方式去表现，适合用流程图去表现的流程是一定程度固定的有规律可循的，流程中的关键环节不会朝令夕改的。

业务流程图是业务流程的描述工具，是用规定的符号及连线来表示某个具体业务处理过程。绘制业务流程图是管理信息系统开发过程中分析业务处理过程的重要步骤，业务流程图基本上按照业务的实际处理步骤和过程进行绘制。

## 一、业务流程图的基本符号

业务流程图的符号没有统一的标准，但意义都大同小异，目的都是为了准确清晰地反映业务流程。下面介绍几种常用的业务流程图符号。

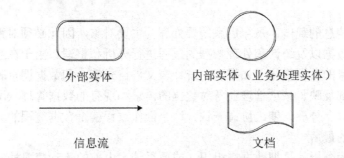

外部实体　　　　　　　　内部实体（业务处理实体）

信息流　　　　　　　　　　文档

**图5-4　业务流程图常用符号**

## 二、业务流程图的绘制

在画业务流程图之前，要对现行系统进行详细调查，并写出现行系统业务流程总结。然后再根据业务流程绘制出业务流程图。

本部分以图书馆"进书"业务为例绘制业务流程图。"进书"业务主要指新书的验收、分类编号、填写、审核、入库。主要过程：书商将采购单和新书送给采购员；采购员验收，如果不合格就退回，合格就送编目员；编目员按照国家标准进行分类编号，填写包括书名，书号，作者、出版社等基本信息的入库单；库管员验收入库单和新书，如果合格就入库，并更新入库台账；如果不合格就退回。

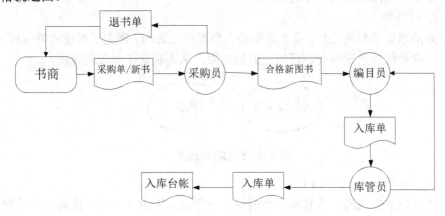

**图5-5　"进书"业务的业务流程图**

# 5.7 数据流程分析

　　数据是信息的载体，是今后系统要处理的主要对象，因此必须对系统调查中所收集的数据以及统计和处理数据的过程进行分析和整理。由于在系统调查中收集了大量的数据载体（如报表、统计表文件格式等）和数据调查表，它们往往只是局部反映了某项管理业务对数据的需求和现有的数据管理状况，因此必须加以整理、分析，使之协调一致，这个操作过程就是数据流程的分析，它是数据分析的最后一步。

　　数据流程分析就是把数据在组织（或原系统）内部的流动情况抽象地独立出来，舍去了具体组织机构、信息载体、处理工作等，单从数据流动过程来考查实际业务的数据处理模式，目的就是要发现和解决数据流通中的问题。一个通畅的数据流程是今后新系统用以实现这个业务处理过程的基础。

## 5.7.1 数据流程图

　　现有的数据流程分析多是通过分层的数据流程图（Data Flow Diagram，简称 DFD）来实现的。它能精确地在逻辑上描述系统的功能、输入、输出和数据存储等，而摆脱了其物理内容，是结构化系统分析最基本、最重要的工具。

### 一、数据流程图的基本组成

数据流程图由四种基本符号组成。

1. 外部项

外部项处于系统之外，是系统的输入源或输出去向。确定了系统的外部项，实际上就是明确系统与外部环境之间的界限，从而确定了系统的范围。

图 5-6　外部项的画法

2. 数据流（Data Flow）

表示数据的流向，符号是一个箭头。一个数据流由一个或一组确定的数据组成。

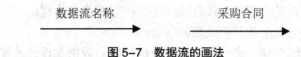

**图 5-7　数据流的画法**

### 3. 数据存储（Data Store）

数据存储指出了数据保存的地方。但它并不是指数据保存的物理地点或物理存储介质，而是对数据存储的逻辑描述。

**图 5-8　数据存储的画法**

### 4. 处理逻辑（Process）

也称为处理，是对数据进行的操作。处理逻辑对数据的变换方式有以下两种：

（1）变换数据的组成，即改变数据结构；

（2）在原有的数据内容基础上增加新的内容，形成新的数据。

每个处理逻辑都必须具有输入数据流和处理之后的输出数据流。由于处理逻辑表示对数据的加工处理，因此处理逻辑名称一般都是由动词和宾语表示，动词表示加工处理的动作，宾语表示被加工处理的数据。一张数据流程图中一般会有多个处理逻辑，因此要用编号来标示，不同的处理逻辑使用不同的编号。处理逻辑的画法如图 5-9 所示。

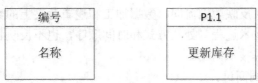

**图 5-9　处理逻辑的画法**

## 二、数据流程图的特点

数据流程图是描述管理信息系统逻辑模型的主要工具，它有两个特点：

### 1. 抽象性

数据流程图不考虑具体的物理因素。在数据流程图中具体的组织机构、工作场所、人员、物质流等都已去掉，只剩下数据的存储、流动、加工、使用的情况。这种抽象性使分析员能够很容易地总结出信息处理的内部规律性。

### 2. 概括性

数据流程图把系统对各种业务的处理过程联系起来，形成一个总体，具有很强的概括性。通过数据流程图可以实现：

（1）系统分析员用这种工具自顶向下分析系统信息流程；

（2）可在图上画出计算机处理的部分；

（3）根据逻辑存储，进一步做数据分析，可向数据库设计过渡；

（4）根据数据流向，定出存取方式；

（5）对应一个处理过程，可用相应的程序语言来表达处理方法，向程序设计过渡。

### 三、绘制数据流程图的方法

由于数据流程图在系统建设中应该反映将要建立的新系统的逻辑功能，因此在绘制数据流程图时必须坚持正确的原则和运用科学的方法。

1. 明确的系统界面。

2. 自顶向下逐层扩展。

管理信息系统是一个庞大而复杂的系统工程，不可能用一两张数据流程图就能够明确、具体地描述整个系统的逻辑功能，因此自顶向下的原则是绘制数据流程图的一条清晰的思路和标准化的步骤。

3. 合理布局。

数据流程图各种符号要布局合理、分布均匀，以便于浏览和交流。一般数据来源的外部项尽量安排在左方，而数据主要去处的外部项尽量安排在右边，数据流的箭线尽量避免交叉或过长。

4. 只反映系统逻辑功能。

数据流程图只反映数据流向、数据加工和逻辑意义上的数据存储，不反映任何数据处理的技术过程、处理方式和时间顺序，也不反映各部分相互联系的判断与控制条件等技术问题。

5. 与用户共同商讨。

数据流程图绘制过程，就是系统的逻辑模型的形成过程，必须始终与用户密切接触，共同商讨，也要征求其他系统建设者的意见，取得一致认识。

### 四、数据流程图绘制的基本步骤

本部分以图书馆"进书"业务为例绘制数据流程图。"进书"业务主要指新书的验收、分类编号、填写、审核、入库。主要过程：书商将采购单和新书送给采购员；采购员验收，如果不合格就退回，合格就送编目员；编目员按照国家标准进行分类编号，填写包括书名，书号，作者、出版社等基本信息的入库单；库管员验收入库单和新书，如果合格就入库，并更新入库台账；如果不合格就退回。

1. 识别系统的输入和输出，画出顶层图，即确定系统的边界，如图 5-10

所示。

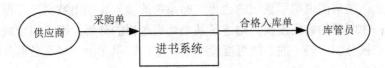

**图 5-10 "进书"业务的顶层数据流程图**

2. 画系统内部的数据流、加工与文件，画出一级细化图，如图 5-11 所示。

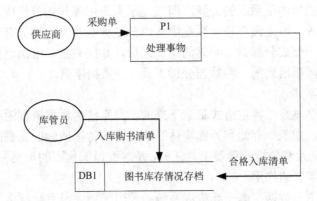

**图 5-11 "进书"业务的第一层数据流程图**

3. 加工的进一步分解，画出二级细化图，如图 5-12 所示。

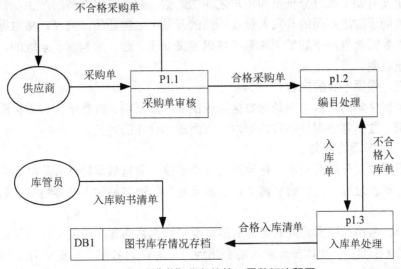

**图 5-12 "进书"业务的第二层数据流程图**

　　数据流程图分多少层次要视实际情况而定，一般来说，由顶层、中间层和底层组成。顶层图说明了系统的边界，即系统的输入和输出数据流，顶层图只有一张；中间层的数据流程图描述了某个处理逻辑的分解，而它的组成部分又要进一步被分解，较小的系统可能没有中间层；底层图由一些不必再分解的处理逻辑组成。

### 5.7.2　数据字典

　　数据流程图描述了系统的分解，即描述了系统由哪几部分组成，各部分之间有什么联系等，但还没有说明系统中各成分是什么含义。而只有当数据流程图中出现的每一个成分都给出明确的定义之后，才能完整、准确地描述一个系统。为此，就需要用到另一种数据分析工具——数据字典。

　　**一、数据字典**

　　所谓数据字典是以特定格式记录下来的、对系统的数据流程图中各个基本要素（数据流、加工、存储和外部实体）的内容和特征所做的完整的定义和说明。它是结构化系统分析的重要工具之一，是对数据流程图的重要补充和说明。

　　**二、数据字典的作用**

　　数据流程图和数据字典一起构成系统的逻辑模型。没有数据字典，数据流程图就不严格；没有数据流程图，数据字典也没有作用。

　　数据字典最重要的用途是作为分析阶段的工具。在数据字典中建立严密一致的定义有助于改进分析员和用户之间的通信，避免许多误解的产生。数据字典也有助于改进不同的开发人员或不同的开发小组的通信。同样，将数据流程图和对数据流程图中的每个原素的精确定义放在一起，就构成了系统的、完整的系统说明。

　　**三、数据字典的内容**

　　数据字典的内容主要是对数据流程图中的数据项、数据结构、数据流、处理逻辑、数据存储和外部实体等六个方面进行具体的定义。

　　1. 数据项的定义

　　数据项又称数据元素，是数据的最小单位。分析数据特性应从静态和动态两个方面去进行。在数据字典中，仅定义数据的静态特性，具体包括：名称和别名。

　　（1）名称：数据元素的名称要尽量反映该元素的含义，便于理解和记忆。

　　（2）别名：一个数据元素可能会出现几个等价的名称（别名），在系统分析中应尽量避免，但在实际工作中是不可能消除的现象。如果出现了此情况则需要加以说明。

取值范围和取值的含义：指数据元素可能取什么值或每一个值代表的意义。

数据项的长度：定义该数据元素由几位数字或字母组成。

除以上内容之外，数据元素条目还包括对该元素的简要说明以及与它有关的数据结构等。表5-7是数据项定义的一个例子。

表 5-7　数据项定义

| 数据项定义 | |
| --- | --- |
| 数据项编号： | ID201 |
| 数据项名称： | 材料编号 |
| 别名： | 材料编码 |
| 简述： | 某种材料的代码 |
| 类型及宽度： | 字符型，6 位 |
| 取值范围： | "000001"~"999999" |

2. 数据结构的定义

数据结构描述某些数据项之间的关系，即说明这个数据结构包括哪些成分。一个数据结构可以由若干个数据项组成，也可以由若干个数据结构组成，还可以由若干个数据项和数据结构组成。例如表5-8所示订书单就是由三个数据结构组成的数据结构，表中用 D 表示数据结构，用 I 表示数据项。

表 5-8　用户订书单的数据结构

| 用户订书单的数据结构 | | |
| --- | --- | --- |
| D03-01：用户订书单 | | |
| D03-02：订书单标识 | D03-03：用户情况 | D03-04：书籍情况 |
| I1：订书单编号 | I3：用户代码 | I8：书籍代码 |
| I2：日期 | I4：用户名称 | I9：书籍名称 |
| | I5：用户地址 | I10：书籍出版社 |
| | I6：用户姓名 | I11：订书数量 |
| | I7：电话 | |

数据字典中对数据结构的定义包括以下内容：（1）数据结构的名称和编号；（2）简述；（3）数据结构的组成。

如果是一个简单的数据结构，只需列出它所包含的数据项。因为这些被包含的数据结构在数据字典的其他部分已有定义。

### 3. 数据流的定义

数据流是由一个或一组固定的数据项组成的,用来表明系统中数据的逻辑流向。定义数据流时,不仅要说明数据流的名称、组成等,还应指明它的来源、去向和数据流量等。表5-9是一个数据流定义的实例。

表5-9　数据流定义

| 数据流定义 | |
|---|---|
| 编号: | L02-11 |
| 名称: | 领书单 |
| 简述: | 销售处开出的领书单 |
| 数据流来源: | 开发领书单的销售处 |
| 数据流去向: | 用户 |
| 数据流组成: | 领书单数据结构 |
| 流通量: | 1200本/天 |
| 高峰流通量: | 200本/时(每天上午9:00－11:00) |

### 4. 处理逻辑的定义

仅对数据流程图中最底层的处理逻辑加以说明。表5-10是一个处理逻辑定义的实例,其定义中包括:处理逻辑名称;编号;简述;输入;处理过程;输出;处理频率。

表5-10　处理逻辑定义

| 处理逻辑定义 | |
|---|---|
| 处理逻辑编号: | P02-03 |
| 处理逻辑名称: | 计算电费 |
| 简述: | 计算应交纳的电费 |
| 输入的数据流: | 数据流电费价格,来源于数据存储文件价格表;数据流电量和用户类别,来源于处理逻辑"读电表数字处理"和数据存储"用户文件"。 |
| 处理: | 根据数据流"用电量"和"用户信息",确定该用户类别和收费标准,得到单价;用单价和用电量相乘得该用户应交纳的电费。 |
| 输出的数据流: | 数据流"电费"一是去向外部用户,二是写入数据存储用户电费账目文件。 |
| 处理频率: | 对每个用户每月处理一次。 |

### 5. 数据存储的定义

数据存储是数据流暂停或永久停留的地方,在数据字典中只描述数据的逻辑存储结构,而不涉及它的物理组织。表5-11给出了一个数据存储定义的例子。

表 5-11 数据存储定义

| 数据存储定义 | |
|---|---|
| 数据存储编号: | F03-08 |
| 数据存储名称: | 库存账 |
| 简述: | 存放配件的库存量和单价 |
| 数据存储组成: | 配件编号+配件名称+单价+库存量+备注 |
| 关键字: | 配件编号 |
| 相关联的处理: | P02（"确定发货量"），P03（"开发货单、修改库存"） |

6. 外部实体的定义

又称外部项，是指独立于所研究系统外的但又和系统有联系的实体。包括：外部实体编号、名称、简述及有关数据流的输入和输出。如表 5-12 所示。

表 5-12 外部实体定义

| 外部实体定义 | |
|---|---|
| 外部实体编号: | S03-01 |
| 外部实体名称: | 用户 |
| 简述: | 购置本公司货物的用户 |
| 输入的数据流: | D03-06（"订货单"），D03-08（"发货单"） |
| 输出的数据流: | D03-01 |

## 5.7.3 处理逻辑的描述工具

数据流程图中比较简单的计算性的逻辑处理可以在数据字典中做出定义，但还有不少逻辑上比较复杂的处理，有必要运用一些描述处理逻辑的工具来加以说明。常用的描述处理逻辑的工具有判断树、判断表和结构化语言等方法，这些描述处理逻辑的工具又称为加工说明和处理逻辑小说明。下面对这三种方法进行介绍。

1. 判断树

判断树也称为决策树，是采用树型结构来表示处理逻辑的一种方法。判断树用来描述在一组不同的条件下，决策的行动根据不同条件来选择的处理过程。判断树是一种图形，从图形上可以一目了然地看清用户的业务在什么条件下应采取什么样的处理方式，一个树枝代表一组条件的组合和相对应的一种处理方式。

判断树是用一种树型图形方式来表示多个条件、多个取值所应采取的动作，看一张判断树图形的时候，要从左边（树根）开始，沿着各个分支向右看，根据每一个条件的取值状态可以找出应该采取的动作，所有的动作都列在这张图的最右侧。

例如，某公司的销售折扣政策如下：

当顾客的交易额少于 5000 元（包括 5000 元），则折扣率 R＝0；

当顾客的交易额大于 5000 元时，假若该客户最近三个月无欠款，则折扣率 R＝15%，否则看该客户是否为 20 年以上老客户，是则折扣率 R＝10%，不是则折扣率 R＝5%

决策树绘制如图 5-13 所示。

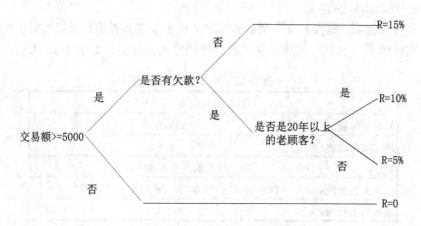

**图 5-13　销售折扣处理判断树**

图 5-13 中的三个分叉分别表示了三个条件。第一个分叉表示交易额是否大于等于 5000 元；第二个分叉表示顾客的信誉；第三个分叉表示交易时间。通过销售折扣处理判断树可以清楚地看到销售部门根据顾客的不同情况采取的不同优惠措施，简洁地描述了销售人员在计算顾客交易金额时的判断和决策过程。判断树的优点就是直观清晰，易于检查和修改，意思明确，没有二义性，但是对于复杂的条件组合关系的表达却不太方便。对于复杂的条件组合关系的表达可以由判断表来进行描述。

2. 判断表

判断表也称为决策表，可在复杂的情况下用二维表格直观地表达具体条件、决策规则和应当采取的行动策略之间的逻辑关系。

判断表由四部分组成：左上角为条件说明；右下角为各种条件组合下的行动；左下角为行动说明，表中"Y"为是，"N"为否，"√"为该组合下的行动，判断表是根据条件组合进行判断的，对于每个条件的回答只有"是"和"否"两种可能。因此，如果有 n 个条件，那么其组合就有 2n 种可能性。上述示例用判断表描述如表 5-13 所示。

**表 5-13 销售折扣处理判断表**

| 条件和行动 | | 1 | 2 | 3 | 4 |
|---|---|---|---|---|---|
| 条件 | 交易额少于等于 50000 | Y | N | N | N |
| | 客户无欠款 | — | Y | N | N |
| | 客户是 20 年以上老顾客 | — | — | Y | N |
| 采取的行动 | R＝0 | √ | | | |
| | R＝5% | | | | √ |
| | R＝10% | | | √ | |
| | R＝15% | | √ | | |

表中的"—"的意思是既可以是"Y"，也可以是"N"，表示此行动与相应的条件无关。

### 3. 结构化描述语言

结构化描述语言是一种介于自然语言和计算机程序设计语言之间的一种语言，没有严格的语法要求，既可以用英语表达，也可以用汉语表达。它是根据结构化程序设计的思想，采用三种基本逻辑结构来描述处理逻辑。这三种基本逻辑结构是：顺序结构、循环结构和选择结构。

（1）顺序结构

顺序结构是最简单的逻辑结构，也是最常用的逻辑结构，只要按照解决问题的顺序写出相应的语句就行，它的执行顺序是自上而下，依次执行。语句要尽量简短、清楚易懂。每条语句至少要有一个动词，表明要执行的动作；还至少要有一个名词，表示动作的对象。例如，查询学生体育管理信息系统课程期末成绩，可用如图 5-14 所示的顺序结构处理逻辑来进行描述。

```
输入学生学号
输入学期类别
输入课程名称
输入成绩类别
读取学生成绩单文件
显示学生体育管理信息系统课程期末成绩
```

**图 5-14 顺序结构处理逻辑**

（2）选择结构

选择结构可以在对数据的处理中，按照不同的条件分别执行不同的处理。在进行描述的时候可以使用程序设计语言来进行描述。例如，如图 5-15 所示的显示全班同学的体育管理信息系统的总评成绩，期末成绩低于 60 分的，总评成绩就为期末成绩；期末成绩高于 60 分的，总评成绩＝期末成绩*60%＋平时成绩*40%。在此示例中使用了由 IF、THEN、ELSE 等词组成的程序设计语言。

```
If   总评成绩>60
总评成绩＝期末成绩*60%+平时成绩*40%
Else
总评成绩＝期末成绩
End
```

图 5-15　选择结构处理逻辑

（3）循环结构

循环结构是指在某种情况下，反复执行某一相同处理功能的一种结构。例如，图 5-16 中的输出全班同学的体育管理信息系统的期末成绩。

```
对每个学生循环处理
输入学生学号
输入学期类别
输入课程名称
输入成绩类别
读取学生成绩单文件
显示学生体育管理信息系统课程期末成绩
直到全部学生的成绩处理完毕
```

图 5-16　顺序结构处理逻辑

4. 三种描述处理逻辑工具的比较

以上介绍的三种用于描述处理逻辑的工具各自具有不同的优点和不足，结构化描述语言最适用于涉及具有判断或循环动作组合顺序的问题；判断树适用于条件比较少的组合；判断表适用于条件比较多的组合。三者之间的比较如表 5-14 所示。

**表 5-14　三种描述处理逻辑工具的比较**

| 比较指标 ＼ 工具类别 | 判断树 | 判断表 | 结构化描述语言 |
|---|---|---|---|
| 逻辑检查 | 一般 | 很好 | 好 |
| 表示逻辑结构 | 很好（仅是决策方面） | 一般（仅是决策方面） | 好（所有方面） |
| 使用便捷性 | 很好 | 一般 | 一般 |
| 可读性 | 不好 | 很好 | 好 |
| 适用范围 | 5～6 个条件的组合 | 10～15 个条件的组合 | 循环问题 |

# 5.8 系统分析报告

## 5.8.1 系统分析报告的内容

系统分析阶段的成果就是系统分析报告。系统分析报告又称为系统说明书或逻辑设计说明书，它反映了系统调查与分析阶段的全部情况，既是系统分析阶段的成果与工作总结，又是下一步系统设计与实现的纲领性文件。

一份好的系统分析报告不但能够充分展示前段调查的结果，而且还要反映系统分析的结果——新系统的逻辑方案。系统分析报告要包括以下内容：

1. 组织情况简述

主要是对分析对象的基本情况做概括性的描述，包括组织的结构，组织的目标，组织的工作过程和性质、业务功能，组织与外部实体间有哪些物质以及信息的交换关系，研制系统工作的背景如何等。

2. 系统目标和开发的可行性

系统的目标树是系统拟采用什么样的开发战略和开发方法，人力、资金以及计划进度的安排，系统计划实现后各部分应该完成什么样的功能，某些指标预期达到什么样的程度，有哪些工作是原系统没有而计划在新系统中增补的等。

3. 现行系统运行状况

利用前面介绍的一些工具（主要是业务流程图、数据流程图），详细描述原系统信息处理以及信息流动的情况。另外，各个主要环节对业务的处理量、总的数据存储量、处理速度要求、主要查询和处理方式、现有的各种技术手段等，都应做一个扼要的说明。

4. 新系统的逻辑方案

新系统的逻辑方案是系统分析报告的主体。这部分主要反映分析的结果和对今后建造新系统的设想。主要包括：

（1）新系统拟定的业务流程及业务处理工作方式。

（2）新系统拟定的数据指标体系和分析优化后的数据流程，以及计算机系统将完成的工作部分。

（3）新系统在各个业务处理环节拟采用的管理方法、算法或模型。

（4）与新的系统相配套的管理制度和运行体制的建立。

（5）系统开发资源与时间进度估计。

# 本章小结

本章讲述了系统分析的任务、目的和基本步骤；介绍了详细调查的目的和常用方法；详细介绍了功能结构图、组织结构图、业务流程图、数据流程图的绘制方法以及数据字典的内容。

# 思考题

1. 系统分析的主要任务？
2. 系统分析有哪些主要步骤？
3. 详细调查的主要任务？
4. 什么是功能结构图？
5. 什么是组织结构图？
6. 什么是业务流程图？
7. 什么是数据流程图？
8. 简述数据字典的内容。
9. 比较判断树、判断表。

# 第六章　系统设计

## 6.1　系统设计概述

系统分析阶段是为了解决系统"做什么"的过程，而系统设计阶段是解决系统"怎么做"的过程。系统设计的主要任务是根据系统分析报告确定系统的具体设计方案，即确定新系统的总体结构，提出各个细节的处理方案。

### 6.1.1　系统设计的目的与任务

目的：系统设计阶段主要是根据要求分析设计出符合所需且效益高的系统，主要从以下几个方面来说（1）系统功能，（2）系统效率，（3）系统的工作质量，（4）系统的可变性，（5）系统的可靠性，（6）系统的经济性。

任务：在系统开发生命周期中，设计是继分析后的一个系统开发活动。分析阶段的焦点是系统应该做什么，即需求。而在设计阶段则是系统如何建立，即定义结构构成。

（1）首要任务是了解设计元素。系统设计是在体系标准和细节标准上对一个已经计划的系统的描述、组织和成分构建的过程。要了解系统设计的不同成分，我们需要考虑三个问题：要设计的系统成分是什么；设计过程输入输出的是什么和系统设计是如何做的。

（2）其次，把由复杂信息需要形成的问题分解成更小、更容易被人理解的构成成分。

### 6.1.2　系统设计的基本步骤

（1）设计准备

项目经理或者技术负责人分配系统设计任务，包括体系结构设计、模块设计、用户界面设计、数据库设计等。系统设计人员阅读文档，明确设计任务，准备相关设计工具和资料。

（2）确定约束因素

需求约束，即本系统应当遵循的标准或规范、软件硬件环境（包括运行环境和开发环境）的约束、接口协议的约束、用户界面的约束、软件质量的约束（如：正确性、健壮性、可靠性、效率、易用性、清晰性、安全性、可扩展性、兼容性、可移植性等）。

隐含约束，有些假设或者依赖并没有在需求文档中明确指出，但可能会对系统设计产生影响，设计人员应当在此处说明。

（3）确定设计策略

扩展策略，说明为了方便本系统在将来扩展功能，现在有什么措施。

复用策略，说明本系统在当前以及将来的复用策略。

折中策略，说明当两个目标难以同时优化时如何折中。

（4）详细设计

系统的详细设计是系统总体设计的深入，详细设计主要包括：软硬件开发环境设计、代码设计、数据库设计、输入/输出设计、处理流程设计等。

（5）撰写系统设计说明书

系统设计说明书是系统设计阶段的成果，它从系统设计的主要方面说明系统设计的指导思想、采用的技术方法和设计成果，是系统实施阶段工作的主要依据。

# 6.2 系统设计方法

结构化设计方法给出一组帮助设计人员在模块层次上区分设计质量的原理与技术。它把系统作为一系列数据流的转换，输入数据被转换为期望的输出值，通过模块化来完成自顶而下实现的文档化，并作为一种评价标准在软件设计中起指导性作用，通常与结构化分析方法衔接起来使用，以数据流图为基础得到软件的模块结构。

## 6.2.1 结构化设计技术

结构化设计方法是基于模块化、自顶向下细化、结构化程序设计等程序设计技术基础发展起来的。

基本思想：将软件设计成由相对独立且具有单一功能的模块组成的结构，分为概要设计和详细设计两个阶段。

　　结构化设计过程的概要设计阶段的描述工具是：结构图（Structure Chart, SC）。

　　（1）概要设计也称为结构设计或总体设计，主要任务是把系统的功能需求分配给软件结构，形成软件的模块结构图。

　　（2）概要设计的基本任务。设计软件系统结构：划分功能模块，确定模块间调用关系。数据结构及数据库设计：实现需求定义和规格说明过程中提出的数据对象的逻辑表示。编写概要设计文档：包括概要设计说明书、数据库设计说明书，集成测试计划等。概要设计文档评审：对设计方案是否完整实现需求分析中规定的功能、性能的要求，设计方案的可行性等进行评审。

　　（3）结构化设计的目的与任务。结构化设计的目的：使程序的结构尽可能反映要解决的问题的结构。结构化设计的任务：把需求分析得到的数据流图DFD 等变换为系统结构图（SC）。

## 6.2.2　信息工程方法

　　信息工程方法是建设企业计算机化的信息系统工程的方法，它从业务和技术两个方面为系统的建设提供规范和完备的社会和技术手段，对企业的信息系统的建设进行规划、分析、设计和构成。

　　信息工程方法是"以数据为中心"，而不是"以应用为中心"的开发方法，并在方法中强调以数据为战略资源，以数据规划为基础的信息工程方法。它以主题数据库的组织和实施来实现，并提供直到系统完成的各个阶段的实施方法。

　　信息工程方法具有以下特征：

　　1. 信息工程方法从企业的整体着眼并应用结构化技术来创建企业的信息系统。

　　2. 信息工程方法运用自顶向下方式，通过信息战略规划、业务领域分析、系统设计和系统构成等步骤来实现企业的信息系统建设。

　　3. 信息工程方法需要建立用于存储企业数据模型、过程模型、各种设计信息的信息库。

　　4. 信息工程方法构筑起一个计算机化企业的框架，并可在这个框架内独立地开发各个系统。

　　5. 信息工程方法的各种阶段的实现都应是用计算机化的工具，可快速创建和修改各个系统。

　　6. 信息工程方法是整个企业范围的开发方法，能使各分别建立的系统协调一致，可最大程度地使用可重用技术。

7. 信息工程方法要求企业最高管理者亲自参加和领导信息战略规划的制定，要求最终用户参与到系统建设中并发挥其业务专长。

8. 信息工程方法应能确定有助于企业战略目标实现的计算环境，使系统能适应信息需求的变化。

# 6.3 系统平台设计

确定了系统的划分之后，就可以考虑各个系统的设备配置了。硬件及网络是管理信息系统的物质基础，这部分的设计称为系统的平台设计。

一个管理信息系统硬件及网络设计的好坏一般从下面几个方面进行测评：技术是否可靠，兼容性（新老系统的纵向兼容和同其他系统的横向兼容）是否好，使用、后期的维修、今后的系统扩充或升级是否方便，性能价格比是否高，对工作环境的要求是否很高等。

网络设计是将初步规划中的各个子系统从内部用局域网连接起来，并且解决今后系统如何与外部系统连接的问题。在网络设计中要选择网络的结构，安排网络和设备的分布，根据系统内部的布局考虑联网布线和配件，还要根据各部门的业务要求划定网络各节点的级别、管理方式、数据读写的权限、选择相应的软件系统等。

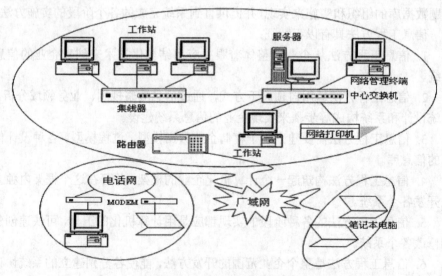

图 6-1　网络综合举例图

在实际应用中，各种系统的要求不同，网络设计也不相同。图 6-1 是一个网络综合举例图，图中表现了几种不同联入广域网的方式。如果系统分布较广，可以使用交换机的级联；如果想提高系统移动的灵活性，可以选择无线接入的方式解决布线问题。

**一、网络和硬件配置的依据**

要确定网络和硬件配置，应在保证满足管理业务需求和设计方案可靠的前提下，考虑下列几个方面的问题：

1. 根据实际需要决定各个管理部门是否需要配备计算机，配备的具体设备有哪些，如是否需要扫描仪、打印机等。也可以根据情况配备网络打印机。

2. 根据实际需要确定计算机设备的性能指标，如速度、功能、价格。

3. 根据不同部门的工作性质决定该部门是配置计算机还是一个与主机相连的设备终端。

4. 根据办公地点的物理位置分布和有数据通信的要求，决定是否需要网络连接和连接的方式。如联网距离、传输介质等。

**二、网络设计的参考指标**

设计网络时的参考指标较多，不同的管理业务需求和开发者的水平使得设计的参考指标也有所不同，这里介绍一些常用的指标。

1. 网络的拓扑结构

指网络的物理连接，通常有总线型、环型、星型、树型、混合型等。在选择上应根据应用系统的地域分布、信息流量进行综合考虑。一般来说，应尽量使信息流量最大的应用放在同一网段上。

2. 网络的传输范围

一般有广域网（WAN）、城域网（MAN）、局域网（LAN）。对于组织内部的管理信息系统只考虑本系统的局域网及如何通过城域网、广域网与其他系统连接的方式。

3. 传输介质和速率指标

网络数据的传输速度一般由传输介质所决定，常用传输介质速率由低到高为双绞线、同轴电缆、光纤。根据网络的具体要求选择，如果选择光纤作为传输介质，要注意光纤与光端机传输速率的匹配。

4. 网络的通信方式

指网络内数据的传输方式。由网络中的某点向其他点发送信息为广播方式（broadcasting），如教师用电子邮件向所有学生发通知；由网络某一节点对另一节点传送数据为点对点方式（point-to-point）；通过服务器进行数据交流，网络

A 节点向 B 节点传送数据，首先 A 要将数据传到服务器上，B 去服务器上取，用这种方式系统开销比较小。

5. 网络通信设备的配置

在第三章中，我们已经详细地介绍了关于网络设备的知识，这里仅就一些常见设备的选择进行补充说明。

（1）中继器（repeater）。如果系统设计中网络距离超过最大传输半径，需要接入中继器，一般规定个数小于 4（最多有 5 段电缆）。

（2）网桥（bridge）。如果设计中需要将两个相同类型、使用相同的操作系统的网络连接，可以使用网桥。

（3）网关（gateway）。在实际的系统开发中，常常需要将不同类型的网络相连，如各子公司间联结，子公司与总公司相连，这时可以使用网关完成。

（4）路由器（router）。如果设计的系统涉及多种不同设备、多种不同的开发平台，则可以考虑用路由器作为接口。

（5）集线器（hub）。如果设计中同一子系统中多个节点需要上网，为了使网络结构清晰合理、便于管理，可以先使用集线器连接，再集中上网。

**三、计算机硬件的要求**

不同的系统根据不同的业务要求对计算机的硬件要求也有所不同，除了要满足网络设计的要求之外，计算机硬件本身也有一些具体的要求，需要注意计算机主机处理速度，输入、输出和通信的通道数目，显示方式，外接转储设备及其类型等。不同计算机的设计目标不同，因而可能在某一方面具有显著的优点而在其他应用场合却令人无法接受，在系统设计时，应根据应用的需要认真选择。例如计算机在管理领域的应用，一般管理的项目都不是太复杂，但是数据量大，读写频繁，而现实中常常是计算机的主机速度提高快，而外设速度常常不配套，提高得较慢，所以在选择时要特别注意外设的速度。

**四、软件结构的设计**

在管理信息系统开发过程中，开发方法及相应软件工具的选择是非常重要的，常常决定系统开发是否能够顺利进行。软件结构的设计包括操作系统的选择、数据库系统的选择、系统开发环境软件的选择及其他的一些应用软件的选择。

1. 操作系统的选择

管理信息系统大多是分布式的系统，所以在操作系统的选择上主要是选择网络操作系统。目前，流行的网络操作系统分别是 windows 操作系统、Linux 操作系统、Netware 操作系统和 Unix 操作系统等。

Windows 操作系统主要用于局域网，具有友好的人机界面，可以建立安全可靠的数据库系统，具有较好的安全性和有效性。

Unix 历史最早，是唯一能够适用于所有应用平台的网络操作系统。它是一个多用户、多任务的分布式网络操作系统，具有良好的网络管理、内存管理、任务管理功能，能提供多任务和多线程的服务，具有良好的 I/O 性能。比较适用于客户机/服务器模式的数据库管理系统。

Netware 网络操作系统适用于文件服务器/工作站模式，也具有较高的市场占有率。

2. 数据库系统的选择

管理信息系统都是以数据库系统为基础，一个好的数据库管理系统对管理信息系统的应用有着非常重要的影响。数据库的选择主要从数据库的性能、数据库管理系统的平台、安全保密性能、数据的完整性和一致性、操作界面等几方面考虑。

目前，市场上数据库管理系统较多，流行的有 Oracle、Sybase、SQL Server、Mysql、Access 等。

Oracle、Sybase 均是大型数据库管理系统，运行于客户/服务器等模式，是开发大型 MIS 的首选。Oracle 是标准的 SQL 数据库语言的产品，尤其在保密机制、备份与恢复、空间管理、开放式连接等方面提供了较好的手段。

Mysql 和 Access 安装容易，简单易学，对于小型的系统也是不错的选择。

3. 应用软件的选择

应用软件的选择要注意以下几点：

（1）软件是否能够满足用户的需求。

（2）软件是否具有足够的灵活性。由于管理需求的不确定性，系统应用环境不可避免地要经常发生变化，因此，应用软件要有足够的灵活性，以适应应用对软件的输入、输出的要求。

（3）软件是否能够获得长期、稳定的技术支持。对于商品化软件，稳定的技术支持是必需的。这一方面是为了保证软件能够满足需求的变化，另一方面是便于今后随着系统平台的升级而不断升级。

可以根据以上的几点选择相关的程序设计语言、图形软件和各种应用软件包。同时，在我国应用计算机，软件能否保证使用汉字也是应该考虑的问题。

# 6.4 代码设计

代码，是用来代表事物名称、属性、状态等的符号和记号。代码在管理方面应用很广。运用计算机进行数据处理时，为了录入、处理的方便，同时节省存储空间，提高处理速度、效率和精度，通常用数字、字母和一些特殊符号组成的代码来识别事物和处理数据。这种用数据、字母和符号替代事物名称、属性、状态的方法称为编码，即代码设计。

代码设计问题是一个科学管理的问题。设计出一个好的代码方案可以使很多的机器处理变得方便，如统计、查询等，也可以把一些现阶段很难处理的工作变得简单。一个好的代码方案对于系统的开发起着重要的作用。代码设计可以从系统分析阶段开始。由于代码的编制需要仔细调查和多方协调，是一项很麻烦的工作，需要时间，所以在系统设计阶段必须确定。

## 6.4.1 代码的功能

通过代码设计，可以使各种客观实体具有唯一化、规范化和系统化的特点，编码有如下的功能：

1. 它为事物提供一个概要而不含糊的认定，便于数据的存储和检索。代码缩短了事物的名称，无论是记录、记忆还是存储，都可以节省时间和空间。

2. 使用代码可以提高处理的效率和精度。通过代码对事物进行排序、分类或按照某种规定算法进行统计分析，都可以十分迅速地完成。

3. 代码提高了数据的全局一致性。同一事物在不同场合可能有不同的名称，数据不一致又有造成的错误的可能。通过编码可以把事物统一起来，提高了系统的整体性，减少此类错误的发生。

4. 代码是人和计算机的共同语言，是两者交换信息的工具，使计算机处理管理信息系统成为可能。

## 6.4.2 代码设计的原则

1. 一个代码应唯一标志它所代表的事物或属性。这是编码的最重要的一个原则。例如，在学生管理系统中，经常会有重名的情况。为了避免数据的"二义性"，可以使用学号唯一地标识学生。

2. 编码要具有系统性、通用性，尽量使编码标准化。代码不仅要对本系统适用，而且要考虑到高层网络甚至是整个行业的应用。代码设计要从系统出发，利于整个系统的信息交换和数据共享，凡是国家和主管部门已经制定的统一代码，则采用统一标准代码形式，便于各系统之间的信息交换。我国已公布了GB2260-80 中华人民共和国行政区划代码、GB1988-80 信息处理交换的七位编码字符集等一系列国家标准编码，使用时可以查阅。如国家和主管部门无统一规定的，则应尽量和国际标准或国际惯例相一致或和同行业的惯例一致。

3. 代码要含义单纯、容易理解、容易记忆，尽量使代码结构对事物的表示具有实际意义，以便于理解及交流。

4. 代码要易识别。要注意避免引起误解，不要使用易于混淆的字符。如 0、2、1、S、V 与 O、Z、I、5、U 易混，不要把空格作代码，要使用 24 小时制表示时间等；要注意尽量采用不易出错的代码结构。例如：字母—字母—数字的结构（WB3）；字母—数字—字母的结构（W2W）。这样使发生错误的机会要少一些。当代码长于 4 个字母或 5 个数字字符时，应分成小段，这样人们读写时不易发生错误，如：726—499—613 比 726499613 易于记忆，并能更精确地记录下来。

5. 代码要有一定的扩展性，要预留足够的位置，以适应不断变化的需要。在短时间内，随便改变编码结构对设计工作来说是一种严重浪费。一般来说，代码愈短，分类、准备、存储和传送的开销愈低；代码愈长，对数据检索、统计分析和满足多样化的处理要求就愈好。但编码太长，留空太多，多年用不上，也是一种浪费。在设计时要根据实际情况确定。

6. 设计的代码在逻辑上必须能满足用户的需要，在结构上应当与处理的方法相一致。若已知码的位数为 p，每一位上可用字符数为 $S_i$，则可以组成码的总数为：$C=\prod S_i$。例如，需要 1000 种码，每位字符为 0—9 的三位码可以满足。

### 6.4.3 代码的表示方法

目前常用的代码表示方法主要有顺序码、区间码、助记码、条形码、二维码等。

1. 顺序码

顺序码又称系列码，是一种无定义码。它是一种用连续数字代表编码对象的编码，例如，英语班报名号：赵谦为 01，孙犁为 02 等。

顺序码的优点是短而简单，记录的定位方法简单，易于管理。但这种码的缺点是没有逻辑含义，仅起着标识对象的作用，本身不能说明任何信息的特征。此外，新加的代码只能列在最后，删除则造成空码。通常，顺序码作为其他码分类中细分类的一种补充手段。

2. 区间码

区间码把数据项分成若干区间，每一区间代表一个组，码中数字的值和位置都代表一定意义。典型的例子是身份证号码、准考证号码等。

区间码的优点是，信息处理比较可靠，排序、分类、检索等操作易于进行。但这种码的长度与它分类属性的数量有关，有时可能造成很长的码。在许多情况下，码有多余的数。同时，这种码的维护相对也比较困难。

区间码又可分为以下各种类型：

（1）多面码。一个数据项可能反映多方面的特性，在码的结构中，为这些特性各规定一个位置，就形成多面码。如：我国使用的居民身份证曾采用 15 位的数字码，前 6 位表示地区编码，中间 6 位表示出生日期，最后三位表示顺序号和其他状态（性别等）。

多面码从多个属性的多个属性值中取值编码，能较全面地反映编码对象的特性。

（2）层次码。层次码是以编码对象的从属关系为排列顺序所组成的一种有定义的编码，使代表不同属性的位置按照一定层次的从属关系排列，其结构一般由左向右排列。例如，会计系统使用的科目分类编码是一个 7 位的数字码，前 3 位是财政部会计制度司规定的总账科目，即一级科目，中间两位是部或行业规定的二级科目，最后两位是企业可以自定的三级科目。

层次码的数字和位置都有一定的意义，存在着严格的隶属关系，清晰的表达对象的类别，检索、分类和排序方便。但它的弹性结构差，层次多了会造成代码过长，使用时要注意层次的划分。

（3）十进位码。十进位码广泛应用于图书、材料分类。它是由上下关联区间码发展而成的。小数点左边的数字组合代表主要分类，小数点右边的指出子分类。层次从左到右依次降低。

例如：

500. 自然科学　　　　　510. 数学　　　　　520. 天文学

530. 机械　　　　　　　531.1 齿轮　　　　　531.11 变速箱

从以上编码看出，数学、天文学、机械都属于自然科学（首位都是 5），变速箱属于机械齿轮类的内容，前几位 531.1 和齿轮一致。

用十进位码进行子分类划分虽然很方便，但所占位数长短不齐，不适于计算机处理，因此一般右端不足部分补"0"，使代码位数固定，便于计算机处理。

3. 助记码

助记码用文字、数字或文字数字结合起来描述对象的名称、规格等，可以通过联想帮助记忆。例如，用 W-B-12 代表 12 英寸黑白电视机，用 W-C-20 代表 20 英寸彩色电视机。

助记码不易校对，也不易反映分类的结构，但助记码能较好地反映对象的属性，可以辅助记忆。使用在数据项数目较少的情况，一般少于 50 个，否则可能引起联想出错。此外，太长的助记码占用计算机容量太多，也要加以注意。

4. 条形码

条形码（bar code）是将宽度不等的多个黑条和空白，按照一定的编码规则排列，用以表达一组信息的图形标识符，如图 6-2 所示。常见的条形码是由反射率相差很大的黑条（简称条）和白条（简称空）排成的平行线图案。条形码可以标出物品的生产国、制造厂家、商品名称、生产日期、图书分类号、邮件起止地点、类别、日期等许多信息，因而在商品流通、图书管理、邮政管理、银行系统等许多领域都得到广泛的应用。

**图 6-2　条形码示例图**

条形码自动识别系统由条形码标签、条形码生成设备、条形码识读器和计算机组成。

条形码技术（bar code technology，BCT）是在计算机的应用实践中产生和发展起来的一种自动识别技术。它是为实现对信息的自动扫描而设计的，它是实现快速、准确而可靠地采集数据的有效手段。条形码技术的应用解决了数据录入和数据采集的瓶颈问题，为物流管理提供了有利的技术支持。条形码是由一组规则的条空及对应字符组成的符号，用于表示一定的信息。条形码技术的核心内容是通过利用光电扫描设备识读这些条形码符号来实现机器的自动识别，并快速、准确地把数据录入计算机进行数据处理，从而达到自动管理的目的。条形码技术的研究对象主要包括标准符号技术、自动识别技术、编码规则、印刷技术和应用系统设计 5 个部分。

5. 二维码

二维码又称二维条码,常用的二维码为 QR Code,QR 全称 Quick Response,是一个近十年来移动设备上超流行的一种编码方式,它比传统的 Bar Code 条形码能存更多的信息, 也能表示更多的数据类型, 如图 6-3 所示。

图 6-3  常见二维码

二维条码/二维码（2-dimensional bar code）是用某种特定的几何图形按一定规律在平面（二维方向上）分布的、黑白相间的、记录数据符号信息的图形；在代码编制上巧妙地利用构成计算机内部逻辑基础的"0""1"比特流的概念,使用若干个与二进制相对应的几何形状来表示文字数值信息,通过图像输入设备或光电扫描设备自动识读以实现信息自动处理。它具有条码技术的一些共性：每种码制有其特定的字符集；每个字符占有一定的宽度；具有一定的校验功能等。同时还具有对不同行的信息自动识别功能及处理图形旋转变化点。

二维码是一种比一维码更高级的条码格式。一维码只能在一个方向（一般是水平方向）上表达信息,而二维码在水平和垂直方向都可以存储信息。一维码只能由数字和字母组成,而二维码能存储汉字、数字和图片等信息,因此二维码的应用领域要广得多。

## 6.4.4  代码的校验

为了保证输入代码的正确性,通常会采取一些措施,从编码的角度考虑,可以采用使用自检码的方法。

自检码是在原代码的基础上附加校验位。校验位的值是通过数学计算得到的,代码输入后,计算机通过对代码有关位的计算来核对校验位的值,如果不一致则查出代码有错。通过校验位可以发现抄写错误、易位错误、随机错误等。

**（一）确定校验位的方法**

1　将代码（$C_i$）各位乘以权因子（$P_i$），求出各位的积：$C_1P_1$，$C_2P_2$，……$C_nP_n$

2　求出各位积之和：$S=C_1P_1+C_2P_2+\cdots+C_nP_n$

3　以称为模的常数（M）除和，求出余数（R）即 $R=\text{mod}（S，M）$。

4　把余数 R 作为校验位。

权因子的选取：通常以提高出错发现率为基础，常见的有：

几何级数，如 1，2，4，8，16，32，……

算术级数，如 1，2，3，4，5，6，7，……

质数，如 1，3，5，7，11，13，17，……

模的选取：可取 10，11，13 等

**（二）代码校验位的求法**

例如，设代码为 1　2　3　4　5，求其校验位值。

解：取权　2，4，8，16，32

　　　取模 11

则：原代码　　　1　　2　　3　　4　　5

权因子　　32　16　　8　　4　　2

乘积和　　32+ 32+ 24+ 16 + 10=114

　　　　　　114/11=10……4

因此，其校验位为：4

带校验位的代码（新代码）为 123454（把余数作为校验位）

当代码 12345 输入为 13245 时，求出其校验位值是 1，显然与 4 不一致，所以说明有错。至于准确性要求很高的代码，可以考虑增加校验位的位数。当余数为 10、11、12、13 时，其校验位码为 A、B、C、D，（模为 11 时，余数为 10 时按 0 处理）；而对于字母编码要使用校验位检查，计算时要将 A—Z 转换为 10—35。

# 6.5 数据库设计

管理信息系统是通过对大量的数据管理而获得管理所需要的信息的任务。一个好的数据组织结构和数据库是保证整个系统迅速、方便、准确地调用和管理所需数据的基础，是衡量管理信息系统设计的主要标准之一。

数据库的设计是在选定的数据库管理系统基础上建立数据库的过程。除了用户需求分析外，还包括概念结构分析、逻辑结构分析、物理结构分析。数据库设计的几个步骤就是与系统开发的各个阶段建立关系。如图6-4所示。

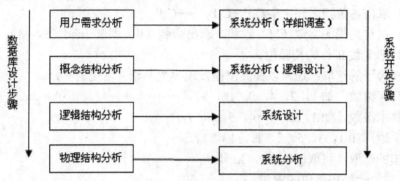

图6-4　数据库设计与系统开发设计对比

需求分析工作是计算机人员（系统分析员）和用户双方共同收集数据库所需要的信息内容和用户对处理的要求，并以数据流图和数据字典等书面形式确定下来，在系统分析阶段完成。这部分内容在第五章已有详细的介绍，这里就不再赘述。下面介绍其他的几个步骤。

### 6.5.1　概念设计阶段

概念设计阶段的目标是产生反映单位或部门组织信息需求的数据库的概念结构，或称概念模式。概念模式不依赖于计算机系统和具体数据库管理系统的模式，但能充分表达用户的要求。

概念设计阶段仅从用户角度看待数据、处理要求和约束，产生一个反映用户观点的概念模式，既能充分反映现实世界中实体的联系，又是各种基本数据模型的共同基础，易于向关系模型转换。

概念设计中常用的方法是E-R方法，是英文entity-relationship approach的简称，译作实体-联系方法。通过E-R方法建立E-R模型，用E-R图表示，得到数据库的概念模式。

E-R图中包括实体、属性、联系三种基本元素。实体用方框表示，联系用菱形框表示，属性用椭圆框表示，各框内填入相应名称标识。可以表示一对一、一对多、多对多的实体联系。设计E-R图分为两步：首先设计每个用户各自的局部视图，也称为局部E-R图设计。在这个步骤中通常要确定实体定义、联系定义、属性分配。其次是综合优化成全局E-R图，进行相关实体类型的合并，消除冗余实体、属性和联系。

例如，图 6-5 和图 6-6 表示了某部门局部 E-R 图和综合后的 E-R 图。

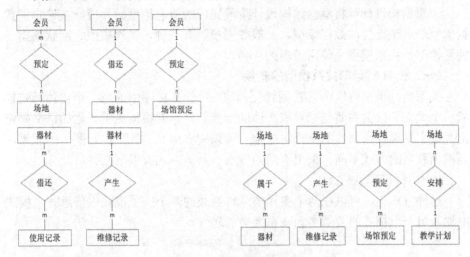

图 6-5 部门的局部 E-R

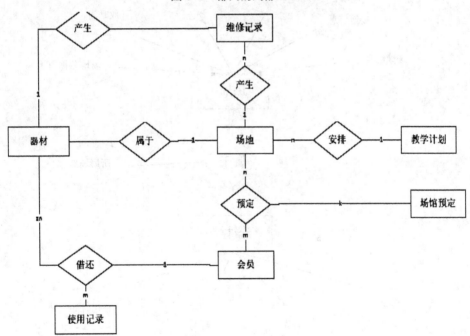

图 6-6 综合后的 E-R

### 6.5.2 逻辑设计阶段

逻辑结构设计是将概念结构设计阶段完成的概念模型转换成能被选定的数据库管理系统支持的数据模型。一般数据模型有三种，层次模型、网状模型、关系模型。关系模型是使用最多的一种。

#### （一）E-R 模型向关系模型的转换

关系数据模型可以由 E-R 图转化形成。对于 E-R 图中的每一个实体都转换成一个关系，该关系要包括对应实体的全部属性，并根据关系表达的语义确定出关键字（属性或属性的集合，能唯一地识别实体）。对于 E-R 图中的联系，要根据联系的方式不同，采用不同的方法。具体方式有以下三种：

1. 实体间联系是 1:1。

这种方式下，可以在两个实体类型转换成的两个关系模式中任意一个模式中加入另一个模式的关键字和联系类型的属性。

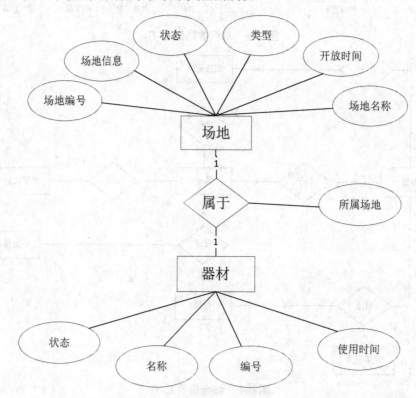

图 6-7　场地与器材间的 1:1 的关系

如图 6-7, 场地与器材间存在 1:1 关系, 转换成关系模型时, 场地与器材各成为一个关系模式, 在查询场地时经常查询器材信息, 可以在场地模式中加入器材的关键字 "名称" 和联系 "属于" 的属性 "所属场地" 关系模式如下:

场地 (场地编号, 场地名称, 类型, 状态, 场地信息, 开放时间)

器材 (所属场地, 名称, 编号, 状态, 使用时间)

2. 实体间联系是 1:N。

在这种方式下, 可以在 N 端实体类型转换成的关系模式中加入 1 端实体类型的关键字和联系类型的属性。

如图 6-8 所示, 教学计划与场地存在 1:N 联系, 转化成关系模型时, 在教学计划实体关系中添加场地的关键字 "场地编号" 和联系 "安排" 的属性 "教学时间", 模式如下:

教学计划 (教学时间, 使用场地, 使用场馆, 编号)

场地 (场地编号, 场地名称, 类型, 状态, 场地信息, 开放时间)

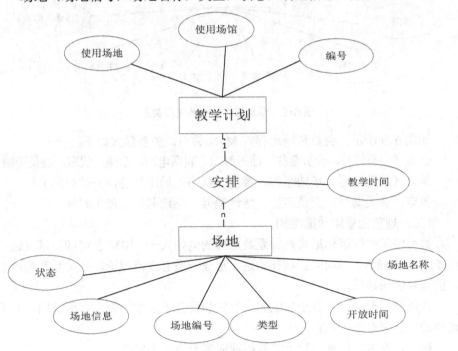

**图 6-8　教学计划与场地的一对多的关系**

3. 实体间联系是 M:N。

在这种方式下, 除了将实体转换成关系模式外, 将联系类型也转换成关系模式，其属性的关键字加上联系的属性，关键字为两端实体类型关键字的组合。

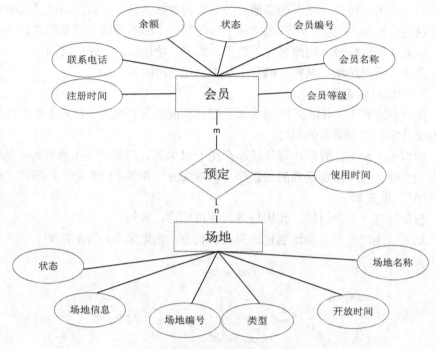

**图 6-9　场地与会员的多对多关系**

如图 6-9 所示，会员和场地存在 M:N 关系，关系模式如下：

会员（会员编号，会员名称，注册时间，联系电话，余额，状态，会员等级）

场地（场地编号，场地名称，类型，状态，场地信息，开放时间）

预定（会员编号，会员名称，场地编号，场地名称，使用时间）

**（二）规范化重组数据结构**

数据组织的规范化形式是关系数据库的创始人——IBM 公司的科德（E. F. Codd）首先提出，从 1971 年开始逐步形成一整套规范理论，是关系数据库设计的重要理论基础。

在规范化理论中，表是二维的。但它和日常生活中的表又有所区别，对于这样的二维表有如下要求：

第一，表中的任意一列上的数据项应属于同一个属性；

第二，表中所有的行都是不相同的；

第三，表中的行的顺序无关紧要，表中的列的顺序也无关紧要。

除了对表的形式进行了规定外，科德还对数据结构进行了五种规范化定义，称为规范化模式，简称范式。这五种范式是"向上兼容"的，即第二范式自动满足第一范式。一般常用的是前三种。

1. 第一范式

第一范式（First normal form，简称 1st NF），满足最基本的要求，每一个分量是不可再分的。表 6-1 所示的是一个不规范的关系，课程任务可以分为几项，不满足第一范式要求。

表 6-1　不规范的教师表

| 编号 | 姓名 | 性别 | 年龄 | 基本工资 | 课程任务 | | | |
|---|---|---|---|---|---|---|---|---|
| | | | | | 班级 | 课程名 | 课时 | 酬金 |
| T740101 | 赵谦 | M | 30 | 1500 | 教技 1601 | 计算机基础 | 32 | 960 |
| T740101 | 赵谦 | M | 30 | 1500 | 教技 1701 | 移动终端开发技术 | 64 | 1920 |
| T740101 | 赵谦 | M | 30 | 1500 | 教技 1801 | Python 语言 | 48 | 1440 |
| T740102 | 孙莉 | F | 25 | 1000 | 教技 1901 | 数据库原理与应用 | 32 | 960 |
| T740102 | 孙莉 | F | 25 | 1000 | 公管 1601 | SQL 语言 | 48 | 1440 |
| T740103 | 周武 | M | 27 | 1250 | 公管 1701 | 管理信息系统 | 48 | 1440 |
| T740103 | 周武 | M | 27 | 1250 | 公管 1801 | 网络基础 | 32 | 960 |
| T740104 | 郑旺 | F | 34 | 1700 | 公管 1901 | C 语言 | 64 | 1920 |

将表 6-1 分解成教师表和课程任务表，如表 6-2，表 6-3 所示。每个字段信息都单一，满足了第一范式的要求，同时也可以减少数据冗余。

表 6-2　教师表

| 编号 | 姓名 | 性别 | 年龄 | 基本工资 |
|---|---|---|---|---|
| T740101 | 赵谦 | M | 30 | 1500 |
| T740102 | 孙莉 | F | 25 | 1000 |
| T740103 | 周武 | M | 27 | 1250 |
| T740104 | 郑旺 | F | 34 | 1700 |

表 6-3　班级课程任务表

| 编号 | 班级 | 课程名 | 课时 | 酬金 |
|---|---|---|---|---|
| T740101 | 教技 1601 | 计算机基础 | 32 | 960 |
| T740101 | 教技 1701 | 移动终端开发技术 | 64 | 1920 |
| T740101 | 教技 1801 | Python 语言 | 48 | 1440 |
| T740102 | 教技 1901 | 数据库应用 | 32 | 960 |

| 编号 | 班级 | 课程名 | 课时 | 酬金 |
|---|---|---|---|---|
| T740102 | 公管 1601 | SQL 语言 | 48 | 1440 |
| T740103 | 公管 1701 | 管理信息系统 | 48 | 1440 |
| T740103 | 公管 1801 | 网络基础 | 32 | 960 |
| T740104 | 公管 1901 | C 语言 | 64 | 1920 |

2. 第二范式

第二范式（second normal form，简称 2nd NF），指每个表必须有且仅有一个数据元素为主关键字，其他数据元素与主关键字一一对应。如表 6-3 中，编号为主关键字（没有重的，其他字段有重名的），满足第二范式。但在表 6-3 中，只有将编号和班级组合起来才能唯一地确定一个记录，所以课程任务表不满足第二范式。

如果一个关系不满足第二范式，会出现插入异常、删除异常和修改异常。解决的方法是投影分解。如表 6-4，表 6-5。

表 6-4 课程表

| 班级 | 课程名 | 课时 |
|---|---|---|
| 教技 1601 | 计算机基础 | 32 |
| 教技 1701 | 移动终端开发技术 | 64 |
| 教技 1801 | Python 语言 | 48 |
| 教技 1901 | 数据库原理与应用 | 32 |
| 公管 1601 | SQL 语言 | 48 |
| 公管 1701 | 管理信息系统 | 48 |
| 公管 1801 | 网络基础 | 32 |
| 公管 1901 | C 语言 | 64 |

表 6-5 任课表

| 编号 | 课程名 | 课时 | 酬金 |
|---|---|---|---|
| T740101 | 计算机基础 | 32 | 960 |
| T740101 | 移动终端开发技术 | 64 | 1920 |
| T740101 | Python 语言 | 48 | 1440 |
| T740102 | 数据库原理与应用 | 32 | 960 |
| T740102 | SQL 语言 | 48 | 1440 |

续表

| 编号 | 课程名 | 课时 | 酬金 |
|------|--------|------|------|
| T740103 | 管理信息系统 | 48 | 1440 |
| T740103 | 网络基础 | 32 | 960 |
| T740104 | C 语言 | 64 | 1920 |

课程名可以决定班级和编号，所以将它作为关键字投影成两个表。

3. 第三范式

第三范式（third normal form，简称 3rd NF），指表中的所有元素不但能够唯一地被关键字所标识，而且它们之间必须互相独立，不存在其他的函数关系。如表 6-4，课程名和班级、课时完全独立。但表 6-5 中，编号和课程课程名存在传递联系（通过班级传递），所以不是完全相互独立的。可以把表继续分解，如表 6-6，表 6-7。

表 6-6 任课表

| 编号 | 课程名 |
|------|--------|
| T740101 | 计算机基础 |
| T740101 | 移动终端开发技术 |
| T740101 | Python 语言 |
| T740102 | 数据库应用 |
| T740102 | SQL 语言 |
| T740103 | 管理信息系统 |
| T740103 | 网络基础 |
| T740104 | C 语言 |

表 6-7 课程表

| 课程名 | 课时 | 酬金 |
|--------|------|------|
| 计算机基础 | 32 | 960 |
| 移动终端开发技术 | 64 | 1920 |
| Python 语言 | 48 | 1440 |
| 数据库应用 | 32 | 960 |
| SQL 语言 | 48 | 1440 |
| 管理信息系统 | 48 | 1440 |
| 网络基础 | 32 | 960 |
| C 语言 | 64 | 1920 |

在设计数据库时，数据结构应当符合范式要求，但有时为了提高数据的查询效率，也可以折中，可以不满足范式要求，尤其是第三范式。

**（三）数据库的设计**

通过前面所讲的方法，基本上可以确定了各种关系。在关系数据库中，一个关系就是一个二维表；每一行是一个元组，对应一个具体的记录；每一列称为属性，有一个属性名。数据库的设计也就是二维表的设计，包括三个方面：

1. 确定表的字段和表之间的联系

（1）确定主关键字字段。关系数据库管理系统能迅速查找存储在多个表中的数据并组合信息，每个表必须有唯一确定记录的关键字，便于系统有效工作。这项工作可以在数据结构规范化或 E-R 图的转换中完成。

（2）每个二维表中的字段直接和表的实体相关。表中的每个字段直接描述该表的实体，如果多个表中重复相同的信息，应删除不必要的字段。然后表示表之间的联系，确定描述另一个实体的字段是否为该表的外部关键字（该字段不是本表的主关键字，但是另外一个表的主关键字，用来实现表间的联系）。

（3）以最小的逻辑单位存储信息。表中字段必须是基本数据元素，不能是多项数据的组合。比如身高体重分成两个字段，商品名、商品类别、商品描述创建不同的字段。

（4）表中的字段必须是原始数据。一般情况下不用将计算结果存储，需要时可以推导计算得到。比如，可以不用选择年龄字段，而将它换为出生日期字段，通过计算推导得到年龄；知道单价和数量，可以不用设置总价字段，而通过单价和数量计算出。

2. 确定单一的父子关系结构

在建立的各种表中消除多对多的现象，设法使所有表中记录之间的关系呈树状结构（只能有一个主干发出若干条分支，而不能有若干条主干交错发出若干条分支）。消除多对多的关系可以借助 E-R 图的方法解决或在系统分析时加以注意。

如果两个表中存在多对多的关系，也可以通过在两个表之间增加一个表来解决。例如，图书馆管理系统中，有学生表和图书表，两表之间是多对多的关系，一个学生可以借多本书，一本书可以被多个学生借阅，将两表联系起来就必须在两个表中间加一个借阅表，将两表的主关键字填入，如图 6-10。

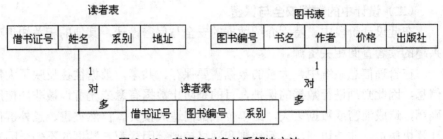

**图 6-10　表间多对多关系解决方法**

**3. 建立整个数据库的关系结构**

将各个表和表间关系解决，构成整体数据库的关系结构。

数据库建立后，检查各个整体数据库的关系结构，进行设计求精，主要检查以下几个方面：

（1）是否有遗忘字段。如果不属于已创建表，需考虑创建新表。

（2）是否存在大量的空白字段。如果有此类情况，证明这些字段不应该属于此表。

（3）每个表的关键字是否合适。

（4）是否有包含同样字段的表。如同时存在表结构相同的表，此时就可考虑将同一实体的相关信息合并到一个表，可以添加一个区分字段。如：有一季度和二季度两个表，其结构相同，可将其合并，在合并后的表中添加一个销售日期的字段。

（5）是否有字段很多而记录很少的表。如果有就应该重新设计，使字段减少，记录增多。

数据库的设计也是需要检验和用户确认的，可能会多次的修改和完善。

## 6.5.3 物理设计阶段

### （一）物理设计的步骤

物理设计阶段中，设计步骤可分为以下五步：

第一步：存储记录结构设计。包括记录的组成，数据项的类型和记录长度，以及逻辑记录到存储记录的映像。这一部分在关系数据库系统建立表时完成。

第二步：确定数据存放位置。尽量将经常会同时访问的数据放在一起。

第三步：存取方法的设计。

第四步：完整性和安全性考虑。

第五步：程序设计。

**（二）设计中的数据安全与保密**

在此设计阶段中，特别介绍数据的安全与保密设计，其他的相关知识请感兴趣的读者查阅相关资源。

在管理信息系统中，大量的数据需要保存、共享，数据往往反映了大量的信息，因此必须进行数据的保护，目的是防止数据有意或无意地被非法使用或破坏，造成泄密或数据丢失，给单位或部门造成损失。自然灾害、意外事件、计算机病毒、非法访问、访问控制和网络控制等因素都是数据的不安全因素，所以数据的安全与保密是数据库设计中重点考虑的环节之一。所以，要针对不同的不安全因素，采取各种安全保密措施，使数据更加完善。

1. 非法访问

数据安全保护主要是指对数据库的存取控制，禁止未授权的使用者非法存取不该存取的数据，防止数据的泄密，或程序的使用者误操作引起非法存取时能给予警告。解决的目的是防止无关人员获取不该知道的数据。

（1）设定用机权限。对数据、文件的使用者做出明确的规定，不同的用户对同一对象可以有不同的授权，如对于用于某班成绩管理的计算机，教师有权限使用，本班学生也有权限使用，但外班学生无权使用。

（2）用户证实。在设计时可以给每个用户一个标识符（用户代码），输入后经系统到相关用机权限数据库鉴别符合后才能进行下一步操作。输入的用户代码符合，还要验证是不是用户本人，此时可以使用口令或密码。这种口令或密码只有用户本人和系统知道，正确后方可继续使用，方式可以是固定的密码，系统随机提的问题，如"你的生日是哪天？"，或者是用户的指纹、声音等方法，可以根据实际情况设计。

（3）存取控制。获得上机资格的用户还要区别对待，不同用户使用数据库的权限是不一样的。可以采用子模式或数据项值限制的方式，如，教师可以对成绩单、基本情况的所有数据库进行读、添加、修改等操作，而学生只能对他的基本情况子模块修改，对成绩单只能查看，如果修改就会被拒绝并提出警告。教务处可以查看全校教师的课程成绩，教研室主任可以查看本教研室所有老师的课程成绩，教师只能查看自己所教的课程成绩就是一种数据项值限制的例子。

（4）密码变换。数据库中的数据以密的形式存放，使用时用户使用解码程序转换为数据库，防止窃取者偷盗数据后的顺利使用。

（5）网络控制。对于网络用户，设定网络访问的控制权限，各使用者只能在权限范围内使用网络，也可以使用防火墙来控制权限。

2. 自然灾害和意外事件

一些突发的事件可能会使数据丢失、完整性遭到破坏，需要采取相应的措施防止。

（1）安装防火系统，保证出现意外时及时发现和救护。

（2）在系统中使用不间断稳压电源，发生意外掉电时有时间保护数据。

（3）定期对本地运行的数据进行备份，如定期打印账户余额，保证可以在数据丢失后迅速恢复，可以根据情况在本机或远程计算机上备份。

（4）采取硬盘镜像或双系统服务器系统，当一个服务器发生故障时自动切换到另一个服务器。

3. 并发控制

为了防止数据的不一致性，采取封锁策略防止多个用户在同一时刻对同一事物执行操作而相互干扰。

4. 计算机病毒

使用正版软件，及时升级，加强防毒的意识，重要数据要备份。各种数据安全保护的措施都不是完善的，一些措施的实施可能会增加很大的费用，在实际的设计过程中，根据项目的情况选择。

# 6.6 用户界面设计

用户界面是系统与用户之间的接口，也是控制和选择信息数据输入和输出的主要途径。设计用户界面时应树立用户第一的观点，坚持友好、简便、实用、易于操作的原则，尽量避免过于繁琐和花哨。通常用户界面设计包括输入设计、输出设计和人机交互设计。

## 6.6.1 输入设计

输入设计是整个系统设计的关键环节之一，其根本任务是如何保证将数据正确地传递到系统中去，然后由计算机完成各种处理工作。管理信息系统输出信息的正确性很大程度取决于输入信息的正确性和及时性。因此，必须科学地进行输入设计，使之正确地、及时地、方便地收集信息、录入信息。

输入设计中，提高效率和减少错误是两个最根本的原则。以下是指导输入设计的几个目标，在输入设计的各过程中可以作为指导原则：

第一：控制输入量。在输入设计中，尽量减少输入数据，可以通过计算、统计、检索得到的信息，想办法由系统自动产生，只输入基本信息。

第二：减少输入延迟。输入数据的速度影响管理信息系统运行的效率，为减少延迟，可以采用批量输入、周转文件等方式。

第三：简化输入过程。在输入设计中不能因为提供纠错或校验而使输入过程复杂很多，增加用户负担。

第四：减少输入错误。输入设计中，采用有效的校验方法和校验技术保证输入的正确性。

输入设计包括：输入的方式、输入的格式、输入的校验等。

## （一）输入方式设计

输入方式的设计主要依据总体设计和数据库设计的要求来确定数据输入的具体形式。在设计新系统的输入方式时，尽量利用已有的设备和资源，避免大批量的数据重复多次地通过键盘输入。常用的输入方式有：键盘输入；模/数、数/模输入；网络数据传送等几种形式。

### 1. 键盘输入方式（key-in）

这种方式工作量大，速度慢，出错率较高，所以主要适用于常规、少量的数据和控制信息输入以及原始数据的录入，对大批中间处理性质的数据的输入不适合。键盘输入包括联机键盘输入和脱机键盘输入。脱机键盘输入指通过键盘到磁盘或磁带等设备，再从磁盘等设备中读入系统。

### 2. 模/数、数/模输入方式

模/数、数/模转换方式（A/D，D/A）的输入方式是一种通过光电设备对实际数据进行采集并将其转化成数字信息的方法，既省事又安全，是目前流行的一种基本输入方式，常见的有以下几种：

（1）条形码输入。利用标准的商品分类和统一规范的条形码贴于商品包装上，通过光学符号阅读器（OCR），也称为扫描仪，来采集商品信息。这种方式可用于商业、工商、海关等的管理信息系统中。比如，现在的大型超市在结算口都可以看到这种方式。

（2）扫描仪输入。和条形码输入类似，它扫描的内容不仅是规范的条形码，更多的是图形、图像、文件，如标准考试的自动阅卷，通过机读卡得到分数就是此类方式。

（3）传感器输入。用各类电子衡器和传感器采集物理信息，通过 A/D、D/A设备转换为数字信息。例如，通过触摸屏实现菜单的选择。

（4）二维码输入。可以通过扫描设备，例如手机扫描二维码直接读取信息，获取二维码所存储内容并触发相关应用。

（5）指纹输入。通过指纹采集设备获取所需识别指纹的图像，对采集的指纹图像进行预处理，从预处理后的图像中，获取指纹的脊线数据，从指纹的脊线数据中，提取指纹识别所需的特征点，将提取的指纹特征（特征点的信息）与数据库中保存的指纹特征逐一匹配，判断是否为相同指纹，完成指纹匹配处理后，输出指纹识别的处理结果。

（6）图像识别。通过传感器，将光或声音等信息转化为电信息，信息可以是二维的图像如文字，图片等，然后进行预处理，再进行特征抽取和选择，最后通过训练确定判决规则，在特征空间中对被识别对象进行分类，确定类别，输出图像识别的处理结果。

### 3. 磁盘输入方式

输出和接收双方事先约定传送文件的标准格式，可以在不添加设备的情况下通过磁盘传送数据，使用方便，一般用在不需要立即处理的数据的主—子系统连接上。

### 4. 网络数据传送方式

可以既是输入方式也是输出方式。对下级系统是输出，对上级系统是输入。直接快速的数据传送，可以避免下级设计输出、上级设计输入的重复工作。

### （二）输入格式设计

记录格式是人机之间的衔接方式，只有人工记录格式与计算机录入格式设计得好，才能使数据冗余减少，增加数据输入的正确性，并且容易进行数据校验。

### 1. 原始表单设计

输入设计的重要内容之一，是设计好原始单据的格式。研制新系统时，即使原系统的单据很齐全，一般也要重新设计和审查原始单据。设计原始单据的原则是：

（1）便于填写。原始单据的设计应做到填写量小，版面排列简明、易懂，符合日常数据管理的习惯，以保证填写得迅速、正确、全面、简易和节约。

（2）单据的格式应能保证输入精度。

（3）便于归档。每一单据应有单据号，单据大小要标准化，并预留装订位置便于存档保存。

（4）便于查找和管理。输入单据上标明传票的流动路径，录入员和凭证保存的单位或负责人。

### 2. 录入格式设计

计算机的录入格式对应于用户界面设计中的填表方式，应尽量和原始单据的格式保持一致，方便对照原始表单进行输入，一般原始表单中的内容也应该包含在录入的格式中。

设计录入格式时可以参考以下的一些原则：

（1）对于相关的内容使用框括起来形成一个相对完整的部分，可以引人注意，也可以使内容集中完整。如图 6-11 所示，基本情况和输入部分就用框括起形成相对完整的块。

（2）使用阴影。对于不需要使用者完成的部分用阴影表示，限制输入，保证数据的安全。如图 6-11 所示，在一条记录未输入完成时，"继续输入"按钮是灰色显示。

（3）对于取值固定的数据项，以选项形式输入。如图 6-11 的"性别"。

（4）如果需要，可以用不同的颜色区分不同数据。

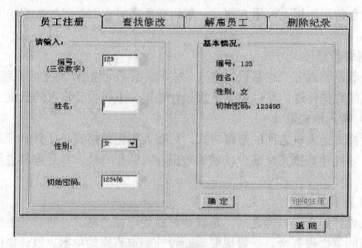

图 6-11　数据输入实例

录入格式的设计对于不同的项目和设计者也有所不同，设计时要根据具体情况确定。

**（三）输入的校验**

输入设计的目标是要尽可能减少数据输入中的错误，可以通过一些校对方式减少出错的概率。应该注意绝对保证不出错的校对方式是不存在的。

1. 输入错误的种类

（1）数据内容错误。指由于原始数据填写错误等原因引起的输入数据错误。

（2）数据多余或不足。这是在数据收集过程中产生的差错。如：数据（单据、卡片等）的散失、遗漏或重复等原因引起的数据错误。

（3）数据的延误。数据延误也是在数据收集过程中产生的，它的内容和数据量都是正确的，但是由于时间上的延误而产生差错。这种差错多由开票、传送等环节的延误而引起，严重时，会导致输出信息毫无利用价值。所以，在数据的收集与运行时，必须有一定的时间性，并且要事先确定产生数据延迟时的处理对策。

2. 数据的校验方法

数据的校验可以由人工直接检查、由计算机用程序校验以及人与计算机两者分别处理后再相互查对校验完成。常用的方法有以下几种：

（1）人工校对。由计算机打印或显示输入数据，然后由人工与原始单据进行比较，找出差错，也叫视觉校验。这种方法对于少量数据或控制字符输入可以，对于大批量的数据输入不适用。

（2）重复校验。这种方法将同一数据先后输入两次，然后由计算机程序自动予以对比校验，如两次输入内容不一致，计算机显示或打印出错信息，也叫二次键入校对。此方法目前较常用，它方便快捷，可以用于各种类型的数据，两次输入都错误的概率极小。

（3）数据平衡校对。将相反的项目查找，如：借和贷相反，数据应该平衡。

（4）分批汇总校验。常用于财务报表等完全数字型的报表，在表中添加一列小计字段，若计算机计算的小计值与原始报表相同，则认为正确。有时好几位同时输错也可能使小计值相等，但出现的概率极小。

（5）控制总数校验。采用控制总数校验时，工作人员先用手工求出数据的总值，然后在数据的输入过程中由计算机程序累计总值，将两者对比校验。

（6）数据类型校验。校验是数字型还是字母型，是否和要求的类型一致。如工资字段只能输入数值型的数据。

（7）格式校验。校验数据记录中各数据项的位数和位置是否符合预先规定的格式。如：学号字段的长度必须是 8 位，测试出输入数据的长度如果小于 8 肯定不正确。

（8）逻辑校验。根据实际情况判断各种数据的逻辑是否正确。例如：一年 12 个月，百分制考试成绩字段的数据应该在 0 分到 100 分之间。

（9）界限校验。检查某项输入数据的内容是否位于规定范围之内。产品的价格在 100 元到 200 元之间，输入的价格字段数据必须在此范围之内。

（10）记录计数校验。这种方法通过计算记录个数来检查记录有否遗漏和重复。不仅对输入数据，而且对处理数据、输出数据及出错数据的个数等均可进行计数校验。

此外，还有之前讲过的校验位校验等其他校验方法，在实际应用中可以根据情况单个或组合应用。

### 6.6.2　输出设计

计算机管理系统的各种输出，是用户处理日常管理业务和进行经营决策所直接需要的信息。输出也是用来评价系统最直观的依据，它的好坏，直接影响系统的使用效果。从系统角度来说，输出和输入是相对的，某子系统的输出很有可能就是另一个系统的输入，所以输出设计和输入设计有很多相关的部分，如输出的界面设计等就和输入设计中的要求类似。

（一）输出设计的主要工作内容

1. 有关输出信息使用方面的内容，包括信息的使用者、使用目的、报告量、使用周期、有效期、保管方法和复写份数等；

2. 输出信息的内容，包括输出项目、位数、数据形式（文字、数字）；

3. 输出形式，如表格、图形或文件，以及不同形式的格式要求；

4. 输出设备，如打印机、显示器、卡片输出机等；

5. 输出介质，如输出到磁盘还是磁带上，输出用纸是专用纸还是普通白纸等。

（二）输出形式

设计人员要根据输出信息的内容和种类，选择合适的输出方法，并以清楚的方式表达出来。输出形式主要有以下几种：

1. 表格输出。信息以表格的形式提供，一般用来表示详细的信息。对于基层或具体事务的管理者，采用表格（报表）方式给出详细的记录数据为宜。

2. 图形输出。图形在表示事物的趋势、多方面的比较等方面有较大的优势，可以充分利用大量历史数据的综合信息，表示方式直观。对于高层领导或宏观、综合管理部门，采用图形方式给出比例或综合发展趋势的信息比较合适。管理信息系统用到的图形信息主要有直方图、圆饼图、曲线图、地图等。

不管是哪种输出形式，都应该注意输出的格式尽可能满足用户的需要，使用方便、格式清晰美观，注意符合国家或上级规定的标准化要求。

（三）输入出设备和输出介质

输出设备和介质的选择应当考虑数据输出量和频度。表 6-8 列出了一些常用的输出设备和介质，可以根据具体要求选择使用。

表 6-8　输出设备、介质表

| 输出设备 | 终端 | 行式打印机 | 卡片或纸带输出机 | 磁盘机 | 绘图仪 | 微缩胶卷输出机 |
|---|---|---|---|---|---|---|
| 介质 | 屏幕 | 打印机 | 卡片或纸带 | 磁盘 | 图纸 | 微缩胶卷 |
| 用途和特点 | 响应灵活的人机对话 | 便于保存，费用低 | 可作其他系统的输入 | 容量大，存取更新方便 | 精度高，功能全 | 体积小，易保存 |

选择输出设备时综合考虑系统的需要、现有设备情况和资金来定。

## 6.6.3　人机交互设计

界面设计主要是为了进行人机交互，主要的方式有菜单式，填表式和应答式。

1. 菜单方式

菜单（menu）是管理信息系统功能选择操作的最常用方式，常用的形式有下拉式、弹出式等，也可以是按钮。菜单设计一般安排在同一层菜单选择中，功能尽可能多，进入操作的层次尽可能少，一般不要超过两级。菜单设计时近似功能可以用分割线或不同的深浅对比色区分。一般功能性选择最好是用户一次性进入，一些执行性的操作可以选择让用户再次确认，如删除等。

2. 填表式

填表式是将数据以表格的形式填入，这部分内容将在下边的输入格式设计中介绍。

3. 应答式

在用户界面中，需要在用户操作错误时，系统向用户发出提示和警告性的信息，或当用户执行用户操作指令遇到两种以上的可能时，系统请用户进一步说明。这些都属于应答式的方式，通常需要设计人员根据实际情况将相应语句写在程序中。

另外，现在有一些较为流行的设计形式，一种是把操作提示和要点同时显示在屏幕的旁边，方便用户使用；另一种是将整个系统操作说明书送到系统文件中，并设置系统运行的状态指针，当用户在某种状态"求助"时，系统可以根据当前的状态指针调出相应的章节，并可以进行进一步的详细了解或索引相关内容，如现在的 Office 软件中的帮助方式。

界面设计涉及一些具体的设计方法和编程，这里只做一个简单的介绍，具体应用时需要掌握更多的具体知识。

### 6.6.4 web 界面设计的原则

web 界面设计应遵循的基本准则有以下几点：显示信息一致性的原则；以用户为主导原则；易用性原则；鼠标与键盘一致性原则；系统响应时间原则；出错信息和警告原则；信息显示原则；数据输入原则；合理性原则；美观与协调性原则

1. 显示一致性原则

主要是指控件使用，提示信息措辞，颜色、窗口布局风格，遵循统一的标准。

好处是用户使用起来能够建立起精确的心理模型，使用熟练了一个系统界面后，切换到另外一个系统界面能够很轻松地推测出各种功能，降低培训成本。显示一致原则可以给用户统一感觉，思维和实体都不混乱。

2. 以用户为主导原则

根据用户的工作流程设计操作流程，符合用户使用习惯。

3. 易用性原则

（1）完成相同或相近功能的按钮用 Frame 框起来，常用按钮要支持快捷方式。

（2）完成同一功能或任务的元素放在集中位置，减少鼠标移动的距离。

（3）按功能将界面划分局域块，用 Frame 框括起来，并要有功能说明或标题。

（4）界面要支持键盘自动浏览按钮功能，即按 Tab 键的自动切换功能。界面上首先把应输入的和重要信息的控件在 Tab 顺序中靠前，位置也应放在窗口上较醒目的位置。

（5）同一界面上的控件数最好不要超过 10 个，多于 10 个时可以考虑使用分页界面显示。分页界面要支持在页面间的快捷切换，常用组合快捷键 Ctrl+Tab。

（6）默认按钮要支持 Enter 操作，即按 Enter 后自动执行默认按钮对应操作。如表单的保存、提交按钮。

（7）可写控件要能自动获得焦点并在检测到非法输入后给出相应提示，提示尽量简洁明了。

（8）复选框和选项框按选择概率的高低而先后排列。

（9）专业性强的软件要使用相关的专业术语，通用性界面则提倡使用通用性词语。

4. 鼠标与键盘一致性原则

尽量遵循可不用鼠标的原则：应用中的功能只用键盘也应当可以完成。但是，许多鼠标的操作，如双击、拖动对象等，并不能简单地用键盘来模拟即可实现，此类操作可适当增加操作按钮。

5. 系统响应时间原则

系统响应时间应该适中，响应时间过长，用户就会感到不安和沮丧，而响应时间过快也会影响到用户的操作节奏，并可能导致错误。因此在系统响应时间上坚持如下原则：

（1）0～5 秒鼠标显示成为沙漏；

（2）5 秒以上显示处理窗口，或显示进度条；

（3）一个长时间的处理完成时应给予完成警告信息。

6. 出错信息和警告原则

出错信息和警告是指出现问题时系统给出的坏消息，对于出错信息和警告应该遵循以下原则：

（1）信息以用户可以理解的术语描述。

（2）信息简明扼要，指出出错原因并提供解决办法提示。

7. 信息显示原则

（1）只显示与当前用户语境环境有关的信息。

（2）不要用数据将用户包围，使用便于用户迅速吸取信息的方式表现信息。

（3）使用一致的标记、标准缩写和颜色，显示信息的含义应该非常明确，用户不必再参考其他信息源。

（4）产生有意义的出错信息。

（5）使用窗口分隔控件分隔不同类型的信息。

（6）高效地使用显示器的显示空间，但要避免空间过于拥挤。

8. 数据输入原则

（1）尽量减少用户输入动作的数量。

（2）维护信息显示和数据输入的一致性。

（3）交互应该是灵活的，对键盘和鼠标输入的灵活性提供支持。

（4）在当前动作的语境中使不合适的命令不起作用。

（5）让用户控制交互流，用户可以跳过不必要的动作、改变所需动作的顺序（如果允许的话）以及在不退出系统的情况下从错误状态中恢复。

（6）为所有输入的动作提供帮助。

（7）消除冗余输入。可能的话提供默认值、绝不要让用户提供程序中可以自动获取或计算出来的信息。

9. 合理性原则

屏幕对角线相交的位置是用户直视的地方，正上方四分之一处为易吸引用户注意力的位置，在放置窗体时要注意利用这两个位置。

10. 美观与协调性原则

（1）界面大小应该符合美学观点，感觉协调舒适，能在有效的范围内吸引用户的注意力。

（2）长宽接近黄金点比例，切忌长宽比例失调或宽度超过长度。

（3）布局要合理，不宜过于密集，也不能过于空旷，合理利用空间。

（4）按钮大小基本相近，忌用太长的名称，免得占用过多的界面位置。

（5）按钮的大小与界面的大小和空间要协调。

（6）避免空旷的界面上放置很大的按钮。

（7）放置完控件后界面不应有很大的空缺位置。

（8）字体的大小要与界面的大小比例协调，通常使用的字体中宋体 9～12 号较为美观，很少使用超过 12 号的字体。

（9）前景与背景色搭配合理协调，反差不宜太大。常用色考虑使用 Windows 界面色调。

（10）如果使用其他颜色，主色要柔和，具有亲和力，坚决杜绝刺目的颜色。

（11）大型系统常用的主色有"#E1E1E1""#EFEFEF""#C0C0C0"等。

（12）界面风格要保持一致，字的大小、颜色、字体要相同，除非是需要艺术处理或有特殊要求的地方。

（13）如果窗体支持最小化和最大化或放大时，窗体上的控件也要随着窗体而缩放；切忌只放大窗体而忽略控件的缩放。

（14）通常父窗体支持缩放时，子窗体没有必要缩放。

（15）如果能给用户提供自定义界面风格则更好，由用户自己选择颜色、字体等。

### 6.6.5 手机 APP 界面设计的原则

1. 充分考虑用户的使用习惯

比如大多数人拿手机的时候是双手握还是单手握，单手握的时候是右手操作还是左手操作，操作的时候用哪个手指就能进行操作。考虑到用户的使用习惯有助于在设计时避开手指的触碰盲区。

2. 尽量减少产品层级以及深度

在移动设备上，过多的层级会使用户失去耐心而放弃对产品的使用。如果产品层级确实过深，考虑用以下几种方法扁平化你的层级结构：使用选项卡（tabs）结合分类和内容的展示；允许穿越层级操作，比如允许用户在第一层级对第二层级的内容进行直接操作。

3. 设计要主次分明

将主流用户最常用的20%功能进行显现，其他进行适度的隐藏，越不常用的功能，隐藏的层级越深。例如：微信的扫本机二维码。要避免新浪微博广场的堆积式设计。

4. 始终提供明确的导航

即要提供明确的返回上一级的操作。不能中断操作流程。

5. 自动保存用户输入的内容或一些输入提示信息

比如，微信的消息发送在没联网的情况下发送会显示叹号保存在手机端，联网后只需重新发送即可，不需要重新键入信息。新浪微博在网络不好的情况下进行转发或评论，相应的信息也会自动保存在草稿箱，联网后操作一下即可。

6. APP 底部工具栏导航数目 3～5 个为最佳

7. 尽量去猜测用户的行为，但要允许纠错

比如，用户在进行搜索时，可以根据用户最近的搜索行为给出参考答案。

# 本章小结

本章首先概述了管理信息系统系统设计的目的、任务以及步骤；讲述了系统设计的方法有哪些；最后详细地介绍了系统平台的设计、代码设计、数据库设计以及用户界面设计。

# 思考题

1. 系统设计的一般步骤？
2. 代码设计中有哪几种代码？
3. 数据库设计包括哪几个步骤？
4. Web 页面设计的基本原则是什么？

# 第七章　管理信息系统的实施、运行支持及评价

历经系统分析和系统设计，管理信息系统的逻辑模型和物理模型均已建立，解决了系统"做什么"和"怎么做"的问题，接下来，系统开发将进入一个新的阶段——系统实施阶段。管理信息系统设计结束之后，就进入了系统实施阶段。系统实施是指将新系统的设计方案转换成实际运行系统的全过程。经过系统分析和系统设计阶段，已经得到了有关系统的全部设计信息，接下来的工作就是将文档中的逻辑系统变成真正能够运行的物理系统。系统实施之后就会进入系统运行和支持阶段，管理信息系统的运行就是使用管理信息系统处理日常的信息，管理信息系统的支持就是为管理信息系统用户提供技术支持。最后的系统评价阶段度量了系统当前的性能并为系统未来改善提供依据。

## 7.1 系统实施阶段的任务

在管理信息系统的实施阶段，开发人员将把系统设计所得的、类似于设计图纸的新系统方案转换成为应用软件系统，交付用户使用，解决"具体做"的问题。亦即根据前面对系统所做的分析、设计，完成系统环境的实施、程序设计、系统测试和系统转换四大任务，把一个可以实际运行的应用系统交付给用户使用。

主要包括的任务有：

- ✓ 物理系统的实施；
- ✓ 程序的设计；
- ✓ 系统的测试；
- ✓ 系统的转换。

### 7.1.1 物理系统的实施

物理系统的实施包括硬件环境、软件环境和网络环境的建立等方面的工作。

1. 计算机系统的安装与调试

按照系统物理配置方案的要求，选择购置该系统所必需的硬件设备（计算机系统）和软件系统。硬件设备包括主机、外围设备、稳压电源、空调装置、机房的配套设施以及通信设备等，软件系统包括操作系统、数据库管理系统、各种应用软件和工具软件等。计算机硬件设备选择的基本原则，是在功能、容量和性能等方面能够满足所开发的管理信息系统的设计要求。值得注意的是，选择计算机系统时要充分进行市场调查，了解设备运行情况及厂商所能提供的服务等。

2. 网络环境

计算机网络是现代管理信息系统建设的基础，是创建和测试数据库、编写和测试程序的平台。在许多情况下，所开发的管理信息系统是基于已有的网络架构。如果是这样就可以跳过这一部分的工作。但是，如果新开发的管理信息系统要求创建新网络或修改已有的旧网络，那么就必须建立和测试新网络。网络环境的建立应根据所开发的系统对计算机网络环境的要求，选择合适的网络操作系统产品，并按照目标系统将采用的 C/S 或 B/S 工作模式，进行有关的网络通信设备与通信线路的架构与连接、网络操作系统软件的安装和调试，整个网络系统的运行性能与安全性测试及网络用户权限管理体系的实施等。

本项任务的工作由系统分析人员、系统设计人员、系统构建人员共同来完成。其中网络设计人员和网络管理人员在这项工作中起最主要的作用。网络设计人员应该是局域网和广域网的专家，而网络管理人员是构建和测试管理信息系统网络的专业人员，并且负责网络的安全性。系统分析人员的作用是确保构建的网络满足用户的需求。

3. 软件环境

在建立硬件环境的基础上，还需建立适合系统运行的软件环境，包括购置系统软件和应用软件包。按照设计要求配置的系统软件包括操作系统、数据库管理系统、程序设计语言处理系统等。在购买或配置这些软件前应先了解其功能、适用范围、接口及运行环境等，以便做好选购工作。

计算机硬件和软件环境的配置，应当与计算机技术发展的趋势相一致，硬件选型要兼顾升级和维护的要求；软件选择特别是数据库管理系统，应选择 C/S 或 B/S 模式下的主流软件产品，为提高系统的可扩展性奠定基础。

## 7.1.2　程序的设计

程序设计的任务就是将系统设计阶段得到的系统物理模型，用某种程序设计语言进行编码，以完成每个模块乃至整个系统的代码开发。其主要依据是系统总体结构图、数据库结构设计、代码设计方案等。在进行程序设计工作中，应尽量采用各种开发工具进行编码，以加快开发进程。

## 1. 程序设计

由于已在系统设计说明书中规定了系统各模块的功能、要求，所以，计算机程序员可以根据系统设计员的要求，利用结构化、模块化方法进行程序的编制工作。结构化编制程序一般采用顺序结构、循环结构或条件结构。程序的编写可以利用最新的技术、软件和方法，也可以采用购买成套软件或平台，再编写一些接口程序的方式。程序完成后，要注意程序的调试工作。

由于一般系统的程序编写工作需由多人完成，因此，要重视程序设计的组织管理工作。应综合考虑任务的轻重缓急、程序的相关程度、程序员的多少、编程能力强弱等因素，进行合理分工。分配任务时，要下达有关的程序设计任务书及有关系统设计资料。同时，要有专人负责验收。最后，要编写程序设计说明书与操作手册或使用说明书。程序设计说明书的主要内容包括：程序概述、程序结构图、程序控制图、算法、程序流程图、源程序和程序注释说明等。

程序设计的基本要求：高质量的程序必须满足以下五个方面的要求：

（1）正确性：准确无误地实现系统分析阶段的功能要求，反映全部预期的信息流程。

（2）可理解性：程序的内容清晰、明了，并各给出充分的文字说明，以便于理解。

（3）可靠性：程序应有较好的容错能力，保证不仅在正常情况下工作，而且在异常情况下也有相应的处理。

（4）可维护性：程序的应变能力强，当系统的流程有变化时可以方便地修改、调整。

（5）效率：程序的结构严谨，运行速度快，节省机时。程序和数据的存储、调用安排得当，节省存储空间。

## 2. 数据准备

数据的收集、整理、录入是一项既繁琐劳动量又大的工作。而没有一定的基础数据，准备系统调试就不能很好地进行。一般说来，确定数据库物理模型之后，就应进行数据的整理、录入。这样既分散了工作量，又可以为系统调试提供真实的数据。实践证明，这方面的工作往往容易被人忽视。甚至系统完成后只能作为摆设放在那里而不能真正运行。这等于建好工厂，但缺乏原料而不能投产。要特别强调，不能把系统的实现仅仅归结为编写程序或购买机器。这几方面的任务是相互联系，彼此制约的。

3. 软件工具的选择

随着计算机在管理信息系统中的广泛应用，对各种软件工具的研究十分迅速，各种各样的软件及程序的自动设计、生成工具日新月异，为各种管理信息系统的开发提供了强有力的技术支持和方便的实用手段。利用这些软件生成工具，可以大量减少手工编程环节的工作，避免各种编程错误的出现，极大地提高系统的开发效率。

选择适当的程序开发工具，应考虑：用户的要求，语言的人机交互能力，丰富的软件支持工具，软件的可移植性，以及开发人员的以往经验与熟练程度。

一般来说，比较流行的工具有：一般编程语言工具、数据库系统工具、程序生成工具、专用系统生成工具、客户服务器型工具及面向对象编程工具等。其各性能特点如下：

（1）一般编程语言工具：主要指各种常用的程序设计语言，如 C、C＋＋、COBOL、LISP、PROLOG 等，利用这类工具进行程序设计的基本形式是手工编程。

（2）数据库系统工具：指流行的数据库软件产品，可分为微机上的小型 DBMS（如：XBASE 系列、VFP、Access 等）和大型数据库系统工具（如：ORACLE 系统、SYBASE 系统、 IMFORMIX 系统、DBZ 系统、SQL Server 系统等）。前者适用于小型系统（EDP/TPS）的开发，后者则可以支持基于局域网、Intranet 和 Internet 的大型管理信息系统的开发。

（3）程序生成工具：主要指基于常用数据处理功能与程序相对应的自动编程工具，一般称为第四代程序生成语言（4GL）工具，大多结合在流行软件产品中，构成其中的一部分，它能实现系统中的某些模块程序代码的自动生成。

（4）专用系统生成工具：指在程序生成工具基础上发展的、除了具有 4GL 的各种功能外，更大、综合化程度更高的、具有图形化及其他功能的集成工具。一般可归为两类：专用功能开发工具包括各类套装软件、专用图表生成工具等）和综合系统开发工具（如 CASE、Jasmine、Team Enterprise Developer 等）。

（5）客户/服务器型工具：是指可进行基于网络环境的系统开发工具，它是完全符合管理信息系统发展趋势和要求的新型系统开发工具。如：Delphi、PowerBuilder、Java、Visual C++等。

（6）面向对象编程工具：是指与面向对象开发方法相对应的各类 OOP 工具，主要代表性产品如：Java、Visual C++、PowerBuilder、Delphi、Smalltalk 等。这类工具针对性强，必须与面向对象开发方法相结合，很可能成为今后的主流系统开发工具。

### 7.1.3 系统的测试

为了保证新系统运行的正确性和有效性，将一切可能发生的问题和错误尽量排除在正式运行之前，则需要进行系统测试工作。对系统测试工作要事先准备好测试方案，以提高工作效率，压缩时间，降低费用。完成系统测试后，应完成编写测试报告、绘制程序框图、打印系统源程序清单等工作。

1. 系统测试的原则

进行系统测试的目的是发现程序和系统的错误并加以纠正。在系统测试中，应遵循以下基本原则：

（1）测试工作应避免由系统开发人员或小组本身来承担。

（2）设计测试用例不仅要包括合法的或有效的输入数据，还要包括无效的或不合法的各种输入数据的形式。

（3）不仅要检验程序是否执行了规定的操作，还要检查它是否同时做了不该做的事。

（4）保留测试用例，将给今后进行重新测试和追加测试等提供方便。

2. 系统测试的方法

进行系统测试的主要方法有：

（1）人工测试：人工测试的目的在于检查程序的静态结构，找出编译过程不能发现的程序算法错误。其主要的任务就是进行程序代码复审，一般采用三种具体形式。

①个人复查：指程序源代码编写结束后，由程序员自行进行检查。由于是自查，出于程序员对自身所编写的程序的心理偏爱，习惯性错误不易发现，自身对程序功能算法的理解错误也很难纠正。一般这种形式效率不高，仅限于小型程序模块的检查。

②小组复查：由未参与系统程序设计的有经验的3～5个程序员组成测试小组，对系统程序进行复查。通过对系统软件资料和源程序的检查、分析和手工模拟，从中发现并纠正存在的各种错误。由于是人工方式，运行速度较慢，一般采用少量的简单的测试用例进行。

③会审：测试小组的组成同上法。测试小组成员在进行会审时应仔细阅读有关资料，根据错误类型清单（包括常见的各种编程错误）实施会审，通过测试小组成员与程序员的提问、讲解、回答及讨论的各种交互过程，发现并纠正错误。同时，审定有关系统程序的功能、结构及风格等。

（2）机器测试。机器测试就是直接在计算机上运行所要测试的程序模块，从实际运行的结果发现并纠正错误。机器测试采用的形式主要有两种：

①黑盒测试：也称功能测试，即不管程序内部的结构是如何设计和编制的，仅从外部根据 IPO 图的要求，对模块进行测试。也就是说，在程序的输入和输出特性上，测试程序模块是否满足设计的功能。

②白盒测试：也称结构测试，即将软件看作透明的白盒，按照程序的内部结构和处理逻辑，设计测试用例，对软件的逻辑过程进行测试，检查是否符合设计的要求。

3. 系统测试的过程及步骤

系统测试过程一般有程序测试、功能调试和系统调试三部分。

（1）程序测试

对所设计的程序进行语法检查和逻辑检查，测试程序运行的时间和存储空间的可行性。程序测试一般从代码测试、程序功能测试两方面进行。程序的逻辑检查的方式是代码测试。通常需要编写各种测试数据，通过考察程序对正常数据、异常数据和错误数据输入的反应，检验程序执行的逻辑正确性，以及程序对各种错误的监测和处理能力。程序经过代码测试后，验证了它的逻辑正确性，但是否实现了规定的功能，尚未可知。因此，还应该测试其应用功能的需求，即面向程序的应用环境，考察是否达到了设计的功能和性能指标。

（2）功能调试

通常系统总是由多个功能模块组成的，而每个功能模块又是由一个或多个程序构成。因此，在完成对单个程序的测试以后，应当将组成一个功能模块的所有程序按照其逻辑结构加以组合，以功能模块为单位，检查该功能模块内各程序之间的接口是否匹配，控制关系和数据传递是否正确，联合操作的正确性及模块运行的效率。

（3）系统调试

在实际环境或模拟环境中调试系统是否正常。主要检查各子系统之间的接口正确性。系统运行功能是否达到目标要求，系统的再恢复性等。其目的就是保证调试的系统能够适应运行环境。一般也从两方面进行：

第一方面，主控程序和调度程序调试：将所有控制程序与其他各模块的接口"短路"，以某种联系程序代替原功能模块，验证控制接口和参数传递的正确性，并发现和解决资源调度过程中的效率等问题。

第二方面，程序总调：将主控程序和调度程序与系统中的各功能模块以及所有程序联合起来进行整体调试。调试应对系统的各种可能的使用形态及组合进行考察，全面测试新系统的综合性能，以确认是否达到设计目标。

除了上述常规测试以外，有时根据系统需求还可进行一些特殊测试。如：峰值负载测试、容量测试、响应时间测试、恢复能力测试等。另外，交付使用之前，还可进行实况测试，以考察系统在实际运行环境下的运行合理性与可靠性。

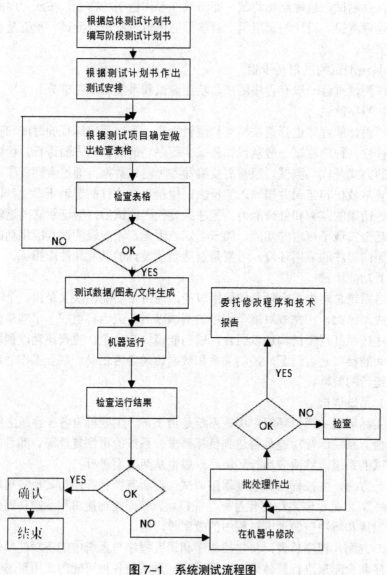

图7-1　系统测试流程图

4. 测试用例设计与测试策略

设计软件测试方案中，测试用的输入数据（测试用例）的设计是非常重要且困难的。下面就白盒测试与黑盒测试中的测试用例设计问题分别进行讨论。

（1）白盒测试的测试用例设计

白盒测试是对软件的过程性细节进行检查，因此，可以通过对程序内部结构和逻辑的分析来设计测试用例。主要的设计方法有：逻辑覆盖法、基本路径测试等。以下介绍逻辑覆盖法的思路和过程。

所谓逻辑覆盖，就是以程序内部的逻辑结构为基础的测试技术，其主要思路就是，通过程序执行测试数据，反映出数据覆盖其内部的逻辑程度。一般总希望覆盖程度越高越好，这样就可以测试到对应程序内部的大部分乃至全部。根据具体的覆盖情况的不同，逻辑覆盖可分为：语句覆盖、判定覆盖、条件覆盖、判定 / 条件覆盖、多重覆盖和路径覆盖等。

语句覆盖是通过设计若干测试用例，使程序中的每条语句至少被执行一次。判定覆盖使程序中的每个判断的取真和取假分支均至少被执行一次。条件覆盖指利用若干测试用例，使被测试的程序中，对应每个判断中每个条件的所有可能情形均至少执行一次。判定 / 条件覆盖指设计的若干测试用例，可以使程序中每个判断的取真和取假分支至少被执行一次，且每个条件的所有可能情况均至少被执行一次。多重覆盖指设计多个测试用例，使每个判断表达式中条件的各种组合均至少被执行一次。路径覆盖指设计足够多的测试用例，使程序中的所有可能路径均至少被执行一次。

上述方法仅讨论了语句、分支、条件以及它们的组合，而对于程序或算法而言，循环也是重要的基本结构之一，因此，也应该进行测试。而对循环的测试，主要检查其结构的有效性。一般可将循环分为简单循环、串联循环、嵌套循环和非结构循环等类型，测试时可以根据不同的结构，设计不同的测试用例进行。

（2）黑盒测试的测试用例设计

黑盒测试测试用例的设计，应针对程序功能进行。通常有等价类划分、边界值分析、错误推测、因果图、功能图等设计方法。下面介绍前两种方法。

等价类划分的主要思想是，程序的输入数据都可以按照程序说明划分为若干个等价类，每一个等价类对于输入条件也可以分为有效的输入和无效的输入两种。因此，可以对每一个有效的或无效的等价类设计测试用例。如果用某个等价类的一组测试数据进行测试时，不产生错误，则说明对于同一类的其他数据也不会出错；反之，则肯定出错。因而，测试时只需从每个类中任取一种输入数据进行测试即可。

边界值分析是等价类划分的一种补充。通常，程序在处理边界时容易发生错误，而等价类划分技术是在某一等价类中任取一组数据进行测试，不一定代表边界状态。因此，以边界值指对每个等价类的各边界做考察，使测试数据等于、刚刚小于及刚刚大于边界值。

（3）测试策略

不同的测试方案设计的方法各有所长，用某种方法设计出的测试方案可能最容易检测出某种类型的错误，但对于其他类型的错误则可能无法检测出来。可以利用每种测试方法设计出有用的测试方案，但没有一种方法能设计出全部测试方案。

因此，在对管理信息系统进行测试时，应该联合使用各种设计测试方案的方法，形成一种综合策略。通常的做法是：用黑盒测试法设计基本的测试方案，再用白盒测试法补充一些必要的测试方案。通常采用的测试策略是：在进行测试方案设计时，将逻辑覆盖、等价类划分和边界值分析等方法综合运用，使测试用例既能检测设计的内部要求，又可以检测设计的接口要求。

视具体情况用等价类划分法补充测试方案；必要时再用错误推测法等其他方法补充测试方案；对照程序逻辑，检查已经设计出的测试方案。可以根据对程序可靠性的要求采用不同的逻辑覆盖标准，如果现有方案未达到规定的覆盖标准，则应再补充测试方案。

在对大型复杂系统进行测试时，一般不做全面的测试，而采用抽样测试或重点测试的方式，有针对性地选择具有代表性的测试用例，或将测试重点放在容易出错的位置及重要模块进行测试，以减少测试费用，提高测试效率。

### 7.1.4 系统转换

1. 系统转换的任务

系统转换指由原来的系统运行模式过渡为新开发的管理信息系统的过程。新系统通过系统测试后，必须通过系统转换，才能正式交付使用。因此。系统转换的任务就是完成新老系统的平稳过渡，这个过程需要开发人员、系统操作员、用户单位领导和业务部门的协作，才能顺利交接。

2. 系统转换的方式

在进行系统转换时，可以采用以下几种方式：

（1）直接转换：指在确认新系统准确无误后，确定一个时刻，停止原系统的运行，并将新系统取代它投入正常运行。这种方式转换过程简单快捷，费用低，但风险很大。一旦因新系统发生严重错误而不能正常运行，将导致业务工作的混乱，造成巨大的损失。因此，必须采取一定的预防性措施，充分做好各种准备，制订严密的转换计划。这种转换方式仅适用于小型管理信息系统的转换。

（2）并行转换：指完成系统测试后，一方面原系统继续运行，另一方面新系统同时投入运行，通过新老系统并行运行一段时间后，再停止原系统的工作，让新系统单独运行。

这种方式安全保险，但费用高。转换过程中需要投入两倍的工作量，不过用户可以通过新老系统平行运行的过程，熟悉新系统，确保业务工作平稳有序。这种转换方法适用于银行、财务和某些企业的核心系统的转换过程。

（3）分段转换（试点过渡）：指在新系统投入正常运行前，将新系统分阶段分批逐步代替原系统的各部分，最后完全取代原系统。这种方式实际上是上述两种方式的折中方案，既可以保证转换过程的平稳和安全，减少风险，又可以避免较高的费用，但也存在新老系统对应部分的衔接不平滑的问题。大多数的管理信息系统的转换大多采用这种方式。

系统转换的三种方式如图 7-2 所示：

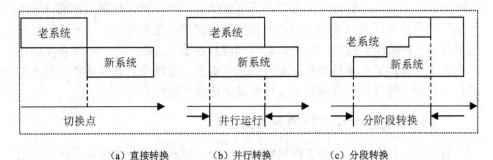

（a）直接转换　　（b）并行转换　　（c）分段转换

**图 7-2　系统转换的三种方式**

3. 系统转换的主要工作

系统转换过程中，除了确定系统转换的方式外，数据整理及系统初始化是最基础的工作。数据整理是从原系统中整理出新系统运行所必需的基础数据和资料，即把原系统中的数据加工处理为符合新系统所要求的格式。具体工作包括：历史数据的整理、数据资料的格式化、分类和编码、个别数据及项目的调整等。对于原来采用人工方式处理的管理信息系统，这部分工作量十分巨大，应当提前进行准备，否则会影响到系统转换的正常实施。

系统初始化是新系统投入运行之前必须完成的另一个工作。所谓系统初始化，指对系统的运行环境和资源进行设置、系统运行和控制参数设定、数据加载，以及系统与业务工作的同步调整等内容。其中数据加载是工作量最大且时间最紧迫的重要环节，由于需要在运行之前必须将大量的原始数据一次性输入到系统中。另外，正常的业务活动中也会不断产生新的数据信息，它们也必须在新系统正式运行前存入系统。因此，系统初始化过程中，数据加载是新系统启动的先决条件，应突击完成并确保输入数据的正确性。

在系统转换过程中，可能又会发现一些系统的错误和功能缺陷。对于这些问题，应对照系统目标决定是否进行系统修改。一般，对于程序的错误和漏洞必须改正，但若是超出目标和设计方案的其他问题，应视影响的范围、程度和工作量的大小而定，不可一概而论。在新系统中应允许存在某些不足，可通过在运行过程中的维护和系统更新方式逐步解决。

# 7.2 管理信息系统的运行和支持

许多人认为管理信息系统实施之后，管理信息系统的开发工作就结束了，这种想法是不对的。管理信息系统是一个特殊的产品，管理信息系统的开发不仅仅是产生管理信息系统的过程，而且还包括管理信息系统服务。管理信息系统运行和支持阶段研究的内容主要是管理信息系统服务的工作。本节将要讲述的内容包括管理信息系统运行和支持的基本概念、管理信息系统维护、管理信息系统恢复、管理信息系统技术支持和管理信息系统增强等。

## 7.2.1 系统运行和支持的基本概念

系统运行和支持阶段的工作包括两大部分，即系统运行工作和系统支持工作。系统运行是指管理信息系统日常的运行。正式运行的管理信息系统也称为生产系统。系统支持实际上是为管理信息系统提供的各种服务。

在详细讲述系统运行与支持的工作之前，需要了解一些基本概念。这些概念包括仓储库、程序库、业务数据库。

仓储库是一种存储系统各种知识的数据仓库。这些系统知识包括各种系统模型、各种详细的规格说明书、系统开发过程中产生的各种文档等。这些系统知识都是可以重用的，对于生产系统的系统支持工作具有重要作用。这种仓储库可以使用各种自动化的工具实现，一般用作企业业务和信息技术的资源。

程序库用于存储所有的应用程序。在整个系统的生命周期内，这些程序的源代码必须得到维护。可以使用许多软件配置工具来构建程序库。这些软件工具包括 IBM 的 SCM、微软的 SourceSafe、Intersolv 的 PVCS 等。

业务数据库包括了生产管理信息系统和其他应用系统创建和维护的所有实际数据。这些数据包括传统的文件数据、关系型数据库中的数据、数据仓库中的数据以及对象数据库中的对象数据。这些数据由数据库管理员负责备份、恢复、安全、性能调整。

与管理信息系统分析、设计、实施等阶段不同的是，系统支持阶段的工作不能简单地按照先后顺序排列。它的许多工作是日常的、独立的。一般可以把系统支持的工作分成 4 种类型的活动，即程序维护、系统恢复、技术支持、系统增强。每一种类型的活动都由特定的问题、事件、机会等触发。系统支持的活动示意图如图 7-3 所示。

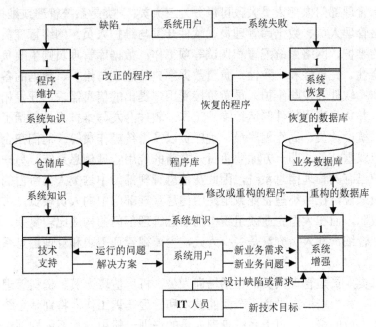

**图 7-3 系统支持活动示意图**

系统支持的活动包括：

1. 程序维护：由程序缺陷、毛病触发。
2. 系统恢复：由系统崩溃触发。
3. 技术支持：用户需要得到帮助。
4. 系统增强；新业务需求触发。

### 7.2.2 系统运行的组织

系统运行的一个首要问题是运行的组织。目前我国各企业、各组织中负责系统运行的大多是信息中心、计算中心、信息处等信息管理职能部门。

由于管理信息系统在企业中作用越来越重要，越来越多的企业设立了信息主管（Chief Information Officer，CIO）的职位。CIO 往往是企业或组织的高层决策人之一。以 CIO 为首的信息主管部门的工作任务主要有：

1. 管理信息系统的日常运行和维护。

2. 建立并实施企业管理信息系统使用和管理制度。

3. 向企业的各部门提供信息技术服务。

4. 新项目的开发和研究。

信息管理部门内部人员大致可以分为三大类：一类是系统管理或维护人员，包括网络管理人员、数据库管理员、软件开发与维护人员。网络管理员负责硬件系统的维护、网络系统配置和调试等项工作；数据库管理员则主要负责数据库的安全性、完整性和一致性，负责数据字典的建立与维护、数据的备份和恢复等工作；软件开发与维护人员负责接受用户提出的信息需求，开发相应的应用系统，并负责应用软件的运行维护工作。软件开发与维护人员包括了系统分析员、系统设计员、高级程序员、程序员以及系统操作员等。他们在企业或组织中承担双重任务，即一方面要负责开发新的应用管理信息系统，另一方面要负责维护已有的管理信息系统，因此在信息管理部门中这类人员所占的比例较大。一般来说，在中小型企业或组织中信息管理部门中的人员较少，常常是一人身兼数职，而在大型企业或组织中的信息管理部门的构成比较复杂，人员较多，分工较细，其人员究竟是多少为好，主要视管理需求和管理信息系统的规模而定。

第二类人员是管理人员，包括培训人员、机房值班人员、资料管理员和耗材管理员。其中培训人员负责全面的技术和管理培训工作，特别是系统管理人员和操作人员的培训。对于系统管理人员的培训一般由参加系统规划设计开发实施的专家担任，对于操作人员的培训一般由系统管理人员完成。

第三类人员是系统的操作使用人员，这类人员的数量最大，分布于整个企业或组织之中。这些人员除少数在空间意义上在信息中心工作外，绝大部分属于具体的业务部门，因此管理信息系统管理部门的主要成员由前两类人员组成。

### 7.2.3 系统维护

管理信息系统在完成切换过程的各项任务之后，投入正常运行，支持日常的各项事务处理、管理控制和管理决策。就进入了系统运行和维护阶段。在系统的整个使用中，都伴随着系统维护工作的进行。为改正潜藏错误，扩充功能，完善功能，结构翻新，延长系统寿命而进行的各项修改和维修活动称作系统维护。系统维护的目的是保证管理信息系统正常而可靠地运行，并能使系统在运行中不断得到改善和提高，以充分发挥作用。因此，系统维护的目的就是保证系统中的各个因素随着环境的变化始终处于良好的、正确的工作状态。系统维护是系统支持阶段的一项常见的工作，也是系统支持阶段主要的工作。甚至有些人把系统支持简单地称为系统维护。

大量实践表明，无论如何设计系统，无论系统的分析、设计、实施测试如何完善，管理信息系统都不可避免地会存在一些缺陷、错误等。其原因很多，大致可以归纳为下列几类：

1. 需求有效性不足；
2. 与用户的通信不足；
3. 误解需求；
4. 采用了错误的方法设计或实现需求；
5. 使用错误的程序。

采取系统维护操作时，应该达到下面的基本目标：

1. 知道如何修改程序，就可以解决出现的错误；
2. 尽可能地修改少量的程序，避免因为修改程序而引发其他的问题；
3. 尽可能地避免系统性能的下降，即修改后的系统响应时间和数据吞吐量不下降；
4. 尽可能快地完成修改任务，而不影响系统的质量和可靠性。

为了达到这些目标，一定要非常了解将要修改的程序。如果不了解程序的结构，胡乱地修改，有可能引起系统更多的毛病。

1. 系统维护的对象

系统维护面向系统中的各种构成因素，按照维护对象的不同，系统维护的内容可分为以下几类：

（1）应用系统的维护：系统的业务处理过程是通过程序的运行而实现的，一旦程序发生问题或业务发生变化，就必然引起程序的修改和调整，因此系统维护的主要活动是对程序进行维护。

（2）数据的维护：业务处理对数据的需求是不断发生变化的，除系统中主体业务数据的定期更新外，还有许多数据需要进行不定期的更新，或随环境、业务的变化而进行调整。此外，数据内容的增加、数据结构的调整和数据的备份与恢复等，都是数据维护的工作内容。

（3）代码的维护：当系统应用范围扩大和应用环境变化时，系统中的各种代码需要进行一定程度的增加、修改、删除以及设置新的代码。

（4）文档的维护：根据应用系统、数据、代码及其他维护的变化，对相应文档进行修改，并对所进行的维护进行记载。

（5）硬件设备的维护：主要指对主机及外设的日常管理和维护，都应由专人负责，定期进行，以保证系统正常有效的运行。硬件的维护应有专职的硬件维护人员来负责。主要有两种类型的维护活动，一种是定期的设备保养性维护，保养周期可以是一周或一个月不等，维护的主要内容是进行例行的设备检查与保养；另一种是突发性的故障维修，即当设备出现突发性故障时，由专职的维修人员或请厂商来排除故障，这种维修活动所花时间不能过长，以免影响系统的正常运行。为了提高硬件系统的可靠性，一般可采取双机备份的形式，当一组设备出现故障时立即启动另一组备用设备投入运行，故障排除后再一次进入双机备份状态。

2. 系统维护的类型

按照软件维护的不同性质，系统维护可划分为正确性维护、适应性维护、完善性维护和预防性维护四种类型。

正确性维护用来改正在系统开发阶段已发生的而系统测试阶段未发现的错误。适应性维护是为适应软件的外界环境变化而进行的修改。完善性维护是为扩充功能和改善性能而进行的修改，指对已有的软件系统增加一些在软件需求规范书中没有规定的功能与性能特征，还包括对处理效率和编写程序的改进。预防性维护是为减少或避免以后可能需要的前三类维护而对软件配置进行的修改，从而减少以后的维护工作量、维护时间和维护费用。

根据对多种维护工作的分布情况统计，一般正确性维护占 21%，适应性维护占 25%，完善性维护达到 50%，而预防性维护及其他类型的维护仅占 4%。可见系统维护工作中，一半以上的工作是完善性维护。

3. 系统维护方法

系统的可维护性对于延长系统的生存期具有决定的意义，因此必须考虑如何才能提高系统的可维护性。为此，需从五个方面入手。

（1）建立明确的软件质量目标和优先级：一个可维护的程序应是可理解的、

可靠的、可测试的、可修改的、可移植的、高效率的、可使用的。要实现这所有的目标，需要付出很大的代价。对管理信息系统，更强调可使用性、可靠性和可修改性等目标，同时规定其优先级。这样有助于提高软件的质量，并对软件生存期的费用产生很大的影响。

（2）使用提高软件质量的技术和工具：模块化是系统开发过程中提高软件质量，降低成本的有效方法之一，也是提高可维护性的有效技术。它的优点是如果需要改变某个模块的功能，只要改变这个模块，而对其他模块影响很小。如果需要增加某些功能，仅增加完成这些功能的新的模块或模块层，同时程序错误也容易定位和纠正。结构化程序设计则把模块化又向前推进了一步，不仅使得模块结构标准化，而且将模块间的相互作用也标准化了。采用结构化程序设计可以获得良好的程序结构，提高现有系统的可维护性。

（3）进行明确的质量保证审查：质量保证审查对于获得和维持系统各阶段的质量，是一个很有用的技术。审查还可以检测系统在开发和维护阶段内发生的质量变化，可对问题及时采取措施加以纠正，以控制不断增长的维护成本，延长系统的有效生命期。

（4）选择可维护的程序设计语言：程序是维护的对象，要做到程序代码本身正确无误，同时要充分重视代码和文档资料的易读性和易理解性。因此，要注意编码规则、编码风格，尽量采用结构化程序设计和通用性高的程序设计语言，把与机器和系统相关的部分减少到最低限度。

（5）改进系统的文档：系统文档是对程序总目标、程序各组成部分之间的关系、程序设计策略、程序实现过程的历史数据等的说明和补充。因此，在开发过程中各阶段产生的文档资料要尽可能采用形式描述语言和自动的文件编辑功能。文档是维护工作的依据，文档的质量对维护有着直接的影响。一个好的文档资料应能正确地描述程序的规格，描述的内容局部化，并且易读、易理解。

完成各项系统维护工作后，应及时提交系统维护报告，就所做的系统维护的具体内容进行总结，加入到系统维护的有关文档中。

4. 工作过程

系统维护工作的过程包括了 4 项任务，即确认问题、建立程序的评价基准、研究和修复问题、测试程序。下面分别详细介绍这些任务。

（1）确认问题

可以把系统维护工作看作一个小型的项目。这个小型项目是由系统出现的缺陷触发的，这些缺陷往往是由用户发现的。会出现这样的情况，用户报告说管理信息系统出现了缺陷，但是技术人员来之后，却没有发现这些缺陷。因此，系统维护工作的第一步是确认问题。

管理信息系统项目小组同终端用户一起通过重新使用系统，尽可能地发现问题。如果系统的缺陷不再出现，那么应该由用户解释出现问题的使用环境。确认问题时，会出现 3 种情况，即没有问题、使用错误、问题确实存在。

即使系统不再出现错误，系统开发小组也不能埋怨用户。因为既可能是用户自己出现了错误，也可能是错误没有被发现。这时应该告诉用户，下一次出现错误时及时通知管理信息系统技术人员。如果发现系统出现的问题是由于用户使用错误造成的，那么应该向用户解释清楚，并且教会用户如何正确地使用系统。

如果用户汇报的错误确实存在，那么系统分析人员应该做两件事情。第一，研究相关的文档即系统知识，研究造成错误的上下文。换句话说，在明白产生错误的原因之前，不要修复错误。第二，所有的维护工作都在程序的拷贝上进行。在程序修复之前，所有的原程序都保存在程序库中且可以正常使用。

（2）建立程序的评价基准

在给定的程序拷贝上，系统分析人员应该建立程序的评价基准。一个程序出现了缺陷，那么可能只是其中的一部分出现了错误，整个程序不可能都是错误的。但是，系统维护工作有可能会带来意想不到的副作用，这些副作用有可能影响到整个程序的功能和性能。因此，在修改程序之前，应该为该程序的执行和测试建立一个基准。这个基准是程序维护之后的评价基准。

这项工作由系统分析人员和系统编程人员来完成。用户也应该参加到该工作中，确保系统的测试在一个正常的工作环境下进行。

可以使用两种方式定义测试用例。第一，如果过去的测试数据依然作为系统知识存在于仓储库中，那么使用这些测试数据来验证系统。经常碰到的情况是，过去的测试数据不能直接使用，那么可以修改这些数据，以便测试使用。第二，可以使用测试工具自动捕捉测试数据。借助于一些工具，用户可以输入测试数据，这些测试数据则被自动地记录下来。这些数据就是测试的基准。

（3）研究和修复问题

系统维护的主要任务是修改程序。修改程序的工作应该由程序编程人员来完成。经常应该是这样，修改后的程序不能直接使用在生产管理信息系统中，而是作为管理信息系统的一个新版本使用。

虽然说编写程序的编程人员可以方便地修改自己程序中的错误。但是，由于技术人员的流动性，或者工作的安排，常常是自己编写的程序由其他编程人员来修改。因此，单靠记忆是不行的，必须依靠过去产生的知识。

应用程序的知识通常来自源代码的研究。理解别人编写的程序需要花费相当多的时间。这项工作常常因为下面一些原因会更加缓慢：

a. 不合理的程序结构；

b. 非结构化的逻辑，例如不合理的代码样式等；

c. 以前的修改；

d. 缺乏文档或文档不完整、不全面。

理解程序的目的是了解当前程序在整个系统中的地位和影响，理解系统为什么不工作或不能正常工作。只有理解了程序，才能确定修改这些错误需要耗费的资源和时间。

（4）测试程序

错误修复之后，还必须通过测试。这里的测试包括单元测试和系统测试。测试成功的程序应该作为新版本发布。

系统维护的成本主要在于修改仓储库中的系统知识和修改程序库中源程序代码的程序文档上。

系统知识是由系统分析人员使用的支持系统的文档，程序文档是由系统编程人员使用的支持程序的文档。

（5）软件复用

复用也称为再用或重用，是指同一事物不做修改或稍加改动就多次重复使用。广义的软件复用可分为三个层次：知识的复用；方法和标准的复用；软件成分的复用。其中，前两个层次属于知识工程研究的范畴，这里讨论软件成分的复用问题。

可复用的软件成分必然具有下列属性：

a. 良好模块化，即具有单一、完整的功能，且已经经过反复测试被确认是正确的。

b. 结构清晰，即具有很好的可读性、可理解性，且规模适当。

c. 高度可适应，即能适应各种不同的使用环境。

利用可复用的软件成分来开发软件的技术，称为软件复用技术，它也指开发可复用软件的技术。目前主要有三种软件复用技术。

（1）软件构件技术：按照一定的规则把可再用的软件成分组合在一起，构成软件系统或新的可再用的软件成分。这种技术的特点是可再用的软件成分在整个组合过程中保持不变。这一技术用在数学或工程方面的应用软件中效益明显，在系统软件的输入/输出或存储管理等方面应用也较成功。使用这种技术需要公用数据库和可再用软件库的支持，前者提供按照公用标准数据模式建立的数据模块，后者提供用于组合的可再用的软件成分。

（2）软件生成技术：根据形式化的软件功能描述，在已有的可复用的软件成分基础上，生成功能相似的软件成分或软件系统。使用这种技术需要可再用软件库和知识库的支持，其中知识库用来存储软件生成机理和规则。

（3）面向对象的程序设计技术：传统的面向数据／过程的软件设计方法，把数据和过程作为相互独立的实体，数据用于表达实际问题中的信息，程序用于处理这些数据。程序员在编程时必须时刻考虑所要处理的数据格式，对于不同的数据格式要做同样的处理，或者对于相同的数据格式要做不同的处理，都必须编写不同的程序。显然，使用传统的软件设计方法，可复用的软件成分比较少。

传统的软件设计方法忽略了数据和程序之间的内在联系。事实上，用计算机解决的问题都是现实世界中的问题，这些问题无非由一些相互存在一定联系的事物所组成。这些事物称为对象，每个具体的对象都可以用下列两个特征来描述：描述对象所需要使用的数据结构以及可以对这些数据进行的有限操作。也就是说，数据结构和对数据的操作。

### 7.2.4 系统恢复

系统恢复也是系统支持的工作之一。有许多原因可能造成管理信息系统瘫痪。系统失败之后，必须采取恢复措施把数据恢复过来，使系统恢复到正常状态。常见系统恢复工作如下：

1. 在许多情况下，系统分析人员需要坐在用户的位置上，恢复系统。

2. 在某些情况下，系统分析人员需要与系统的操作人员签订修复问题的合同。这种工作主要是涉及服务器。这些操作人员包括网络管理员、数据库管理员、Web 服务器管理员等。

3. 在某些情况下，系统分析人员必须采取恢复丢失的数据的操作。如果需要恢复业务数据，那么不仅仅是恢复数据库，还需要恢复任何丢失的正在处理的业务数据。

4. 在某些情况下，系统分析人员必须修复局域网、广域网等网络问题。

5. 在某些情况下，系统分析人员必须与硬件厂商联系。

6. 在某些情况下，系统分析人员发现了引起系统瘫痪的程序缺陷，那么必须通过系统维护来修复这个缺陷。

## 7.2.5　技术支持

第三种系统支持阶段的工作是技术支持。无论怎样培训用户，无论编写的文档如何齐全，用户还需要附加的支持和帮助。经常是系统分析人员被通知来帮助用户执行日常的操作。对于关键的管理信息系统来说，系统分析人员应该随叫随到。最常见的技术支持任务包括：

1. 常规地观察系统的使用；
2. 促使用户满意的调查和会议；
3. 改变业务过程；
4. 提供附加的培训；
5. 记录系统增强的建议和请求。

## 7.2.6　系统增强

系统增强也是系统支持的一项工作。但是与系统维护、系统恢复、技术支持不一样，系统增强是一种复杂的系统支持。因为这种系统支持工作又可能形成另外一个新的管理信息系统的开发。本节详细研究系统增强的工作。

1. 系统增强的特点

企业的业务总是在发生变化，企业的业务需求也总是在发生改变。系统增强就是要求系统分析人员重新评价企业的新需求，这些新需求要么影响到系统的改变，要么影响到系统的开发。系统增强是一个适应企业变化的过程。系统增强涉及的任务如图 7-4 所示。引起系统增强的主要事件如下：

（1）新的业务问题：新的业务问题使当前管理信息系统的作用下降或者不能有效地使用了。

（2）新的业务需求：需要在当前管理信息系统中增加新的业务需求，例如增加新的报表、业务处理等。

（3）新的技术需求：准备在当前管理信息系统中使用一种新技术，例如新软件、新版本的软件、不同类型的硬件等。

（4）新的设计需求：当前管理信息系统中的某个组成部分需要根据业务的变化重新设计，例如在数据库中增加一个新表、在当前的表中添加一个新字段、使用一个新的用户接口等。

2. 系统增强的任务

系统增强工作包括的主要任务是：分析和增强请求，执行快速修改，恢复现有的物理系统。

（1）分析和增强需求

分析和增强需求任务是系统增强工作的第一步。这项工作就是分析所有的需求，并且对这些需求进行优先级分类。

如果需要立即改变系统，那么根据改变的类型确定将要改变这些请求的解决方案。常见的改变请求如下：

①新业务问题引起了问题分析工作。从这时开始，系统增强的工作包括需求分析、决策分析、设计、构建、实现等。

②新业务需求引发了需求分析、决策分析、设计、构建和实现等工作。

③新技术需求触发了决策分析、设计、构建和实现等工作。决策分析确定所建议的新技术是否可行。这是非常重要的，因为技术改变的耗费非常大、非常复杂。

④新设计需求显然引起了设计、构建和实现等工作。

（2）执行快速修复

有些系统增强需要快速地完成，这时可以通过编写新的简单的程序或简单地修改现有的程序来实现。简单的程序和简单修改的意思是不必修改数据库的结构，只是增加新的输出或报表。现在许多程序可以使用第四代工具来完成。这时不需要修改数据库的结构，编程人员可以快速地完成程序的编写和修改。快速修改也可以通过修改当前的业务流程、使这些业务流程和管理信息系统的流程一致来快速地完成系统的增强。例如，系统分析人员可以建议用户使用现有的报表来满足新的业务需求。

（3）恢复现有的物理系统

有时候，仓储库包含了最新的或准确的系统知识。但是有时仓储库中的文档过时了，以前开发的系统没有开发业务流程，现有系统的文档不完整等。在这些情况下，在系统增强之前，要求系统分析人员恢复现有系统的物理结构。有时候，还需要重新构造现有的技术和改进系统的组件。恢复现有的物理系统的主要内容是：

①数据库的恢复和重新构造；

②程序的分析、恢复和重新构造。

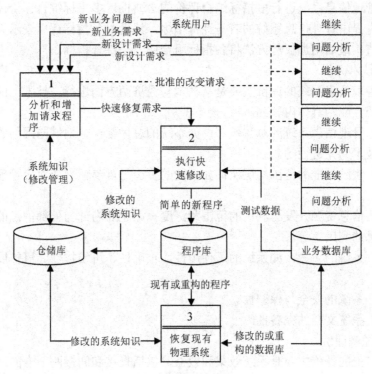

**图 7-4　系统增强包含的任务**

# 7.3 系统评价

　　管理信息系统的评价就是对系统在运行一段时间后的技术性能及经济效益等方面的评价。评价的目的是检查系统是否达到预期的目标，技术性能是否达到设计的要求，系统的各种资源是否得到充分的利用，经济效益是否理想，并指出系统的长处与不足，为以后的改进和扩展提出意见。

## 7.3.1 系统评价体系

　　由于管理信息系统是一个复杂的社会技术系统，它所追求的不仅仅是单一的经济性指标。除了从费用、经济效益和财务方面的考虑外，还涉及技术先进性、可靠性、适用性和用户界面友好性等技术性能方面的要求，以及改善员工劳动强度和单位经营环境，增强市场竞争力等社会效益目标。目标的多重性产生了对管理信息系统进行多指标综合评价的必要性。多指标综合评价体系的方法就是先提出管理信息系统的若干评价指标，然后对各指标评出表示系统优劣程度的值，最后用加权等方法将各指标组合成一个综合指标。

1. 技术评价

对管理信息系统的评价主要是从技术与经济两方面进行。技术上的评价主要是系统性能，具体内容为：

（1）管理信息系统的总体水平：如系统的总体结构、地域与网络的规模、所采用技术的先进性等。

（2）系统功能的范围与层次：如功能的多少与难易程度或对应管理层次的高低等。

（3）信息资源开发与利用的范围和深度：如企业内部与外部信息的比例、外部信息的利用率等。

（4）系统的质量：如系统的可使用性、正确性、可维护性、可扩展性和适用性等。

（5）系统的安全与保密性。

（6）系统文档的完备性。

2. 经济评价

经济上的评价主要是系统效果和效益，包括直接和间接两个方面。直接的评价内容有：

（1）系统的投资额。

（2）系统的运行费用。

（3）系统运行所带来的新增效益。

（4）投资回收期。

间接的评价内容有：

（1）对企业形象的改观、员工素质的提高所起的作用。

（2）对企业的组织机构的改革、管理流程的优化所起的作用。

（3）对企业各部门间、工作人员间协作精神所起的作用。

管理信息系统在运行与维护过程中不断地发生变化，因此评价工作不是一项一次性的工作，应定期或当系统有较大改进后进行。评价工作由系统开发人员、系统管理与维护人员、系统用户及系统外专家等共同参与，评审方式可以是鉴定或评审意见。

### 7.3.2 管理信息系统的评价指标

根据管理信息系统的特点与综合评价指标体系的构成原则，从系统性能指标、与直接经济效益有关指标及与间接经济效益有关指标等三个方面提出管理信息系统的综合评价指标。

1. 系统性能指标

（1）人机交互的灵活性与方便性。

（2）系统响应时间与信息处理速度满足管理业务需求的程度。

（3）输出信息的正确性与精确度。

（4）单位时间内的故障次数与故障时间在工作时间中的比例。

（5）系统结构与功能的调整、改进及扩展、与其他系统交互或集成的难易程度。

（6）系统故障诊断、排除、恢复的难易程度。

（7）系统安全保密措施的完整性、规范性与有效性。

（8）系统文档资料的规范、完备与正确程度等。

2. 与直接经济效益有关指标

（1）系统的投资额：包括系统硬件及软件的购置、安装，应用系统的开发等所投入的资金、人力、材料等成本。

（2）系统运行费用：包括消耗性材料费用、系统投资折旧费、硬件维护费及电费等其他费用。

（3）系统运行新增加的效益：主要反映在成本降低、库存积压减少、流动资金周转加快与占用额减少、销售利润增加及人力的减少等方面。新增效益可采用总括性的在同等产出或服务水平有无管理信息系统所致的年生产经营费用节约额来表示。

（4）投资回收期：投资回收期为通过新增效益逐步收回投入的资金所需的时间，它也是反映管理信息系统经济效益好坏的重要指标。经简化后不考虑贴现率的投资回收期，可用下面公式计算：

$$T＝t+I/(B-C)$$

其中：T：投资回收期（年）

　　　t：资金投入至开始产生效益所需的时间（年）

　　　I：投资额（万元）

　　　B：系统运行后每年新增的效益（万元/年）

C：系统运行中每年所花费的开销（万元/年）

3. 与间接经济效益有关指标

间接经济效益是通过改进组织结构及运作方式、提高人员素质等途径，促使成本下降、利润增加而逐渐地间接获得的效益。由于成因复杂，只能做定性分析，所以间接经济效益也称定性效益。一般地，间接经济效益有关指标有：

（1）对组织为适应环境所做的结构、管理制度与管理模式等的变革会起巨大的作用，这种作用一般无法用其他方法实现。

（2）能显著改善企业形象，对外提高客户对企业的信任度，对内增强员工的自信心和自豪感。

（3）使管理人员获得许多新知识、新技术与新方法，进而提高他们的技能素质，拓宽思路，进入学习与掌握知识的良性循环。

（4）系统信息的共享使部门间管理人员的联系更紧密，提高他们的协作精神及企业的凝聚力。

（5）能对企业的基础管理产生很大的作用，为其他管理工作提供有利条件。

完成系统评价工作后，应提交系统评价报告，就新系统的概况，系统组成，设计目标的实现程度，系统的可靠性、安全保密性、可维护性等的实现情况，系统的经济效益和社会效益等方面做出客观的评价。

# 本章小结

本章首先概述了管理信息系统实施的主要任务、工作步骤，使同学们对系统实施在整个管理信息系统的建设过程中的地位、作用以及包含的工作步骤等有一个总体的认识。然后，详细讲述了程序设计的基本要求，编程语言的选用原则以及常用的语言。讲述了系统切换的几种常见方式和它们的比较，讲述了程序测试的原理和测试步骤，讲述了系统维护的任务和有关方法，讲述了系统运行的组织和实施，最后给出了系统评价的体系和有关指标。

# 思考题

1. 什么是系统实施？系统实施的主要任务是什么？在整个系统建设中的位置如何？

2. 系统切换的方式有几种？它们各自的优缺点是什么？
3. 程序设计的基本要求是什么？如何选择程序设计语言工具？
4. 系统维护的内容是什么？各项维护工作应有哪些人负责？
5. 系统评价的指标有哪些？

# 第八章　ERP 系统介绍

## 8.1 ERP 介绍

### 8.1.1 ERP 的定义

ERP 是英文全称 Enterprise Resource Planning 的首字母缩写简称，即"企业资源计划"。ERP 是由美国 Gartner Group 公司于 1990 年提出的。MBA、EMBA 及 CEO、CIO 等主流商管教育培训均对 ERP 在现代企业管理中的应用及其战略意义重点关注。ERP 是延续 MRP（Material Requirement Planning，即物料需求计划）、MRP-Ⅱ（Manufacturing Resource Planning，即制造企业资源计划）的下一代制造业企业管理信息系统和资源计划软件。除了 MRP-Ⅱ 已有的生产资源计划、制造、财务、销售、采购等功能外，还有质量管理、实验室管理、业务流程管理、产品数据管理、存货、分销与运输管理、人力资源管理和定期报告系统等。目前，在我国由于 ERP 的概念流传最广，ERP 所代表的含义已经被扩大，现在已经成为企业管理信息系统的代名词，用于企业管理的各类软件，已经统统被纳入 ERP 的范畴。

### 8.1.2 ERP 的来源与演变

前面我们描述了 ERP 的定义，下面我们讲述一下 ERP 的来源与演变。

ERP 来源于 MRP。前面已经讲过 MRP 即物料需求计划，主要用于采购管理和库存计划，利用物料清单、库存数据和主生产计划计算物料的需求。20 世纪 60 年代计算机进入了实用阶段，美国企业的生产运作管理系统相应地从催办与善后处理型转变为计划主导型，为支持数据处理，MRP 便应运而生了。IBM 公司推出的生产信息与控制系统软件，是最早的 MRP 软件。

随着 MRP 的发展和企业管理需求的提升，20 世纪 80 年代，人们把生产、财务、销售、工程技术、采购等各个子系统集成为一体化的系统，并称之为制造资源计划，为与以前 MRP 相区别，特称之为 MRP-Ⅱ。MRP-Ⅱ 并不是一种与 MRP 完全不同的新技术，而是在 MRP 的基础上发展起来的一种新的生产管理方式，它在内容和能力上都对 MRP 系统有很大的扩充并且覆盖了企业整个生产活动。MRP-Ⅱ的主要特点包括管理的系统性、数据共享、动态应变性、模拟预见性、物流与资金流的统一等。随着社会发展越来越快，现代企业竞争越来越激烈，对于企业变革创新的要求越来越高。在这样一个背景下，20 世纪 90 年代提出了 ERP。ERP 的出现主要是为了体现对整个供应链资源进行管理的思想以及对精益生产和敏捷制造的管理需要，并且融入了事先计划与事中控制的管理理念。ERP 采用了更先进的计算机技术，支持多种制造类型和混合制造，包括更多的功能模块，集成了供应、制造和销售等企业经营过程。系统进而延伸到供应商和客户，应用扩展到电信、石油、金融等非制造行业。

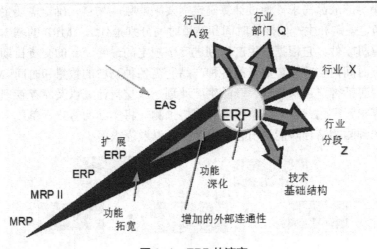

图 8-1　ERP 的演变

2000 年以后，美国 Gartner Group 公司在原有 ERP 的基础上扩展，提出了新概念——MRP-Ⅱ（Enterprise Resource Planning Ⅱ）。Gartner Group 公司给 ERP Ⅱ的定义是：ERP-Ⅱ是通过支持和优化企业内部和企业之间的协同运作和财务过程，以创造客户和股东价值的一种商务战略和一套面向具体行业领域的应用系统。ERP-Ⅱ采用更先进的计算机技术，更多地利用网络技术、数据处理技术，支持协同商务，扩展了如供应链管理（SCM）、客户关系管理（CRM）、进阶生产规划及排程（APS）、商务智能（BI）和电子商务（EBS）等功能。ERP-Ⅱ是对 ERP 的一种扩展和提升，ERP-Ⅱ的出现并不意味 ERP 的死亡。ERP-Ⅱ的管理模式仍然继承了 ERP 的管理模式，在供应链管理、客户关系管理、价值链管理方面继承了物料管理、销售管理、财务管理的管理任务、管理模型、管理算法和管理数据。主要的改变是企业管理模式之间是通过消息进行沟通和协作，每个企业的管理模式成为封装的具体管理模式，而企业之间的管理模式成为重点的管理模式。应用 ERP-II 的企业是多态的企业，是企业从个性化企业向社会化企业的扩展。

### 8.1.3 MRP 概述

前面已经多次提到 MRP，下面我们专门讲解 MRP。

MRP 是英文全称 Material Requirement Planning 的首字母缩写简称，即"物料需求计划"。MRP 是根据市场需求预测和顾客订单制定产品的主生产计划，然后确定产成品和关键物料的需求，并分解成其子件、子件的采购和生产需求。即为了满足产成品需求，通过计算确定需要采购哪些物料，确定需要生产哪些物料，确定采购和生产的开始时间和结束时间分别是什么。MRP 的基本形式是一个计算机软件，它根据总生产计划进度中规定的最终产品的交货日期，决定了在指定时间内生产指定数量的各种产品所需各种物料的数量和时间。MRP 的主要内容包括客户需求管理、产品生产计划、原材料计划以及库存管理等。其中客户需求管理包括客户订单管理及销售预测，将实际的客户订单数与科学的客户需求预测相结合即能得出客户需要什么以及需求多少。

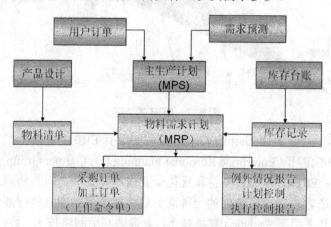

**图 8-2　狭义 MRP 系统流程图**

早期的 MRP 系统称为狭义的 MRP 系统，它在各时间段决定产品的需求量，以此作为主生产计划（MPS）。再考虑需求产品的构成信息，即物料清单（BOM）

和各种物料的库存信息（库存记录），然后对最终产品进行 MRP 运算，直至发出加工和采购订单，进行库存控制。

狭义 MRP 系统经过演变和推广，于 20 世纪 70 年代中期形成了闭环 MRP 系统。同早期 MRP 系统相比，闭环 MRP 系统将生产能力视为有限，把优先计划、生产能力计划及其实时控制有效地结合，不仅可以提供零部件需求计划，而且能够运用从各个环节得到的反馈信息对生产运作过程实施有效控制。闭环 MRP 是一个围绕物料需求计划建立的系统，它包括附加的销售计划功能、运作计划（生产计划）、主生产计划和能力需求计划。一旦完成计划并在实际中实现，它就开始发挥执行功能。

对于 MRP，我们需要记住几个要点：

1. MRP 的目标是在保证计划生产和向用户提供所需的各种材料、零件和产品的前提下采购恰当品种和数量的零部件，在恰当的时间订货，维持可能最低的库存水平。

2. MRP 系统的输入是主生产计划、物料清单、库存状态等。

3. MRP 系统的输出是零部件投入产出计划、原材料需求计划、库存状态记录、零部件完工情况、外购件及原材料到货情况统计、发货计划等。

# 8.2 ERP 的主流厂商

经过几十年的创新发展，ERP 系统已成为现代企业利用信息技术和先进管理思想，全面集成和管理企业的所有资源信息，并为企业提供决策、计划、控制与经营业绩评估的全方位和系统化的管理平台。以下我们简单介绍一下目前排名世界前三的 ERP 厂商。

1. 排名第一：SAP（思爱普）

SAP 创立于 1972 年的德国，是全球商业软件市场的领导厂商。SAP 既是公司名称，又是其产品——企业管理解决方案的软件名称。SAP 是目前全世界排名第一的 ERP 软件，在全球 120 多个国家拥有 105,000 个企业客户，财富 500 强 80%以上的企业都正在从 SAP 的管理方案中获益。SAP 在包括欧洲、美洲、中东及亚太地区的 50 个国家雇用数万名员工。公司总部位于德国沃尔多夫。SAP 的核心业务是销售其研发的商业软件解决方案及其服务的用户许可证。SAP 解决方案包括标准商业软件及技术以及行业特定应用，主要用途是帮助企业建立或改进其业务流程，使之更为高效灵活，并不断为该企业产生新的价值。

SAP 的主要产品线为 MySAP（也就是 SAP R3，基本适用于大公司）、SAP Business All-in-one（SAP 的定义为适用于中型公司）、SAP Business One（号称适用于中小企业，但是依然价格不菲）等。

2. 排名第二：Oracle（甲骨文）

Oracle 是世界领先的信息管理软件开发商，成立于 1977 年，因其复杂的关系数据库产品而闻名，总部位于美国加州，位列财富 500 强。Oracle 公司现有员工超过 10 万人，服务遍及全球 145 个国家。

在 ERP 领域，Oracle 是 SAP 最大的竞争对手，是目前世界上第二大 ERP 厂商。Oracle 现在正在应用软件领域奋起直追，甚至于在某些方面，已经赶超了老对手 SAP。Oracle 不断并购许多的 IT 公司，如收购了原全球顶尖 ERP 厂商 PeopleSoft（仁科）、JDE 等。仁科与 JDE 在 ERP 领域赫赫有名，许多世界 500 强企业都使用其系统。

Oracle 的主要产品线为 Oracle E-Business Suite、PeopleSoft Enterprise、Siebel、JDEdwards EnterpriseOne、JDEdwards World 等。

3. 排名第三：Infor

Infor 是全球第三大企业管理软件供应商，曾经的 SSA、MAPICS、SYMIX、BAAN、LILLY、四班等管理软件领域大名鼎鼎的厂商，现在已经全部归到 Infor 旗下。

Infor 成立时间最晚，但是通过一系列并购，后来居上，在中小企业领域，依仗着产品线多，选择面广，也是做得风生水起。Infor 主要的产品就是原先并购的一系列厂商的产品，只不过前面都改成 infor xx 了，例如 Mapics 的 ERP 产品 Mapics XA，变成了 Infor XA。Infor 的主要产品线为 Infor ERP LN、Infor MAPICS XA、IBaan、BPCS 等。

目前国内主要 ERP 厂商有用友、浪潮、金蝶、神州数码、博科资讯、新中大、金算盘、天心、速达、天思等。其中用友的主要产品线为 NC、U9、U8、用友通系列等，浪潮的主要产品线为 GS、PS、E 系列等，金蝶的主要产品线为 K3、KISS、EAS、iFly 系列等，神州数码的主要产品线为易飞、易助、易拓等。其他的国内 ERP 厂商的产品不再详述。

# 8.3 ERP 的主要功能

由于各个 ERP 厂商的产品风格与侧重点不尽相同，对于初次了解 ERP 的读者来说，可以基于 ERP 的基本概念先重点了解某个厂商的某个产品系列。在学习了解的过程中多从企业的角度来考量 ERP 系统的功能结构，分析 ERP 系统能够为企业做什么，它的模块功能到底包含哪些内容。

ERP 是将企业所有资源进行整合集成管理，简单地说是将企业的三大流：物流、资金流、信息流进行全面一体化管理的管理信息系统。它的功能模块已不同于以往的 MRP 或 MRP-II 的模块，它不仅可用于生产企业的管理，而且在许多其他类型的企业，如一些非生产、公益事业的企业也可导入 ERP 系统进行资源计划和管理。

在企业中，一般的管理主要包括三方面的内容：生产控制（计划、制造）、物流管理（分销、采购、库存管理）和财务管理（会计核算、财务管理）。这三大系统本身就是集成体，它们互相之间有相应的接口，能够很好地整合在一起来对企业进行管理。另外，要特别一提的是，随着企业对人力资源管理重视的加强，已经有越来越多的 ERP 厂商将人力资源管理纳入了 ERP 系统的一个重要组成部分。

我们以国内某著名 ERP 厂商高端 ERP 产品系列为例，简单介绍一下 ERP 的主要功能。

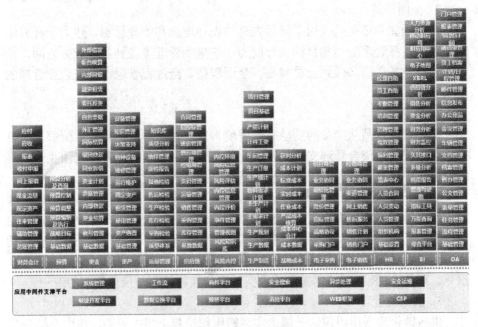

**图 8-3　ERP 产品功能架构图**

　　图 8-3 是一款面向中大型集团企业的 ERP 管理软件，在这里我们称该软件为 ABC。ABC 软件是该厂商凝聚了 20 多年管理软件研发和信息化建设经验，借鉴世界领先集团企业管理思想和管理模式，汇集不同规模、不同行业的企业信息化应用场景，专为集团型客户量身定做的一套数据集中、管理集中、决策集中的管理软件套件，涵盖集团管控 13 大领域 15 大行业 60 余个细分行业。

　　ABC 软件基于 Microsoft. NET 技术路线和 SOA 架构，采用 Web 服务和 Xml 进行远程通信及数据交换，支持 SQL Server、Oracle 等多种数据库，应用服务器支持负载均衡和虚拟化部署，支持 WebForm（Html、JS）、RIA（Silverlight）、WinForm、移动终端等多种客户端技术。

　　目前 ABC 软件已经帮助国内 20%的上市公司、30%中国信息化 500 强企业、38%国资委所属企业成功实现信息化。

　　以下我们重点介绍 ABC 软件产品中主要的功能模块。

　　1. 集团财务

　　集团财务支持集团企业的集中核算需求和监管要求，满足企业日常财务核算、会计信息披露等业务需求。财务系统可以与业务系统无缝集成，实现财务业务一体化需求。

　　2. 全面预算

　　全面预算管理系统采用了国际先进的设计理念和管理思想，致力于提升集团企业的目标管理能力和目标执行能力，使集团管理覆盖到各个业务方面，精细到各个业务层面，做到全员参与、全面覆盖、全过程管理，促进企业管理的全面升级。

　　3. 资金管理

　　资金管理产品从产品的功能完整程度、安全性、易用性等多方面都具有良好的客户评价。资金管理支持集团企业建立多级资金中心，实现集团企业的多种资金集中核算、划拨、票据管理、资金监控模式。

　　4. 资产管理

　　资产管理借鉴和吸收了 EAM 思想，是针对集团企业资产管理特点，推出的一套全新的一体化资产管理解决方案。资产管理实现对资产从采购、安装调试、运行管理到转让报废的全生命周期的管理。资产管理可以与采购、库存、预算、财务、HR 等系统紧密集成，实现资产实物管理与价值管理的统一。

　　5. 供应链管理

　　供应链管理采用组织这一概念实现跨组织销售、集中采购、集中仓储等集团企业供应链管理需求。供应链管理是把企业内部采购、仓储、生产、销售等供应链环节进行"横向一体化"扩展，把供应商、客户纳入管理范围，实现产业链协同。

### 6. 销售与分销

销售与分销是集团企业价值链管理的重点，是企业实现经营目标的关键环节，直接影响企业的现金流和经营风险。其管理的核心内容是以订单为中心整合管控销售分销过程中的各业务环节，包括销售计划、销售合同、销售订单、应收账款、结算管理等。

### 7. 生产制造

生产制造面向集团制造企业，支持集团制造协同，通过集团供应链资源的优势，实现全生产过程的一体化计划编制、生产指令下达、采购计划管理、车间作业管理、质量管理等，从而实现整个企业信息的综合集成。

### 8. 移动应用

移动应用基于统一的框架，以企业已有业务为基础，以提升价值为目标，提供完整的移动应用解决方案。移动应用可以支持多种不同版本的 ERP 产品及云服务，满足 B2E、B2B、B2C 等各类移动应用的需求。移动应用主要包括财务会计移动应用、现金管理移动应用、资金管理移动应用、财务控制移动应用、销售管理移动应用、供应链移动应用、eHR 移动应用等。

### 9. 战略成本

战略成本以战略的眼光从成本的源头识别成本驱动因素，对价值链进行成本管理，运用成本数据和信息，为战略管理的每一个关键步骤提供战略性成本信息，帮助企业建立价值创造型财务管理体系，打造长期成本竞争优势，提高成本竞争能力。

### 10. 商务智能

商务智能软件是厂商历经 10 多年的研发，并经过截至目前国家唯一落在商务智能领域的 863 项目洗礼，是"大数据"时代广大企业管理者挖掘数据金矿的得力助手。

商务智能包含数据整合、数据服务、经营分析、信息披露（XBRL）、直报平台和风险内控等"六脉神剑"，提供 ETL、多源异构采集、流量数据采集、网络数据爬取等采集技术，实现对物联网、互联网、企业内部等数据的采集、加工流程生成、应用项目的部署和运行监控等。商务智能主要应用于历史数据迁移、数据同步、数据合并、数据交换、数据仓库等场景，并基于大数据中心，探索、展示、分析与挖掘各业务信息资产，从浩瀚的信息中及时地发现有价值的知识，为企业决策层的思维决策和战略发展、风险预警等方面提供有力服务，降低管理决策中"凭经验、拍脑袋"的风险和隐患，提高企业市场快速反应力与竞争力。

### 11. 人力资源

人力资源管理软件秉承"提升人力资本，改善经营业绩"产品理念，以人力资本为核心搭建战略人力资源管理框架，通过信息化系统改善人力资源管理体系，进而辅助企业达成既定经营及战略目标。人力资源管理软件作为人力资源信息化平台可以满足各级领导层面、各岗位人员的应用需求，实现集团企业上下协同的人力资源管理业务。通过人力资源管理软件，集团总部可对整个集团的人力资源管理进行集中式管理：建立全集团的人力资源信息数据库或集团关键人才数据库，全方位、多层次地掌握人力资源信息，从整体上进行优化配置，对成员企业人力资源事务进行集中管理；下级单位可以及时了解总部制定的人力资源政策、规范制度，协助贯彻执行，并对各部门的人力管理业务进行检查和指导，辅助集团总部人力资源各项业务的展开与管理。

### 12. 客户关系管理

客户关系管理软件融合了国内外各行业优秀的管理理念和实践经验，为企业提供集营销、销售和服务为一体的客户关系管理解决方案，帮助企业建立"以客户为中心"的商业模式，从而在激烈的市场竞争中取得先机。客户关系管理软件基于客户全生命周期管理，可以更加有效地处理客户关系，获取和保持更多的客户。通过对企业营销、销售和服务流程的全面整合和精细化管理，可以降低企业运营成本，扩展市场份额。客户关系管理软件不仅融入了先进的管理思想，而且拥有良好的客户体验，包括美观的界面、良好的易用性和极快的响应速度。客户关系管理软件可以提供具备实用性、先进性、灵活性、开放性、安全性的分行业客户关系管理。通过应用客户关系管理软件可以显著提高运作效率、客户满意度和投资回报率。

### 13. 主数据管理

主数据管理软件提供完整的主数据管理平台，实现主数据编码、整合、清洗、共享、治理等功能，可实现基础档案的创建、编辑、导入导出、查重检索、审批流设置，与其他应用系统之间的数据集成等功能。

主数据管理软件包括基础数据编码、数据管理控制台、数据适配器三部分，采用统一的规则和口径实现协同管控一体化，保证数据的实效性及准确性。提供标准编码管理体系，统一编码体系结构，规范编码的设置、审批、发布、维护工作程序，保证编码的方便性、完整性、有效性、正确性、适应性、可扩展性。推动关联部门的信息互联互通，使各个系统走出"信息孤岛"，最大程度地共享和维护，为领导提供更及时、准确的统计分析数据。

14. 电子采购

随着国内企业逐步向着产业化和社会服务化的延伸，企业供应链在做好对内服务的同时，积极开展价值创造研究，考虑如何实现采购组织由成本中心向利润中心转变，考虑如何为社会提供增值服务，实现多方共赢。

电子采购基于应用中间件支撑平台开发，实现一个云中心、两个云端门户、两种云应用模式，为企业提供上下协同、内外协同、一体化的集中采购寻源管理解决方案。让更多的供应商参与企业采购，大幅降低采购成本，提高采购质量，建立高效、稳健的供应链渠道，帮助企业细化采购需求源头管理。加强招标、竞价、询价过程中的管理与监控，选择优秀供应商。快速响应生产经营采购需要，降低采购成本。打通供应链企业之间的信息壁垒，加强企业与供应商之间的沟通协同和信息共享，实现采购、收货、结算协同，提高供应链运作效率，提升企业核心竞争力。

15. 风险内控

针对近年来企业内部控制失效的案件频发，经营过程的风险越来越复杂的情况，内部控制迫切需要加强。2010 年初，五部委（财政部、证监会、审计署、银监会、保监会）联合发布了《企业内部控制基本规范》和《企业内部控制配套指引》，并对上市公司做了实施要求。风险内控管理系统基于应用中间件支撑平台开发，结合全面风险管理框架，体现合规保证、风险导向、决策支持、控制整合四大产品理念。系统全面满足并超越基本规范及配套指引要求，保证企业达到合规标准；系统包含完整的风险评估流程，同时将评估结果作为内控评价与内控审计导向；系统全面整合内控信息，实现多层级、多业务企业内控工作上下协调、规范统一；系统实现风险、内控和事件信息透明、可视，及时报告、应对，实现对企业的决策支持。

通过风险内控管理，可以帮助企业完成内控实施过程中的内控诊断、优化设计、编制内控手册等工作，解决内控管理过程中内控信息维护和监控、内控评价、缺陷整改等面临的诸多难题。

风险内控将助力企业全面遵从《企业内部控制基本规范》，满足监管合规的要求，有效降低内部控制工作的实施成本，提高实施效率和成果质量，助力企业实现风险、内控、事件的日常化管理，改善并提高企业治理和规范化管理水平。

16. 电子商务

企业迫切需要跨越内部业务管理与外部服务的屏障，整合内外信息资源，建立内外部的信息发布与交互平台，为企业传递及时、准确的商业消息，建立方便、安全、快捷的交易模式，降低企业交易成本，提高企业沟通协同效率。电子商务解决方案迎合了这个需求，它以内部业务系统为内核，跨越内部业务管理与外部服务的屏障，整合内外信息资源，创建内部业务管理向外部服务延伸的触角和桥梁，建立一个全天候超时空的电子商务平台。打通供应链企业之间的信息壁垒，加强企业之间的沟通协同和信息共享，通过流程优化管理提高供应链运作效率，提升企业核心竞争力。

17. 办公自动化

办公自动化系统作为企业整体信息化规划中重要的一部分，需要具有前瞻性，又必须基于信息化整体规划，在应用对接、门户统一、数据共享等方面具有相当的开放性、兼容性和扩展性。

办公自动化系统涉及门户管理、协同工作、流程管理、公文管理、表单应用、公共信息、论坛管理、调查问卷、知识管理、邮件管理、工作督办、在线消息、常用工具、业务生成等多个应用模块，数千个功能点。如此大范围、多功能的系统也需要总体架构，支持横向扩展和纵向升级，支持系统各功能之间的关联性，支持系统的有机性。

18. 应用中间件支撑平台

应用中间件支撑平台是厂商在企业管理软件领域二十多年经验基础之上，融合 SOA、云计算、物联网、大数据、移动应用等业界先进技术和理念，研发出的一套先进、稳定、易用、高效的技术平台。平台集应用的开发、配置、运行、集成于一体，为各种持续变化、不断创新演进的企业级应用系统提供支撑。

应用中间件支撑平台旨在打造一个完整的企业应用生态系统。应用中间件支撑平台不仅是 ERP 产品线的基础支撑平台，也可以作为企业信息中心、合作伙伴、独立软件开发商（ISV）进行二次开发或者创建独立完整应用系统的技术平台。

# 本章小结

本章主要介绍了 ERP 的概念、ERP 的来源及演变、ERP 的主流厂商和 ERP 的主要功能。

# 思考题

1. 什么是 ERP？
2. ERP 的主流厂商有哪些？
3. ERP 的主要功能？

# 第九章 管理信息系统案例

## 9.1 体育场馆管理信息系统

### 9.1.1 系统调查和可行性分析

**一、系统简介**

随着互联网的深入应用，信息技术推动面向知识社会的创新形态的形成日益受到关注。创新形态的演变也推动了互联网形态、信息通信技术形态的演变。互联网、云计算、大数据等新一代信息技术作为互联网的延伸和发展，在体育场馆信息系统建设中逐渐被应用。

体育项目逐渐向多元化发展，要求体育场馆有更多类型的体育场地，以及更多的体育设施。虽然现在出现越来越多与现代体育精神相贴切的综合性体育馆，但是当今体育场馆的功能和实用性依然不足。此系统是基于 PC 端，以高校体育场馆的实际需求设计的管理信息系统。不仅要满足高校体育教学服务，从事体育锻炼和开展体育赛事活动，同时逐渐面向社会开放，使体育场馆市场化，成为一种学校和社会共享的公共体育资源。

管理系统的主要功能：对于角色的权限管理，角色包括学校教学的管理员、系统管理员、服务管理员等。依据不同的角色赋予不同的工作权限，权限级别按照学校规定设置；教学计划的场地安排管理，根据学校教学任务分配场馆使用；体育器材管理，包括体育器材从购买到报废的所有处理过程的管理，根据体育器材的不同状态分配给不同的使用角色；会员收费管理，根据场馆的不同，设置对公众的开放状态，同时对予以开放的场馆，学校向公众提供有偿服务，采用会员制的功能服务。系统测评与评估：针对开发完成后以及日常运行过程的测试、性能的维持以及调试等。

**二、详细调查**

针对设计的系统，前期进行了专家访谈并向学校场馆建设的相关人员以及学生发放了问卷。进行问卷调查的目的是为了收集足够的、真实的和有效的信息为设计此系统服务，为后续的系统模块设计、功能设计提供参考依据。并对高校场馆使用情况进行调查，以便能够适应高校场馆的使用；通过专家访谈，能够更好地了解体育场馆的管理信息系统状况，弥补当前场馆管理的不足，以便优化信息系统。针对学生发放问卷是了解场馆使用对象对管理信息系统的需求情况，提高管理信息系统的接受度，并通过问卷接受建议和相关见解。调查问卷和专家访谈如图9-1和图9-2所示：

### 关于高校体育场馆管理信息系统的调查问卷

亲爱的先生/女士，您好！占用您的宝贵时间我们深感歉意。非常感谢您参与我们的问卷调查，此次调查是为我们系统设计做准备，不存在任何商业用途，更不会泄露您的任何隐私。整个问卷中涉及的题目均没有对错之分，请根据您的实际情况填写，无需署名。谢谢您的合作！

1、您的性别
□男　　□女

2、您的年级
□大一　　□大二　　□大三　　□大四　　□研究生及以上

3、您平时去场馆的频率？
□一周两次及以上　　□一周一次　　□两周一次　　□一月一次
□更长时间

4、您所从学的专业是什么？
A.运动训练　　B.体育教育　　C.教育技术学　　D.体育训练学　　E.公共信息管理　　F.体育经济与管理　　G.舞蹈学　　H.其他_____

5、您一般去体育场馆是进行哪种运动？（多选）
□羽毛球　　□乒乓球　　□篮球
□网球　　□台球　　□跑步　　□其他_____

6、您对高校内的体育场馆管理信息系统有了解吗？
□完全不了解　　□了解　　□非常了解

7、您认为有必要对场馆进行统一管理，对场馆内功能进行区域划分吗？
□完全没必要　　□一般　　□无所谓　　□必要　　□非常必要

8、您认为有必要对场馆进行统一管理，对场馆内器材进行区域划分吗？
□完全没必要　　□一般　　□无所谓　　□必要　　□非常必要

9、您认为有必要对场馆进行统一管理，对场馆内运动的位置按人群进行区域划分吗？
□完全没必要　　□一般　　□无所谓　　□必要　　□非常必要

10、您认为影响体育场馆管理的较大的因素有哪些？（多选）
□人工管理　　□场馆利用率　　□场地的使用与维护　　□服务质量
□其他因素_____

11、如果您是高校体育场馆的行政管理人员，您愿意使用大型商场内商铺管理系统么？
□愿意　　□不愿意
原因_____

非常感谢您对我们此次的配合！您回答所提供的信息对我们今后工作非常有价值！再次感谢您，祝您生活愉快！

### 图9-1 调查问卷图

**访谈内容和进度安排**

访谈对象：校领导
访谈日期：2019 年 10 月 12 日星期六
时间：11:25——11:45
访谈地点：大学生活动中心会议室
访谈主题：提升学校体育场馆管理系统的技巧，进行区域设定，职能规划。

| | | |
|---|---|---|
| | 访谈开始<br>双方自我介绍<br>感谢您参加访谈<br>本次访谈的目的：为了寻求提升体育场馆管理信息系统的利用率，进行区域设定，职能规划。 | |
| 第 3 分钟 | 第一个问题：如何在保证不耽误教学计划的情况下提高体育场馆的利用率？能具体举几个例子吗？ | 精细的时间安排，在教学计划执行下，教学时间不对外开放，非教学时间采用区域化限流对于外开放。如游泳馆教学时间不对外开放，非教学时间采用分区域开放，一部分针对校内学生，一部分对社会人士等。 |
| 第 8 分钟 | 第二个问题：如何限流开放？ | 限制进入场馆的社会人员的人数，方便对场馆进行管理。比如说某个时间点内进入此场馆的社会人士人数为 30 人等。 |
| 第 12 分钟 | 第三个问题：目前学校内的场馆开放时间是固定的，您觉得同时开放会影响场馆的利用率吗？ | 我认为是不影响的，因为每个学生对于运动的需求是不一样的，同时开放是为了服务众多人员，当然也可以选择在假期时部分场馆对外开放，这样可以增加场馆的利用率 |
| 第 14 分钟 | 第四个问题：体育场馆的管理单独分开，由不同场馆的管理人员分开管理的，最终由学校统一调配，您认为这样会造成人员浪费吗？ | 场馆的单独管理是由于每个场馆的特色决定的，每个场馆的管理人员都对某个场馆比较熟悉，懂得维护，再由学校统一调配是为了教学计划安排教学场地，其他不做统一管理。加强对场馆的信息的了解，可以增加场馆的使用率，实现各场馆信息共享，就可以减少人员浪费。 |

结论：高校体育场馆信息系统的建设势在必行，传统的人工管理安排，会造成人员浪费和资金冗余。由于客观条件体育场馆的利用率普遍偏低，假期时间体育场馆关闭，无利用率。各种场馆的利用率不一，无法平衡资源。各个体育场馆的信息化程度低，需要进入信息化管理设备，提高场馆的使用率，使体育场馆的利用更加科学、合理。

**图 9-2　专家访谈图**

### 三、可行性分析

#### 1. 环境可行性

政治环境：《中国教育现代化 2035》《教育信息化 2.0 行动计划》等文件确立了教育信息化在教育现代化进程中的战略地位。"互联网+"深入发展、促进数字经济加快成长，为经济发展提供强大动力，为人民生活带来极大便利。根据 2020 年政府工作报告，各省将重点建设"新基建"项目，"推动新一代信息技术、大数据、人工智能等新兴产业加快发展"。国内诸多体育场馆在运用"互联网+"模式上进行了尝试和探索。在体制内探索"互联网+"，即通过在体育场馆建立门户网站、APP、收集发布信息、招投标等，提升工作效率，改善服务质量，增加业务范围；在体制内探索"互联网+"，通过 APP、O2O 实现场馆的智能化、快捷化、信息化，例如"羽球生活"。该平台实现了移动互联端的球馆场地、教练课程、球会活动的网上订购、线下消费，覆盖了羽毛球生态圈中球馆、教练、球会、赛事等关键环节。

运行的现场环境：本系统面向所有的场馆信息的管理人员，界面简单，采用可视化界面，便捷地进行所有操作。采用 PC 端单机操作，学校系统联网平台数据共享，前期培训需要时间短，操作简单，实际现场环境可行。

#### 2. 技术可行性

①用户对管理系统的要求是单机版。要符合这个条件的话，只需要在开发软件之后将软件安装到使用者的电脑上即可，操作界面可以使用 ASP. NET 来完成开发工作。

②在保存数据的时候，数据的安全性是最主要的问题，可以通过使用 SQL Server 2005 来帮助实现。

③在使用 ASP. NET 来对数据库进行访问有着多种方式，可以在计算机上对相关信息进行修改以及查询。

#### 3. 经济可行性

开发此软件不需要大量的经费，个人独立设计，节省费用，同时也可提高个人的实际动手能力。

估算新系统的成本效益分析，其中包括估计项目开发的成本，开发费用和今后的运行、维护费用，估计新系统将获得的效益，估算开发成本是否会高于项目预期的全部经费。没有管理系统或者是优良的系统，会造成很多不必要的浪费。在系统投入后，是一个长期受益的过程，会减少人员在管理场馆时的费用，提高工作效率。所以该系统还可以给高校带来经济上的利用。

### 4. 可行性结论

根据上面可行性分析，企业进行系统开发的条件已成熟，可以立即进行系统开发。

### 四、项目管理计划

体育场馆信息系统开发过程是根据以下计划表展开进行的，如表 9-1 所示。

表 9-1 项目开发表

| 工序 | 内容 | 紧前工序 | 工期（天） |
|------|------|----------|------------|
| A | 确定项目规划性质 | — | 15 |
| B | 收集资料 | A | 20 |
| C | 确定系统目标 | B | 3 |
| D | 问卷调查 | C | 7 |
| E | 专家访谈 | C | 2 |
| F | 可行性分析 | D | 10 |
| G | 制作流程图 | E | 10 |
| H | 数据字典 | E | 20 |
| I | 逻辑设计 | F | 15 |
| J | 制定技术方案设计 | G | 10 |
| K | 模块设计 | H | 17 |
| L | 代码设计 | I | 30 |
| M | 数据库设计 | J | 20 |
| N | 人机界面设计 | K | 60 |
| O | 物理系统的实现 | L | 45 |
| P | 程序设计与调试 | M | 15 |
| Q | 项目人员培训 | M | 10 |
| R | 测试 | N | 20 |
| S | 评估 | O | 7 |

## 9.1.2 系统分析

### 一、组织结构图

系统的目标是提高系统的自动化、标准化和系统化，为各部门快速提供信息，提高场馆的管理效率，为用户提供更便利、更全面的服务。根据这个目标，设立了体育场馆的组织结构。场馆由场馆主任全权负责，为场馆管理的最高负责人，下设场馆管理部、市场服务部、物业管理部、器材管理部。

　　场馆管理部：主要负责所有场馆事务的管理，包括对接学校教务处的教学计划，场馆内的各种收入和支出的最终汇总等。

　　市场服务部：负责场馆校外租赁以及会员的相关事务。

　　物业管理部：负责场馆的治安、保洁等场馆内的日常生活服务。

　　器材管理部：负责场馆内器材的购买、借还、报废、维护、库存整理等器材的所有相关事务。如图 9-3 给出了场馆的组织结构图。

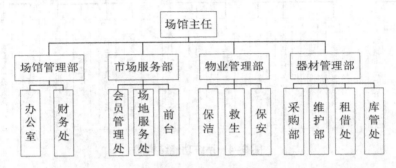

**图 9-3　系统组织结构图**

## 二、功能结构图

　　本系统的建立，能有效利用学校体育资源，合理安排工作人员，科学分配场地，为广大学生和教师以及校外体育爱好者创造了更加方便和谐的运动环境。本文设计的高校体育场馆设施管理系统可实现以下功能：

　　（1）场馆管理

　　场馆管理模块主要分为场馆模块和场地模块两大类。

　　（2）器材管理

　　体育器材管理模块主要分为新增器材、维修器材、器材保费和器材借还四大模块。

　　（3）教学计划场地安排管理

　　教学计划场地安排管理模块分为选择教学日期、查看场地使用情况、设置场地使用情况三大模块。

　　（4）场地预定管理

　　场馆预订管理模块包括场地维护、场馆查询、查看场地使用情况、预定取消场地四大模块。

　　（5）会员管理

　　会员管理包括八大模块：查找会员、添加会员、删除会员、修改会员、会员信息、会员卡充值、查看该会员预订场馆。

根据以上内容，画出了系统的功能结构图：

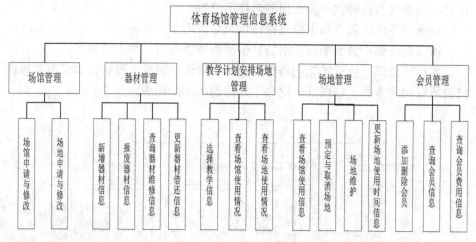

图9-4 系统功能结构图

### 三、业务流程图

高等学校体育场馆设施管理系统要解决的问题如下：

（1）场馆信息完善：要明确高校体育场馆的基本信息，比如场馆位置类型尺寸、场地数量大小、可利用开发改造的面积等。要及时完善修改相关基础信息，确定场馆定期保养和及时维修。

（2）体育器材管理：要对破旧体育器材进行报废处理，加强问题器材维修，及时更换新器材，确定体育器材定期保养和及时维修，保证学生使用安全。

（3）体育用品借用：制定详细的体育用品借用规章制度。

（4）体育教学安排：建立智能的体育教学计划，在时间和场地上合理安排。

（5）体育场馆预约：对预约时间、场地类型、场馆使用情况等的管理。

（6）完善会员信息：建立会员库，及时更新会员信息。

本案例基于体育器材的采购业务进行展开，此业务流程为：学校场馆根据设备供应商提供的报价也就是采购单进行器材采购，如采购单合理则与设备供应商签订购买合同，不合理则退回给设备供应商。器材采购员检查合格的器材交给器材编号员进行此场馆内的器材编号，填写入库单交给库存管理员，入器材总库；如果入库单不合格，返回编号员重新填写。本业务流程图展示如下：

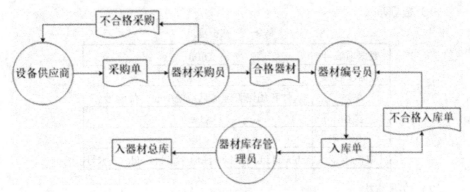

图 9-5　器材采购业务流程图

### 四、数据流程图

由于本系统涉及一系列流程图，根据以上的器材采购的业务流程图绘制出以下数据流程图，如图 9-6 所示。

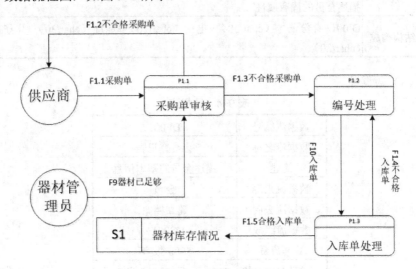

图 9-6　器材采购数据流程图

### 五、数据字典

数据字典是数据流程图的补充，由于项目过多，这里选取一个例子进行展示。

（1）数据项

**表 9-2  数据项**

| 数据项编号 | DI001 |
|---|---|
| 数据项名称 | 会员编号 |
| 简述 | 体育场馆管理信息系统中的会员编号 |
| 类型 | char |
| 长度 | 9 |
| 取值/含义 | aabbccddd，aabbcc-注册年月日，ddd-流水号 |

（2）数据结构

**表 9-3  数据结构**

| 数据结构编号 | DS001 |
|---|---|
| 数据结构名称 | 会员基本信息 |
| 简述 | 描述会员的固有属性 |
| 数据结构构成 | DI001+身份证号（char/30）+电话（char/20）+地址（char/30）+电子邮件（char/30） |

（3）数据流

**表 9-4  数据流**

| 数据流编号 | DF001 |
|---|---|
| 数据流名称 | 会员登记表 |
| 简述 | 描述会员的基本信息 |
| 数据流来源 | 会员 |
| 数据流去向 | 建立档案 |
| 数据流组成 | DS001+ |
| 数据流量 | 5000 张/年 |
| 高峰期及流量 | 1000 张/月，3000 张/2 月 |

（4）数据存储

**表 9-5  数据存储**

| 数据存储编号 | DB001 |
|---|---|
| 数据存储名称 | 订单表 |
| 简述 | 描述会员的详细的订单信息 |
| 组成 | DI001+会员号+身份证号+电话+预定开始时间+结束时间+价格 |

续表

| 关键词 | 会员编号/DI001 |
|---|---|
| 记录长度 | 98B |
| 记录数 | 50000 条 |
| 容量 | 4785kB |
| 有关处理逻辑 | P001 |

（5）外部实体

表9-6　外部实体

| 外部实体编号 | E0001 |
|---|---|
| 外部实体名称 | 使用体育场馆的会员 |
| 简述 | 在高校使用体育场馆的外来社会人士 |
| 输入数据流 | 新入驻会员登记表 |
| 输出数据流 | 场馆运营详情 |

（6）处理逻辑

由于系统有多个处理过程，以场馆使用的处理为例。场馆使用分为校内使用和校外使用，当校内使用时，场馆是根据教学任务进行分配的，当此场馆在某个时间点具有教学任务时，这个场馆不允许借用，只能教师教学使用；当此场馆无教学任务时，并且是校内使用，学生可以自我使用。当场馆正处于校外租赁使用时，场馆不允许校内干预，只能由校外会员付费租赁。此场馆使用的处理逻辑过程如下图：

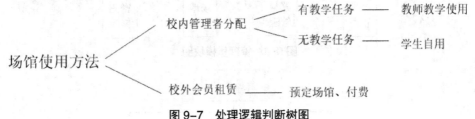

图9-7　处理逻辑判断树图

## 9.1.3 系统设计

### 一、技术方案设计

（1）开发环境

硬件：CPU 采用 Intel®Core™2 Quad CPU Q9500 @2.83GHz；内存，32GB；硬盘大小，500GB；扫码器。

软件：操作系统，windows/linux；数据库，Microsoft SQL Server；开发环境，NET/AJAX/BOOTSTRAP；开发工具，Visual Studio；开发语言，NET,Web；服务器，Tomcat 。

（2）运行环境

硬件：高性能 PC 服务器，能够将当前的数据进行呈现和反映，并最终能够连接打印机。

软件：浏览器，Google 浏览器、360 浏览器、IE 浏览器，安装 IE6.0 以上版本的浏览器。

应用服务器上需要安装中间件作为服务器的集群系统的体现。

服务器需要有一定的操作系统，主要包含了 windows10/linux 以及 solaris 系列。

数据库的服务器标准上需要有相关的 SQL 数据库系统。

（3）网络接入方式

采用 DDN 专线接入方式。

## 二、模块设计

本系统分为管理员模块和会员模块，其中管理员模块分为会员管理、器材管理、场地管理、密码修改这四个部分；会员模块分为会员注册、会员查询、会员消费这三部分。

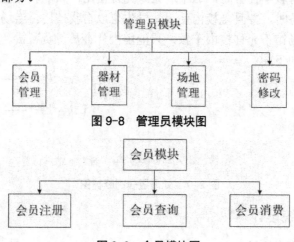

图 9-8　管理员模块图

图 9-9　会员模块图

## 三、代码设计

代码的设计目的：在管理信息系统运行中，为便于计算机的处理，对系统涉及的对象用英文字母、数字来代替，使系统对象简单化，也使系统的处理更简便。

代码设计说明：

（1）代码设计是为了系统运行的简便。

（2）代码的对象主要是学校器材的供应商、场馆的使用者、器材、场地。

（3）根据对象的性质，采用层次码。

（4）为了保证代码输入的正确性，为代码设计了校验码。

在代码设计时一般会考虑校验位的设计，校验位是通过事先规定的数学运算计算出来的。代码一旦输入，计算机会采用同样的数学运算方法按照代码数字计算出校验位，并将它与输入的校验位进行比较，以证实输入是否有错。系统中代码的种类采用层次码，校验位的确定采用算数级数法。下面通过对系统中的部分数据进行展示，说明代码设计的过程。

1）层次码

例：会员编号采用层次码，用十位字符表示。会员编号为 190603123，会员注册时间为 2019 年 6 月 3 日，顺序号为 123 号。

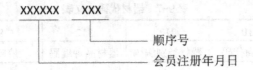

**图 9-10　会员编号层次码图**

订单号采用八位字符的层次码表示。

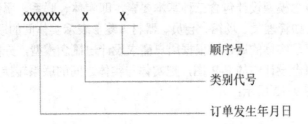

**图 9-11　订单号层次码图**

订单号 08111123 设计说明：

订单发生年月日：2008 年 11 月 11 日

类别代号：2

顺序号：3

则订单编号为 08111123

2）校验位

由于器材在某种种类下所需要的数目过多，所以器材编号采用校验码，校验码为原代码基础上，添加校验位。

例：器材编号代码设计

某器材代码为 0102123128 的说明：

原代码：　010212312

位权：　　123456789

乘积之和：0+2+0+8+5+12+21+8+18=74

模：　　　11

　　　　74/11=6…8

校验码：　8

因此代码为：0102123128

器材代码含义如下表：

表9-7　器材代码含义表

| 010 | 212 | 312 | 8 |
|------|------|------|------|
| 供应商代码 | 器材类别编码 | 器材品种编码 | 校验码 |

## 四、数据库设计

（1）概念设计（E-R 图）

概念模型是各种数据类型的共同基础，一般使用 E-R 模型表示。

本系统概念模型设计包含三种基本要素，即实体、联系、属性。其中长方形表示实体，如管理员、场馆、会员、器材，菱形表示实体间的联系，如管理、维护，圆形表示实体的属性。根据用户需求设计出概念模型，分析所收集到的资料，根据概念设计中的 E-R 图，把实体与实体之间的联系转换为关系模式。

具体如图 9-12 所示：

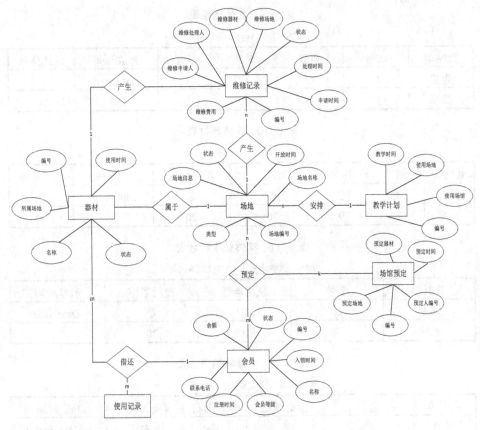

**图 9-12 E-R 图**

（2）逻辑设计（二维表格）

根据关系模式设计系统中用于存储的数据表。在系统中我们所需要设计的数据表包括供应商表、会员信息表、管理员表、入库表、出库表、仓库表、预定信息表等。现在以场地租借表内的信息为例，说明数据表的设计。如表 9-8 至表 9-18 所示。

**表 9-8 实体会员表**

实体：会员 key＝（会员编号）

| 数据项 | 会员编号 | 名称 | 电话 | 注册时间 | 会员等级 | 入馆时间 | 余额 |
|---|---|---|---|---|---|---|---|
| 类型 | C | C | C | Date time | C | Date time | N |
| 长度 | 9 | 18 | 30 | 30 | 8 | 30 | 5 |

表 9-9　实体场地表

实体：场地 key＝（场地编号）

| 数据项 | 编号 | 类型 | 名称 | 状态 | 开放时间 | 场地信息 |
|--------|------|------|------|------|----------|----------|
| 类型 | C | C | C | C | Date time | C |
| 长度 | 10 | 15 | 20 | 20 | 30 | 30 |

表 9-10　实体器材表

实体：器材 key＝（器材编号）

| 数据项 | 编号 | 种类 | 名称 | 所属场地 | 使用时间 | 使用状态 |
|--------|------|------|------|----------|----------|----------|
| 类型 | C | C | C | C | Date time | C |
| 长度 | 10 | 9 | 20 | 20 | 20 | 30 |

表 9-11　实体教学计划表

实体：教学计划 key＝（计划编号）

| 数据项 | 编号 | 使用场地 | 使用场馆 | 教学时间 |
|--------|------|----------|----------|----------|
| 类型 | C | C | C | Date time |
| 长度 | 9 | 20 | 20 | 30 |

表 9-12　实体场馆预定表

实体：场馆预定 key＝（场馆编号）

| 数据项 | 编号 | 预定场地 | 预定器材 | 预定人编号 | 预定时间 |
|--------|------|----------|----------|------------|----------|
| 类型 | C | C | C | C | Date time |
| 长度 | 10 | 10 | 10 | 20 | 20 |

表 9-13　实体维修信息表

实体：维修信息 key＝（维修编号）

| 数据项 | 编号 | 维修器材 | 维修场地 | 申请人 | 处理人 | 处理时长 | 维修费用 |
|--------|------|----------|----------|--------|--------|----------|----------|
| 类型 | C | C | C | C | C | Date time | N |
| 长度 | 8 | 10 | 10 | 3 | 3 | 20 | 6 |

表 9-14　属于关系表

联系：属于 key＝（器材，场地编号）

| 数据项 | 器材编号 | 所属场地 | 数量 |
|--------|----------|----------|------|
| 类型 | C | C | N |
| 长度 | 10 | 9 | 6 |

表 9-15　安排关系表

联系：安排 key＝（场地编号，教学计划）

| 数据项 | 场地编号 | 教学计划编号 | 使用场地 | 使用时间时间 |
|---|---|---|---|---|
| 类型 | C | C | C | Date time |
| 长度 | 10 | 9 | 20 | 20 |

表 9-16　产生关系表

联系：产生 key＝（器材，场地，维修记录）

| 数据项 | 器材编号 | 场地编号 | 维修编号 | 维修费用 |
|---|---|---|---|---|
| 类型 | C | C | C | N |
| 长度 | 10 | 10 | 8 | 6 |

表 9-17　预定关系表

联系：预定 key＝（会员，场地，场馆）

| 数据项 | 会员编号 | 场馆编号 | 状态 |
|---|---|---|---|
| 类型 | C | C | C |
| 长度 | 9 | 10 | 20 |

表 9-18　借还关系表

联系：借还 key＝（会员，器材编号）

| 数据项 | 会员编号 | 器材编号 | 使用状态 |
|---|---|---|---|
| 类型 | C | C | C |
| 长度 | 9 | 10 | 30 |

## 五、人机对话设计

（1）界面设计

为了降低用户使用高等学校体育场馆设施管理系统的复杂度，高等学校体育场馆设施管理系统的输入设计非常简洁，大多数只是一些按钮事件，通过按钮上的提示信息就能够知道系统功能。当然，除此之外还有一些需要管理员或用户输入信息的输入设计。

当用户或管理员登录系统时，就要在系统中进行输入了。高等学校体育场馆设施管理系统是由管理系统和用户系统共同组成的，那么在登录时输入的信息肯定是不同的。在系统登录页面输入信息时，管理员应选择管理员的登录选项，会员用户应选择用户的登录选项。

高等学校体育场馆设施管理系统中输入设计除了用户点击按钮发出事件指

令外，还会有少数的功能需要用户或管理员录入一些信息。比如管理员在注册会员时，要录入会员信息。在系统中，只要是录入信息的输入，都用弹出窗口的方式。接收用户或管理员输入的信息，界面设计需要符合体院场馆的特色，符合用户的需求，做到简约、美观，如图9-13所示。

图9-13 体育场馆管理信息系统首页登录图

（2）输入设计

输入设计要遵循既满足用户需求又方便使用的原则，在进行设计时从正确、迅速、简单、经济、方便使用等方面进行考虑。系统的输入有：管理员/会员的登录、会员基本信息、采购入库单等。以下给出采购入库的设计界面，如图9-14所示。

图9-14 器材采购输入图

（3）输出设计

在系统的输出设计中，输出的信息能够满足用户的需求。无论用户操作后是否成功，系统都会给出相应的提示信息。系统中大多数的输出都是用户直观易懂的消息和信息提示框。

对于不同的功能模块，具体的输出内容是有差别的，但是为了方便用户熟悉系统，方便用户操作，各个功能模块的输出风格应该是一样的。对系统需要的输出结果进行设计，本系统中主要是各个场馆信息、场馆使用情况、场馆预定情况等输出结果，如图 9-15 所示。

**图 9-15　场馆预定查询输出图**

（5）操作流程图

本系统含有多个操作流程，在场馆模块包括场馆的借用和偿还，场地的各种操作，在器材管理模块中包括器材的购买入库，器材借还，器材维护等业务。因为系统内的功能模块繁多，以场馆的租借为例进行操作流程演示，如图 9-16 所示。

### 9.1.4 系统实施

管理信息系统的实施是根据系统设计阶段的系统设计说明书和程序设计说明书，完成系统的计算机程序的编写设计和调试，对系统所需数据进行规范化整理，录取初始数据，对设计的系统进行测试。系统的实施和调试工作可以选择自己熟悉的编程语言完成。以上就是整个信息系统的设计过程。

系统实施主要包括硬件购置及安装、系统软件的购置、机器安装调试、程序设计、调试与优化、人员培训、数据准备与录入和系统转换等环节。以上各节叙述了相应的主要工作，需要注意的是，实施前一定要制定详细的工作计划并在实施中严格遵守计划，以免影响到系统的工期。

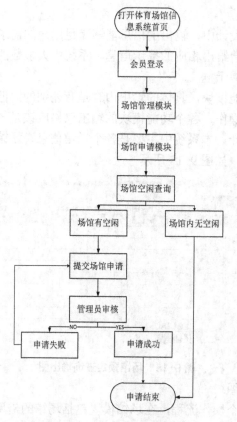

图9-16　场馆租借操作流程图

# 9.2 篮球赛程管理信息系统

## 9.2.1 系统调查和可行性分析

**一、系统简介**

随着我国经济水平不断提高，人民对体育消费的需求也日渐增长，所以带动篮球运动迅速发展。为了提高观众观赛体验，以及完善篮球竞赛的管理制度，本系统采用传统网络模式和租用模式，针对比赛赛程的信息管理，用于安排协调篮球比赛赛程，查询篮球比赛赛程，提高工作效率，实现信息资源的有效利用并有助于管理和决策的科学化。

## 二、详细调查

在正式开始系统建设之前，需要进行详细的调研工作。首先，设计科学合理的调查问卷，通过线上方式发放给广大的篮球爱好者，并着重听取有代表性人员的意见和建议，明确系统建设的重要方向。同时还与业内经验丰富的专家进行了线上访谈，验证了系统设计的合理性和可行性，并得到了专业指导。调查问卷和专家访谈记录如图9-17，图9-18所示：

### 关于篮球赛程管理信息系统的调查问卷

尊敬的先生（女士）：感谢您在百忙之中填写这份问卷，本调查旨在了解当前人们对于篮球赛程管理信息系统的认识，以及人们对于篮球赛程管理信息系统需求。您的意见对我们的系统设计意义重大，希望您根据自己的体会与认识，在合适的号码上勾选。本调查以不记名方式进行，您所填写的信息仅做调研使用，保证您所填写的信息不泄露。感谢您的支持与合作！

1.你的性别（　）
A.男　　　B.女
2.你的年龄（　）
A.1-15　　B.16-30　　C.31-45　　D.46-60以上
3.你的上网环境如何？（　）
A.自己有电脑，在办公室（寝室）可以上网
B.自己没有电脑，但学校机房或周边网吧上网很方便
C.上网很不方便
D.不具备上网条件
4.你的计算机操作能力如何？
A.很好，会编程和网络维护
B.不错，能熟练操作办公软件和搜索、浏览网上资源
C.一般、不熟练
D.不会
5.你是否操作过市面上的各种系统？（　）
A.是　　　B.否
6.你是否经常观看篮球赛事？（　）
A.经常　　B.偶尔　　C.从不
7.你观看篮球比赛是从哪里得到赛程有关安排[请选择1至3项]（　）
A.微博、微信等　　B.电视　　C.网络体育赛事转播平台
8.你是否有错过想要观看的篮球赛事？（　）
A.是　　　B.否
9.有一个关于篮球赛程管理信息系统，你愿意使用吗？（　）
A.非常乐意　　B.一般　　C.不需要
10.如果使用篮球赛程管理信息系统，你希望看到那些信息？[多选题]（　）
A.各球队比赛时间　　　B.球队对战预测
C.可以观看直播　　　　D.可以观看比赛集锦

11.你觉得使用篮球赛程管理信息系统的优缺点有哪些？
12.你有其他的建设意见吗？
　　对于您花费宝贵时间填写本次问卷，我们表示诚挚的感谢！为了保证资料的完整与详实，请您再翻阅一下所填写内容，以防缺漏。再次谢谢您的配合！祝您生活愉快！

**图9-17　调查问卷图**

**访谈内容和进度安排**

访谈主题：篮球赛程管理信息系统的建设
访谈对象：主管部门负责人
访谈时间：2020 年 3 月 27 日 15:00-17:00
访谈地点：网络访谈
访问者：项目负责人

| | | |
|---|---|---|
| | 访谈开始<br>双方自我介绍<br>感谢您参加访谈<br>本次访谈的目的是为了促进篮球赛程管理信息系统的设计和完善。 | |
| 第 3 分钟 | 第一个问题：第一个问题，我想知道，这个项目的可行性，也就是说，市场是否真的需要这样一个管理信息系统？ | 市场肯定是需要这样一个科学的赛程管理信息系统的，因为这能帮助篮球赛程安排的更加科学，让各个球队以及观众更加清晰明了的知道赛程的安排。这个项目是乐观的可行的。 |
| 第 8 分钟 | 第二个问题：现在市场上有的篮球赛程管理信息系统有什么不足的，是我可以借鉴吸收的呢？ | 例如 NBA 的赛程管理信息系统查出来的赛程表有各个球队的信息以及具体的时间和是否延期，但并没有对各个球队首发球员的介绍和对于比赛前的一些简单分析。 |
| 第 12 分钟 | 第三个问题：关于篮球赛程管理信息系统的赛程安排功能，我们应该怎么设计呢？需要考虑哪些因素呢？ | 这个赛程安排功能，其实就是一个信息传输的途径，就是把篮球比赛的时间地点人员等信息传递给观众。我们必须要考虑各个球队给我们的信息，以及联赛协会我们的信息还有各个球队对战的场数，还有主场和客场等等问题。 |
| 第 14 分钟 | 第四个问题：未来我设想全国甚至全球的篮球联赛都在使用我设计的赛程管理信息系统，那么我们应该怎么做呢？ | 俗话说酒香不怕巷子深，想要更多人更多联赛使用这个系统，肯定需要一定的宣传的，前期肯定需要和各个俱乐部联赛沟通交流，说服他们来使用你的系统，可以采取前期免费使用，后期再逐步收费的方式。 |
| 第 18 分钟 | 第五个问题：关于这个篮球赛程管理信息系统，您还有什么宝贵意见或建议吗？ | 要考虑各方的意见以及多吸取观众的意见，后期一定要考虑服务器的维护，系统的维护工作，要给使用者留下好的印象。 |

结论：这次访谈到此结束，再次感谢您接受这次采访。接下来我来总结一下这次访谈的收获：一是这个项目是可行的；二是一定要考虑观众和球队双方的意见；三是一定要把核心功能做好并注意后期维护。

**图 9-18　专家访谈图**

### 三、可行性分析

#### 1. 环境可行性

随着我国经济水平不断提高，人民的体育娱乐需求也在日益增加，篮球作为一项有助于健康且有很大受众的运动，受到广大观众的关注以及喜爱。通过市场调查以及专家访谈分析，不难了解到对于篮球赛程管理信息系统的需求仍然存在。目前市面上的篮球赛程管理信息系统都难免存在各种各样的问题，所以广大球迷仍期望有一款能满足更多方需求的篮球赛程管理信息系统。该系统在环境上可行。

#### 2. 经济可行性

在经济上来说，开发过程不需要大量的额外费用，只需要付费开发人员以及购买设备即可。在系统运行后期也不需要大量的费用，只需要技术人员根据问题进行修复以及定期的维护便可

#### 3. 技术可行性

该系统对硬件要求很低，对开发人员的技术要求也不高，只需开发人员有一定的专业知识即可。因为开发系统本身的难度并不算很高，系统也不复杂，所以本系统对技术的要求较低。

#### 4. 可行性结论

根据上面可行性分析，企业进行系统开发的条件已成熟，可以立即进行系统开发。

### 四、项目管理计划

表 9-19　系统测试计划表

| 工序 | 内容 | 紧前工序 | 工期 |
|------|------|----------|------|
| A | 项目公示 | — | 1 |
| B | 调查问卷 | A | 7 |
| C | 专家访谈 | A | 5 |
| D | 人员招募 | B | 15 |
| E | 硬件采购 | C | 7 |
| F | 服务器租赁 | C | 3 |
| G | 项目任务分配 | E | 1 |
| H | 系统设计 | F | 30 |
| I | 系统建设 | G | 60 |
| J | 系统运行测试 | H | 15 |

续表

| 工序 | 内容 | 紧前工序 | 工期 |
|------|------|----------|------|
| K | 系统 BUG 反馈 | I | 7 |
| L | 系统 BUG 修复 | I | 7 |
| M | 小范围测试 | J | 15 |
| N | 小范围测试 BUG 修复 | J | 7 |
| O | 全面实装应用 | K | 7 |

### 9.2.2 系统分析

**一、组织结构图**

本系统组织结构图分为三层，如图 9-19 所示：

**图 9-19  组织结构图**

**二、功能结构图**

本系统的建立，能针对比赛赛程的信息管理，用于安排协调篮球比赛赛程，查询篮球比赛赛程，提高工作效率，实现信息资源的有效利用并有助于管理和决策的科学化。本文设计的篮球赛程管理信息系统可实现以下功能（以管理员登录入口的说明为例）。

（1）人员信息

人员信息模块主要分为录入信息、修改信息、查询信息。

（2）参赛队信息

参赛队信息模块主要分为录入参赛队信息、修改参赛队信息、查询参赛队信息。

（3）赛程信息

赛程信息模块主要分为录入赛事信息、安排赛事信息、查询赛事信息。

其信息结构如图 9-20 所示：

**三、业务流程图**

由于本系统比较庞大，现基于用户视角对篮球赛程管理信息系统进行如下说明。篮球赛程管理信息系统要解决的问题如下：

（1）人员信息完善：录入完善且正确的人员信息以便利调用及查询。

（2）参赛队信息完善：参赛队信息录入需遵循一定的分类标准，做到不重不漏。

（3）赛程信息完善：赛程信息录入需准确无误。

（4）用户需求处理：用户需求处理应及时准确。

（5）用户信息反馈：应及时并将反馈信息备份录入数据库。

此业务流程为：用户根据需求选择查询、购票、观赛、讨论；模块系统根据需求及时进行反馈并录入数据库。本业务流程图如 9-21 所示：

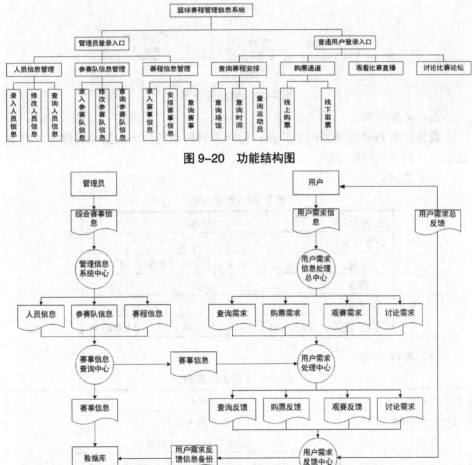

图 9-20　功能结构图

图 9-21　业务流程图

## 四、数据流程图

基于业务流程图绘制出数据流程图，如图 9-22：

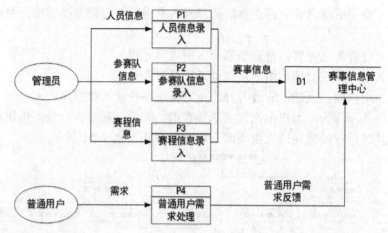

图 9-22 数据流程图

## 五、数据字典

数据字典是数据流程图的补充。由于本管理系统所涉及的项目过多，这里选取一个例子进行展示。

（1）数据项

表 9-20 数据项表

| 数据项编号 | DI001 |
| --- | --- |
| 数据项名称 | 用户编号 |
| 简述 | 篮球赛程管理信息系统中的用户编号 |
| 类型 | char |
| 长度 | 9 |
| 取值/含义 | aabbccddd，aabbcc-注册年月日，ddd-身份码 |

（2）数据结构

表 9-21 数据结构表

| 数据结构编号 | DS001 |
| --- | --- |
| 数据结构名称 | 用户基本信息 |
| 简述 | 描述用户的固有属性 |
| 数据结构构成 | DI001+身份证号（char/30）+电话（char/20）+地址（char/30）+电子邮件（char/30） |

（3）数据流

**表 9-22　数据流表**

| 数据流编号 | DF001 |
|---|---|
| 数据流名称 | 用户登记表 |
| 简述 | 描述用户的基本信息 |
| 数据流来源 | 用户 |
| 数据流去向 | 建立档案 |
| 数据流组成 | DS001+ |
| 数据流量 | 20000 张/年 |
| 高峰期及流量 | 4000 张/月，9000 张/月 |

（4）数据存储

**表 9-23　数据存储表**

| 数据存储编号 | DB001 |
|---|---|
| 数据存储名称 | 用户查询记录 |
| 简述 | 描述用户查询比赛的详细的记录 |
| 组成 | DI001+年+月+日+比赛场馆+比赛队伍+比赛时间 |
| 关键词 | 用户编号/DI001 |
| 记录长度 | 91B |
| 记录数 | 200000 条 |
| 容量 | 6000kB |
| 有关处理逻辑 | P001 |

（5）处理逻辑

由于本管理信息系统有多个处理过程，以计算退票手续过程为例，分为条件和行动两个阶段。条件阶段将时间作为划分依据，行动阶段将票价作为划分依据，具体的处理逻辑如表 9-24 所示：

**表 9-24　处理逻辑表**

| | | 1 | 2 | 3 |
|---|---|---|---|---|
| 条件 | 比赛时间>48h | Y | N | N |
| | 24h≤比赛时间≤48h | N | Y | N |
| | 比赛时间<24h | N | N | Y |
| 行动 | 不收取 | √ | | |
| | 票价 3% | | √ | |
| | 票价 5% | | | √ |

### 9.2.3 系统设计

**一、技术方案设计**

（1）开发环境

硬件：CPU 采用 Intel $^{(R)}$ Core $^{(TM)}$ 2 Quad CPU Q9500 @2.83GHz；内存，32GB；硬盘大小，500GB；扫码器。

软件：操作系统，windows/linux；数据库，Microsoft SQL Server；开发环境，NET/AJAX/BOOTSTRAP；开发工具，Visual Studio；开发语言，NET Web；服务器，Tomcat。

（2）运行环境

服务器的运行环境：操作系统 Windows 10、数据库 Oracle 11g 企业版。

客户端的运行环境：操作系统 Windows10 Android、360 安全浏览器。

（3）网络接入方式

PSTN、ISDN、ADSL 接入、HFC（CABLEMODEM）、光纤宽带接入、无线网络、电力网接入（PLC）等。

**二、模块设计**

本系统分为管理员模块和用户模块，其中管理员模块分为人员信息管理、参赛队信息管理、赛程信息管理、用户管理、密码修改这五个部分；用户模块分为查询、购票、观赛、论坛这四部分。如图 9-23 所示：

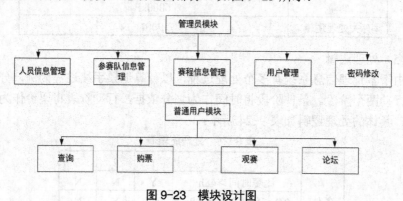

**图 9-23 模块设计图**

**三、代码设计**

（1）代码的输入方式；

用户编号采用层次码，用九位字符表示。

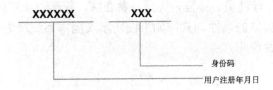

图 9-24　用户编号层次码图

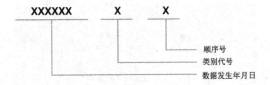

图 9-25　数据编号层次码图

举例：数据编号 02111123 为例说明

数据发生年月日：02 年 11 月 11 日

类别代号：2

顺序号：3

则数据编号为 02111123

（2）校验位的设计

1）将代码各位乘以权因子，求出各位的积

2）求出各位积之和

3）以称为模的常数除和，求出余数

4）把余数 R 作为校验位

举例：以会员编码 20021111237 为例说明

原代码：2 0 0 2 1 1 1 1 2　3

位权：　1 2 3 4 5 6 7 8 9　10

乘积之和：2+8+5+6+7+8+18+30=84

模：　　11

84/11=7…7

校验码：7

则会员编码为 20021111237

## 四、数据库设计

（1）概念模式设计（E-R 图）

本系统概念模式设计包含三种基本要素，即实体、联系、属性，其中长方形表示实体，如：管理员、赛程、人员、参赛队，菱形表示实体间的联系，如：管理，圆形表示实体的属性。具体如下图所示（因本系统较为庞大，现以管理员角度模型设计做说明）：

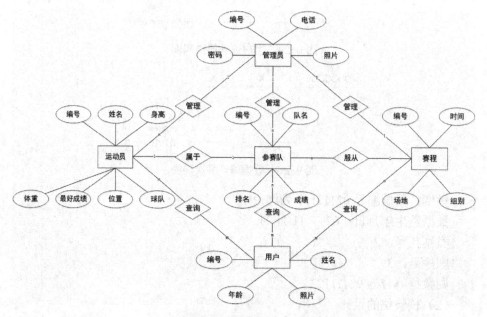

**图 9-26　概念模式设计图**

（2）逻辑设计

本系统逻辑设计用二维表格来表示，如表 9-25 至表 9-37 所示：

**表 9-25　实体管理员表**

实体：管理员 key＝（管理员编号）

| 数据项 | 编号 | 密码 | 电话 | 照片 |
|--------|------|------|------|------|
| 类型 | C | C | C | Image |
| 长度 | 9 | 30 | 30 | 30 |

**表 9-26　实体用户表**

实体：用户 key＝（用户编号）

| 数据项 | 编号 | 姓名 | 年龄 | 照片 |
|--------|------|------|------|------|
| 类型 | C | C | C | Image |
| 长度 | 9 | 30 | 30 | 30 |

### 表 9-27 实体赛程表

实体：赛程 key＝（赛程编号）

| 数据项 | 编号 | 时间 | 场地 | 组别 |
|---|---|---|---|---|
| 类型 | C | C | C | C |
| 长度 | 20 | 30 | 30 | 30 |

### 表 9-28 实体运动员表

实体：运动员 key＝（运动员编号）

| 数据项 | 姓名 | 年龄 | 身高 | 体重 | 最好成绩 | 位置 | 球队 |
|---|---|---|---|---|---|---|---|
| 类型 | C | C | C | C | C | C | C |
| 长度 | 9 | 30 | 30 | 30 | 20 | 20 | 20 |

### 表 9-29 实体参赛队表

实体：参赛队 key＝（参赛队编号）

| 数据项 | 编号 | 队名 | 排名 | 成绩 |
|---|---|---|---|---|
| 类型 | C | C | C | C |
| 长度 | 9 | 30 | 30 | 30 |

### 表 9-30 管理关系表 1

联系：管理 key＝（管理员编号、赛程编号）

| 数据项 | 管理员编号 | 赛程编号 |
|---|---|---|
| 类型 | C | C |
| 长度 | 9 | 20 |

### 表 9-31 管理关系表 2

联系：管理 key＝（管理员编号、人员编号）

| 数据项 | 管理员编号 | 人员编号 |
|---|---|---|
| 类型 | C | C |
| 长度 | 9 | 9 |

### 表 9-32 管理关系表 3

联系：管理 key＝（管理员编号、参赛队编号）

| 数据项 | 管理员编号 | 参赛队编号 |
|---|---|---|
| 类型 | C | C |
| 长度 | 9 | 9 |

表 9-33 查询关系表 1

联系：查询 key=(用户编号、赛程编号)

| 数据项 | 用户编号 | 赛程编号 |
|--------|----------|----------|
| 类型   | C        | C        |
| 长度   | 9        | 20       |

表 9-34 查询关系表 2

联系：查询 key=(用户编号、人员编号)

| 数据项 | 用户编号 | 人员编号 |
|--------|----------|----------|
| 类型   | C        | C        |
| 长度   | 9        | 9        |

表 9-35 查询关系表 3

联系：查询 key=(用户编号、参赛队编号)

| 数据项 | 用户编号 | 参赛队编号 |
|--------|----------|------------|
| 类型   | C        | C          |
| 长度   | 9        | 9          |

表 9-36 属于关系表

联系：属于 key=(运动员姓名、参赛队编号)

| 数据项 | 运动员姓名 | 参赛队编号 |
|--------|------------|------------|
| 类型   | C          | C          |
| 长度   | 9          | 9          |

表 9-37 服从关系表

联系：服从 key=(赛程编号、参赛队编号)

| 数据项 | 赛程编号 | 参赛队编号 |
|--------|----------|------------|
| 类型   | C        | C          |
| 长度   | 9        | 9          |

## 五、人机对话设计

为了扩大使用篮球赛程管理信息系统的受众人群，本系统的输入设计非常简洁，大多数为一些按钮事件，通过按钮上的提示信息就能够完成操作。当用户进入系统时，只需要在输入界面输入账号及密码，然后点击登录即可。同时，篮球赛程管理系统的信息录入、查询界面要简单便捷易操作，界面风格设计需要符合体育赛程的特色并符合用户的需求，做到简约、美观。

（1）输入设计：输入设计要遵循既满足用户需求又方便使用的原则，在进行设计时从正确、迅速、简单、经济、方便使用等方面进行考虑。系统的输入有：账号、密码等，如图 9-27 所示。

图 9-27　输入设计图

（2）输出设计：对系统需要的输出结果进行设计。由于本系统比较庞大，现针对人员信息的输出设计进行说明，包括身高、体重、球队、总决赛 MVP 次数、入选全明星赛次数等，如图 9-28 所示。

| | | | 人员信息 | 参赛队信息 | 赛程信息 |
|---|---|---|---|---|---|
| 编号 | 姓名 | 身高 | 体重 | 位置 | 球队 |
| 1 | 姚明 | 2.26 米 | 125 公斤 | 中锋 | 休斯敦火箭队 |
| 2 | | | | | |
| 3 | | | | | |
| 4 | | | | | |
| 5 | | | | | |
| 6 | | | | | |
| 7 | | | | | |
| 8 | | | | | |
| 9 | | | | | |
| 10 | | | 下一页 | | |

图 9-28　输出设计图

（3）操作流程设计：

因为系统内的功能模块繁多，现以用户进入人员信息模块为例进行操作流程演示，如图 9-29 所示：

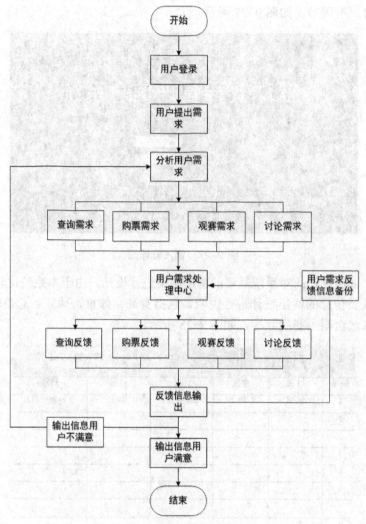

图 9-29　操作流程设计图

## 9.2.4 系统实施

管理信息系统的实施是根据系统设计阶段的系统设计说明书和程序设计说明书，完成系统的计算机程序的编写设计和调试，对系统所需数据进行规范化整理，录取初始数据，对设计的系统进行测试。系统的实施和调试工作可以选择自己熟悉的编程语言完成。以上就是整个信息系统的设计过程。

系统实施主要包括硬件购置及安装、系统软件的购置、机器安装调试、程序设计、调试与优化、人员培训、数据准备与录入和系统转换等环节。以上各节叙述了相应的主要工作，需要注意的是，实施前一定要制定详细的工作计划并在实施中严格遵守计划，以免影响到系统的工期。

# 参考文献

1. 郭东强. 管理信息系统[M]. 厦门：厦门大学出版社，2000.
2. 薛华成. 管理信息系统[M]. 北京：清华大学出版社，2002.
3. 黄梯云. 管理信息系统[M]. 北京：高等教育出版社，2005.
4. 朴顺玉，等. 管理信息系统[M]. 北京：中国人民大学出版社，1997.
5. 张维明，等. 信息系统建模技术与应用[M]. 北京：电子工业出版社，1997.
6. 徐绪松. 管理信息系统[M]. 武汉：武汉大学出版社，1998.
7. 严建援. 管理信息系统[M]. 太原：山西经济出版社，1999.
8. 陈禹. 信息系统分析与设计[M]. 北京：电子工业出版社，1986.
9. 顾培亮. 系统分析与协调[M]. 天津：天津大学出版社，1998.
10. 王治宇. 信息系统分析与设计[M]. 北京：航空工业出版社，1997.
11. 郭东强，傅冬绵. 现代管理信息系统[M]. 3 版. 北京：清华大学出版社，2013.
12. 王德炜. 体育场馆运行管理[M]. 北京：人民体育出版社，2011.
13. 易国庆. 体育场馆的经营与管理[M]. 北京：人民体育出版社，2009.
14. 肖林鹏. 现代体育管理[M]. 北京：人民体育出版社，2005.
15. 金宇晴，张林. 健身俱乐部经营与管理[M]. 北京：中国劳动社会保障出版社，2009.
16. 龚云. 大型体育场馆信息管理系统的建设及运营管理研究[J]. 安徽体育科技，2017，38（4）：24-27.
17. 陈旸，高铁民. 基于 UML 的高校体育信息管理系统的设计与实现[J]. 搏击：体育论坛，2010，2（3）：9-11.
18. 邓有林，刘荷芳. 高校体育场馆管理信息系统分析与设计[J]. 福建电脑，2014，30（10）：134-135.
19. 岳君. 贺州学院体育场馆管理信息系统的设计与实现[D]. 厦门：厦门大学，2013.
20. 林晓红. 高等学校体育场馆设施管理系统设计与实现[D]. 吉林：吉林大学，

2016.

21. 王世光. 企业体育场馆管理信息系统的设计与实现[D]. 成都：电子科技大学，2013.

22. 段芙蓉. 四川职业技术学院体育场馆管理信息系统的设计与实现[D]. 成都：电子科技大学，2012.

23. 王鑫. 智能化场馆管理系统的设计研究与实现[D]. 北京：北京工业大学，2017.

24. 邹广昆. 面向综合性运动场馆的智能化管理系统的设计与实现[D]. 西安：西安理工大学，2019.